KB042576

경제생활의 이론과 실제

-생활 속의 경제-

김 일식 저

박영사

머 / 리 / 말

    이제 세계경제는 「성장과 통합」에서 「분열과 위기」의 시대로 전환되는 것 같다. 2007년의 미국발 세계 금융위기와 2012년 유럽의 재정위기, 그리고 패권 경쟁에서 시작된 미국과 중국의 무역마찰은 세계경제의 앞길에 암운을 드리웠다. 더욱이 영국의 EU이탈은 세계화에 제동을 걸었다. 이러한 자국 우선주의는 세계경제가 탈세계화로의 전환을 예고하는 전조로 보이기 시작했다.

    여기에 더하여 2020년부터 시작된 코로나 19의 팬데믹(pandemic: 세계적 대 유행)은 세계경제를 더욱 「급진적인 불안정 상태」로 몰아가기에 충분하다. 펜데믹은 단기적으로 각국 경제에 광범한 경기침체를 초래하여 디플레이션 현상마저 나타났다. 따라서 생산 및 소비주체들은 위험을 회피하고 저축을 선호하면서 투자와 수요가 약화되었다. 장기적으로는 세계화에 기초한 국제 공급체계의 위기와 국가단위의 자급자족 체계의 구축, 시장에 대한 통제, 여기에 더하여 공공 의료라는 미명하에 인적 및 물적 이동을 제한하는 형태가 장기화되고 있다. 이러한 시스템이 구조화된다면, 각국은 미래의 경제적 위험을 회피하기 위해 보다 안전한 자신의 지역에 새로운 공급체계를 구축하려 할 것이고, 이것은 한마디로 세계시장의 축소를 의미한다.

    오늘날 팬데믹에 따른 불황은 1930년대 이후 처음으로 선진국과 개발도상 국가들이 동시에 겪는 위기이다. 따라서 경기침체는 매우 심각하고 오랫동안 지속될 가능성이 있다. 그러나 이러한 가정은 이론적인 토대위에 설정된 추론일 뿐 반드시 이론대로 위기 혹은 성장으로 진행되는 것은 아니다. 경제는 살아 움직이는 생물과 같아서 끊임없이 변화하기 때문에 예측 불가능한 현상이 일어나는 것이 현실이기 때문이다. 세계의 석학들조차 같은 경제 현상에 대해 의견을 달리하고, 그 때문에 경제문제를 해결하기 위한 정책 또한 나라마다 달라질 수 있다. 그럼에도 불구하고, 적어도 우리는 이론적인 틀 속에서 그러한 정책들을 이해할 필요가 있다. 그런 측면에서 요즘 경제학 전문서적을 보면, 경제학의 기초 이론 및 경제구조, 그리고 정책 적용에 대한 서술이 명확하게 잘 기술되어 있다. 그만큼 우수한 서적들이 우수한 학자들에 의해 많이 출판되고 있는 만큼 학생들이나 일반인들의 경제 현상에 대한 갈증 해소는 충분하리라고 생각한다. 그럼에도 불구하고, 저자가 경제생활과 밀접한 기본서를 집필한 이유는 아주 소소한 의문에서 시작한다.

저자가 일본 대학에서 그리고 한국 대학에서 경제이론을 가르치면서 늘 궁금한 것이 몇 가지가 있었다. 첫째는 오늘날 우리들이 읽고 있는 경제학 서적들은 우리의 경제·사회 문제를 얼마만큼 쉽게 그리고 적절히 설명하고 있는가? 둘째로 우리가 가르치고 배우는 경제이론들이 과연 학생들에게 충분히 이해 가능한 수준으로 강의하고 있는가? 셋째는 졸업 후, 혹은 현재 사회·경제활동 속에서 학생들은 과연 경제이론을 적절히 사용할 수 있을까라는 의문을 늘 가지고 있었다. 이 같은 의문에 따라 저자는 경제학 수업을 "현장 중심의 교육"과 "사용 가능한 전문지식의 습득"이라는 기본적인 원칙에 입각해서 강의를 해왔다. 또한 저자가 짧지 않은 기간 경제학 이론을 가르치면서 사용 가능한 경제이론서가 필요했음은 두말할 필요도 없다. 여기에 부합하는 기본서로서 오늘『경제생활의 이론과 실제』라는 책을 출판하게 되었다. 본서가 대단한 이론서는 아니라 해도 학생들과 일반인들에게 기본적인 경제현상과 정책들을 이해할 수 있도록 기본적인 경제이론 및 정보를 제공하겠다는 측면에서 집필하였다.

본서는 경제학을 알고자 하는 일반인과 대학 1~2학년을 대상으로 집필하였으며 경제학이 무엇인가에 대한 물음을 해소하고 싶은 대상들을 향하여 되도록 쉽게 집필하였다. 이 책은 기본적으로 교양 경제에 해당하기 때문에 너무 깊이 있는 이론을 다루기보다는 기본적인 이론을 충분히 이해할 수 있도록 집필하는 데 중점을 두면서 다소의 사례를 소개하는 것으로 시간의 지루함이나 어려움을 달래주고자 했다. 특히 일반인과 대학 1~2학년생들의 경제학 입문의 관점에서 집필하였기 때문에 이론적인 배경과 적용, 그리고 사례 연구에 좋은 효과가 있을 것으로 생각한다.

　본서의 구성은 크게 경제학의 기초적인 내용에 해당하는 총설의 부문과 미시적인 부문, 그리고 거시적인 부문으로 나누어 서술하였다. 특히 미시적인 부분에서는 수요와 공급, 그리고 소비자 행동 이론과 생산자 이론, 시장구조에 주안점을 두고 집필하였다. 그리고 거시경제 부분은 국민총소득, 균형국민소득 이론, 화폐와 금융, 물가와 인플레이션, 총수요와 총공급, 경제성장 등의 순으로 서술하였다. 본서를 구독하는 모든 애독자가 경제생활의 지혜를 통하여 한국 사회에 귀한 인재로서 거듭나기를 바란다.

　끝으로 본서가 집필되기까지 이런 저런 이유로 충분한 시간이 할애되지 않은 만큼, 책을 읽고 이해하는 데 약간은 매끄럽지 못한 부분도 있을 것이다. 그러한 내용이나 부족한 부분은 추후 개정판을 통해 수정 및 보완하도록 하겠다. 그리고 이 책을 집필하기까지 많은 부분에서 도움을 주신 박영사 대표님 및 관계자 분들, 동료 교수님들에게 감사한다. 그리고 이 책의 많은 부분이 Canada Edmonton에서 집필된 만큼 그곳에서 우리에게 시간적 및 공간적으로 많은 도움을 준 Lindsey의 가족과 Matt의 가족에게도 감사의 말씀을 전하고 싶다. 끝으로 이 책이 출판될 때까지 오랜 기간 열심히 내조해 준 아내 은경과 늘 아빠를 기다려 준 딸 보민에게 이 글을 드립니다.

2021년 9월 9일
캐나다에서 저자 김 일식

목 / 차

PART 01
미시경제

PART 02
거시경제

CHAPER 07   국민총생산 / 181

CHAPER 08   균형국민소득 이론: 단순경제모형 / 195

PART

01

미시경제

01

총론

경제의 목적

1. 경제란

경제란 무엇인가부터 살펴보자. 경제란 재화(goods)와 서비스(service: 상품)의 생산, 교환, 분배, 소비와 관련된 경제행위(시장)가 계속적이고 규칙적으로 이루어져 형성된 사회제도를 말한다. 또한 분배 방법은 자본주의 경우 희소가치(필요성에 따라 가격을 더 주고 삼)에 의한 시장분배 원리가 적용되고, 사회주의의 분배 방법은 국가에 의한 일괄 분배 방식이 적용된다.

한편 경제생활이란 인간이 생활을 유지해 나가는 과정에서 욕망을 충족시키기 위하여 재화와 서비스를 생산 소비하는 행위 내지 조직을 말한다. 여기서 경제행위의 기준은 효율적이고 합리적인 선택(한정된 자원 및 소득 때문)이 원칙이다. 즉, 만족(행복)을 극대화하기 위해서는 최소의 희생(비용)으로 최대의 만족(이윤)을 얻는 것을 경제원칙이라고 한다. 물론 경제행위의 원칙도 효율적이고 합리적인 선택에 기초하여 한정된 자원 및 소득으로 만족(행복)을 극대화하는 것이다.

2. 경제의 구성

(1) 경제주체

경제행위에 있어서 자기의 의지와 판단(주체적인 역할)에 의해 경제활동을 행하는 경제단위를 경제주체라 하고, 여기에는 가계, 기업, 정부, 외국 등이 있다. 가계 또는 개인은 소비활동의 주체이자 효용의 극대화가 목표이다. 또한 기업도 생산활동의 주체이며 이윤극대화가 목표이다. 그리고 정부도 공공의 이익을 위한 생산자이자 소비자이며 공익극대화가 목표이다.

한편 가계와 기업을 민간경제라 하고, 정부경제는 정부의 재정을 통해 민간경제를 돕고 규제하는 것을 말한다. 민간경제와 정부경제를 합쳐서 국민경제라 하고 외국의 경제를 해외경제라고 한다. 또한, 여러 나라 사이에 형성된 경제를 국제경제라고 말하고, 전 세계에 걸쳐 형성된 경제를 세계경제라 한다.

[그림 1-1] 경제주체 구성 및 흐름도

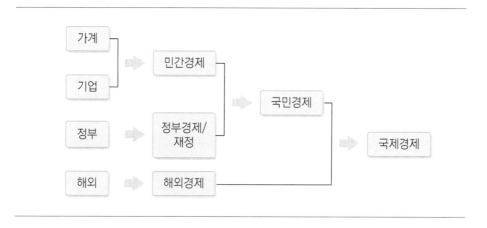

그리고 봉쇄경제란 국민경제가 외국과의 경제교류를 가지고 있지 않을 경우를 말한다. 개방경제는 국민경제가 외국경제와 상호교류가 실질적으로 확대되는 현실 경제의 경우이다. 우리가 말하는 지구촌 경제란 모든 나라들이 국제적으로 수출·입이 확대되고 경제협력이 활발히 이루어지는 경제를 의미한다.

(2) 경제객체로서의 상품

경제객체는 경제행위의 대상이 되는 상품(商: 장사상, 品: 물건품)으로서 재화와 서비스로 구별된다. 즉, 거래(장사)하는 물건은 반드시 대가(행위의 결과)가 따라야 하며 그 대가는 돈이나 상응하는 물건일 수도 있다. 결국 상품이란 경제행위의 대상(대가를 지불하는 거래 행위)이 되는 물품을 의미하는 것이다. 또한 상품에는 재화와 서비스로 구분되는데 이를 구체적으로 살펴보면 다음과 같다.

1) 재화: 실물형태를 취하는 상품

① 자유재

사용가치는 가지고 있으나 그 존재량이 무한함으로 경제행위(거래의 대상: 대가)의 대상이 되지 않음(공기와 태양열).

즉, 사용가치(O), 희소가치(X). ⇨ (공기와 같은 남자?)

② 경제재

그 존재량이 희소함으로 경제행위(거래의 대상: 대가)의 대상이 되는 것으로 대가를 지불하고 얻어지는 모든 재화.

즉, 사용가치(O), 희소가치(O).

②-1 경제재는 사용목적에 따라 소비재와 생산재로 구분.

가) 소비재: 음식물, 의류와 같이 소비용으로 사용하는 것.

나) 생산재: 기계나 도구와 같이 생산용으로 사용하는 것.

2) 서비스

실물재화의 형태를 취하지 않고 생산과 소비에 필요한 쓸모 있는 용역. 즉, 의사의 진료, 음악가의 연주, 노동, 교육, 교통, 통신 등과 같은 생산·교환·분배·소비와 관련된 사람들에게 유용한 행위를 말한다.

경제문제의 시작

1. 희소성의 문제

　사람들마다 다르겠지만, 사람들이 살아가는 가장 큰 목적은 행복한 삶을 영위하는 것이다. 행복한 삶이란 정신적인 풍요로움일 수도 있고 물질적일 수도 있다. 그러나 정신적인 풍요로움이란 경제적인 바탕 위에서 자연스럽게 만들어지는 것이 일반적이다. 대부분의 사람들은 경제적으로 풍요롭게 살기를 원한다. 호화로운 집에서 고급 가제 도구들을 갖추고 크고 좋은 차를 타고 싶어 한다. 또한 경제적인 조건만 충족된다면 값비싼 옷으로 치장하면서 휴가 때가 되면 언제나 해외여행을 즐기고자 한다. 우리가 주변에서 자주 보는 '평균적인' 사람들은 끝없는 물질적 욕망을 추구하면서 살게 된다.

　그렇지만 이 세상 모든 사람이 모든 것을 자기가 원하는 대로 다 가지고 살수 있는 사람은 없다. 왜냐하면 우리 사회가 가지고 있는 경제적 자원이 한정되어 있기 때문이다. "모든 것을 자기가 원하는 대로 다 가지고 싶다"라는 인간의 기본적인 욕망에 대하여 실제로는 이런 저런 사회·경제적인 제한성 때문에 이를 완벽하게 실현할 수 없는 것이 현실이다. 예를 들어 경제적인 측면에서만 보면 사람들의 욕망은 무한대임으로 그 욕망이 모두 채워지기 위해서는 그들이 원하는 재화와 서비스는 무한대로 생산되어야 한다. 그러나 재화와 서비스들을 생산할 수 있는 노동, 자본, 토지 등 경제적 자원은 그 양이 제한되어 있다. 이러한 생산요소의 제한 때문에 우리는 상품을 무한정 만들어 낼 수 없다. 따라서 사람들은 자신의 욕망에 대하여 항상 무언가 부족함을 느끼면서 살게 되고, 경제행위를 할 때에는 제한된 자원 내에서 항상 희소한 자원을 아껴 쓰려는 경제적인 선택에 직면하게 된다. 결국 경제문제의 핵심은 희소 자원에 대한 욕구를 충족시켜 줄 희소한 자원의 효율적인 배분에 관한 문제로 연결된다. 다시 말해서 자원이 희소하지 않고 무한정으로 존재하면 경제문제는 발생하지 않을 것이다. 왜냐하면 자원이 무한하면 굳이 아껴 쓰면서 경제적인 선택해야 할 필요가 없기 때문이다.

2. 선택의 대가와 기회비용

우리가 살아가다 보면 그것이 사회적이든 경제적이든 간에 어느 하나를 선택해야 하는 대신 어쩔 수 없이 다른 하나를 포기해야 하는 경우를 경험했거나 또는 앞으로 하게 될 것이다. 예를 들어 시간당 8천원의 임금을 받는 학생이 학교 앞 식당에서 아르바이트를 하고 있다고 가정하자. 이 학생이 친구를 만나기 위해 1시간 동안 아르바이트를 중단한다면 이 학생은 8천원의 시간당 임금을 포기해야 한다. 한편 어떤 사람이 집을 사기 위해 현금 5억원을 은행에서 인출했는데 그때 은행 이자율이 10%라면 그 사람은 10%의 높은 예금 이자를 포기해야 한다. 또한 가장 극단적으로 대립되는 선택과 포기를 정책적인 면에서 보면, 한정된 정부예산을 국방산업에 집중 투자 및 육성하면 그만큼 국민들의 복지수준은 포기해야 한다. 경우에 따라서는 국가 안보가 위태로울 수도 있어서 선택에 따른 비용이 동반한다. 반대 경우로는 국민복지의 증진만큼 국방산업은 성장시킬 수 없다. 이처럼 자원의 희소성으로 인해 개인이나 사회는 필연적으로 하나를 얻기 위해서 다른 것을 포기해야 한다.

따라서 어떤 것을 선택함으로써 포기할 수밖에 없었던 다른 대안, 바로 그 대안으로부터 얻을 수 있는 이득을 기회비용이라고 한다. 다시 말해서 선택이란 다른 측면에서는 다른 대안을 포기한다는 뜻으로, 다른 대안(기회)을 포기할 때에는 반드시 비용이 따르는데 이를 기회비용(대체비용)이라고 한다. 또한 기회비용의 대안이 여러 가지인 경우에는 그 가운데 이득이 가장 큰 대안의 가치로 측정되어야 한다. 만약 대안이 하나인 경우에는 그 대안의 가치로 측정된다. 예를 들어 A기업에서 100만원의 월급을 받고 있는 어떤 사람이 라이벌 회사인 B기업과 C기업에서 각각 월급 150만원과 200만원을 주고 스카우트를 하겠다는 제안을 받았다. 이 경우 여러 가지 이유로 이 사람이 B기업과 C기업의 제의를 거절하였다고 하자. 이때 A기업에 그대로 근무하는 이 사람의 기회비용은 C기업에서 받을 수 있었던 월급 200만원이 된다.

이제 기회비용이란 개념을 가지고 좀 더 실제적으로 살펴보자. 기회비용이란 어떤 재화를 하나의 용도로 사용하는 비용으로서 그 재화를 차선의 어떤 용도에 사용하지 못함으로써 상실(기회를 놓쳐버린)한 편익(X/Y, Y/X)이라고 말할 수 있다. 예를 들면 어떤 생산요소(노동)를 X재와 Y재에 투입할 수 있을 때, 그 생산요소를 X재 생산에 전부 투입하면 Y재는 그만큼 생산을 포기해야 한다. 이때 X재에 투입된 생산요소의 투입량으로 표시한 것이 실질비용이고, Y재가 포기되는 수량(편익)으로 표시된 것이 기회비용(대체비용)이다.

예를 들어 X재 1단위를 생산하는 데 투입된 노동력은 1명이고, Y재 1단위를 생산하는 데 투입된 노동력은 2명이라고 할 때, X재로 계산한 Y재의 기회비용은 $1/2$(0.5단위)이고, Y재로 계산된 X재의 기회비용은 $2/1$(2단위)이다. 이는 X재 1단위 생산에 투입해야 할 노동력 1명을 Y재 생산에 투입한다면 X재를 생산함으로써 포기해야 하는 Y재의 기회비용(Y재로부터 얻을 수 있는 이익의 포기비용)이 0.5단위($1/2$)라는 말이다. 같은 방법으로 Y재에 투입될 노동력 2명을 X재 생산에 투입한다면, Y재로 계산된 X재의 기회비용(Y재 생산을 포기하고 X재를 생산함으로써 얻을 수 있는 이익)은 2단위($2/1$)라는 것이다. 한편 회계학적 비용은 실질비용으로서 인건비, 원재료비, 감가삼각비 등 회계 장부상에 나타나는 명시적 비용을 말한다.

기회비용을 이용하여 한 나라의 경제성장을 설명해 보자. 예를 들어 한 나라의 주어진 자원과 기술로 빵과 삽만을 생산한다고 가정해 보자. 이 나라는 두 가지 상품만 생산할 수 있기 때문에 한 가지 상품을 선택하여 생산할 때 포기해야 하는 다른 대안은 나머지 하나가 된다. 이것을 [그림1－2]의 생산가능곡선을 사용하여 설명해 보자. 만약 이 나라가 가지고 있는 모든 자원을 빵 생산에만 투입한다면 빵 생산량은 100톤이 되고 삽의 생산량은 0이 된다. 다시 이 나라가 삽을 2만개 생산하고자 한다면 빵 생산에만 투입했던 자원의 일부를 삽의 생산에 사용해야 한다. 이 경우 자원의 일부가 빵 생산에서 빠져나가게 되고 나머지 자원만으로 빵을 생산하면 빵의 생산은 90톤으로 줄어들게 된다. 이때 삽을 2만개 생산하는 기회비용은 그로 인해 포기해야 하는 빵 10톤이 된다.

그런데 주의해야 할 점은 삽의 생산을 2만개에서 4만개, 6만개, 8만개로 계속 늘려 나가면 포기해야 하는 빵의 생산량은 10톤에서 20톤, 30톤, 40톤으로 점점 커진다는 것이다. 즉 삽 생산에 따른 기회비용이 체증하게 된다. 그 이유는 이 나라가 가지고 있는 자원에는 빵 생산에 적합한 것도 있고 삽의 생산에

[그림 1-2] 생산가능곡선

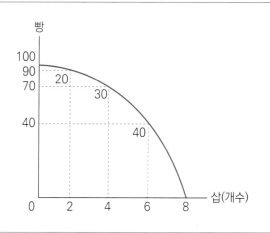

적합한 것도 있기 때문이다. 처음에 빵만 생산하다가 삽을 조금 생산하기 시작하면 빵의 생산기술은 별로 없지만 삽의 생산기술이 있는 일부 자원만을 빼내어

삽을 생산할 수 있다. 그러나 삽의 생산을 계속 늘려나가면 빵의 생산에 적합한 기술자까지 빼내어 삽의 생산으로 전용해야 한다. 이러한 이유 때문에 포기한 빵의 생산량이 급격히 증가하는 것이다. −기회비용의 급증−

3. 합리적 선택과 경제적인 효율성

경제학자들은 개인들이 합리적(rational)임을 전제로 연구한다. 경제적 인간은 이해 타산적으로 행동하며 비합리적 선택은 하지 않는다. 따라서 경제학에서는 선택이 합리적으로 이루어져야 한다고 가정한다. 여기서 합리적이란 말은 '목표' 자체가 합리적이라는 것이 아니라, 어떤 목표를 달성하는 '수단'이 합리적이어야 한다는 의미이다.

경제학에서 가정하는 합리성은 개인이 어떤 선택을 해야 할 때 조금이라도 자신에게 이득이 되는 선택을 판단해서 고른다는 것이다. 여기서 '판단'하고 '선택'한다는 것이 단순한 대소(大小) 비교의 문제일 때는 간단하지만, 선택에 따른 보상(혹은 대가)이 불확실하다면 문제가 다소 복잡해진다. 하지만 우리는 선택에 있어서 일부 판단에 착오가 있더라도 평균적으로는 "자신에게 이득이 되는 선택"을 합리적으로 한다고 전제하기 때문에 경제학자들은 '합리성'을 표준적으로 받아들이고 있다.

이제 남은 문제는 어떤 기준에 의해 합리적인 수단을 선택해야 하는가에 도달한다. 우리가 합리적인 수단을 선택하고자 할 때에는 '한계적 판단'이 결정기준이 되어야 한다. 여기서 말하는 '한계적 판단'이란 '추가적인 선택'을 할 때의 기준이다. 즉, 어떤 선택으로부터 얻을 수 있는 추가적인 이득(한계편익)과 추가적인 비용(한계비용)을 고려해서 의사결정을 해야 한다는 것이다. 예를 들어 어떤 기업이 커피 캔 하나를 추가로 생산하고자 할 때의 경우를 살펴보자. 여기서 합리적 선택의 기준은 아래와 같다. 즉,

한계편익 > 한계비용의 경우 ⇨ 커피 캔 하나의 추가 생산 실시.

한계편익 < 한계비용의 경우 ⇨ 커피 캔 하나의 추가 생산 중단.

결국 최선의 판단 혹은 선택이란 작은 변화에 따른 추가적인 이득과 추가적인 비용을 고려하면서 내려져야 한다는 것이다.

한편 우리가 합리적인 선택을 할 때 우리의 판단이 한계적으로 진행되어야 하는 이유는 대부분의 사람들이 현재의 상태에서 무엇인가 조금씩 바꾸면서 그 결과에 의해 새로운 계획들을 실현해 나가기 때문이다. 예를 들어 사과 장사를 하는 사람이 있다고 하자. 전체 사과 20개를 판매할 경우 장사꾼은 먼저 손익분기점을 계산해 낼 것이다. 사과 20개 중에 15개를 팔면 적어도 손해도 이익도 없는 상태라고 할 때 이 장사꾼은 사과 15개를 팔고 난 시점부터 가격을 조금씩 내리면서 나머지 사과 5개를 빨리 팔려고 할 것이다. 왜냐하면 사과 15개를 팔고 난 시점부터는 사과 1개를 팔 때마다 들어가는 추가비용인 전기세 및 노동비용, 그리고 식비를 계산해보고, 다른 한편으로는 사과 1개를 추가적으로 팔 때마다 나타나는 수익을 비교해 보았을 때, 추가적인 비용이 추가적인 수익에 비해 더 크기 때문이다. 이런 경우 사과 가격을 내려서 빨리 파는 것이 판매자 입장에서는 유리하다.

한편 선진국의 세제 원칙을 보면 정부가 '부자'에게 높은 세금을 부과하고 '가난한 자'에게 사회보장 혜택을 제공함으로써 사회형평성을 높이고 있다. 이같은 조세제도로 인해 '형평성'은 높아질지 모르지만 '부자'들의 경제활동이 위축되면서 자본주의 경제의 핵심인 투자에 대한 '효율성'은 낮아지게 될지도 모른다. 그렇다면 희소한 자원을 어떻게 선택해야 효율적이고 합리적인 선택이라고 말할 수 있을까? 이 선택의 기준은 주어진 자원으로 최대의 효과를 얻거나 또는 일정한 효과를 얻고자 할 때 비용을 최소로 해야 한다는 것이다. 다만 주의할 것은 형평성을 추구하는 대가가 효율성을 낮추는 결과를 가져온다 해서 형평성과 효율성이 양자택일의 문제로 받아들여져서는 안 된다. 형평성과 효율성이 서로 양립하기 어렵지만 그렇다고 하나를 완전히 희생하면서 다른 것을 선택하라는 것은 아니다. 단지 어느 하나를 선택할 때 그에 따른 대가가 있으므로 신중한 선택을 하라는 의미일 뿐이다.

4. 경제 원칙(economic principle): 최소의 비용과 최대의 효과

이처럼 경제생활은 합리적이고 효율적인 선택이 이루어져야 한다. 여기서 자원을 아껴서 유용하게 쓰고자 하는 의지를 경제하고자 하는 의지(한정된 자원을 유용하게 사용하고자 하는 의지: 효율적인 사용)라고 한다. 그런데 자원을 효율적으로 사용하는 데에는 최소비용과 최대효과라는 두 가지 원칙(경제적 효율성)이 있다.

① 소비자의 경제 원칙: 최소의 지출로 최대의 만족을 얻는 것.
   최소비용의 원칙(절약 중시: 가계의 경제 원칙) ⇨ 효용 극대화.
② 생산자의 경제 원칙: 최소의 지출로 최대의 산출을 얻는 것.
   최대효과의 원칙(능력 중시: 기업의 생산 원칙) ⇨ 생산(이윤) 극대화.
③ 생산요소(노동자)의 경제 원칙: 최소의 노동으로 최대의 소득을 얻는 것.
   최소비용의 원칙(노동절약 중시: 노동의 경제 원칙) ⇨ 임금 극대화

이처럼 선택의 경제적 기준은 경제 원칙(효율성)과 기회비용 등에 의해서 좌우되지만, 우리 경제사회는 공공질서에 입각한 사회적 기준에서의 정당성도 고려되어야 한다. 사회적 기준에는 공동체 의식과 자유·평등 등 가치 판단의 요소가 포함되어 있어 이들 요소가 각 경제주체들의 효율적이고 합리적인 의사 결정과 때로는 다른 개인 혹은 집단들과 상충되는 경우도 있다. 따라서 우리 사회는 경제적 효율성과 분배의 형평성이 선택된 사회적 가치와 잘 융합될 수 있도록 사회적 제도나 기구가 필요하다.

경제체제

1. 경제문제

모든 사회는 다양한 경제문제들을 가지고 있는데, 그 문제는 기본적으로 자원이 부족하기 때문에 발생한다. 즉, 경제문제는 사회 구성원들의 '욕망'에 비하여 그 욕망을 충족시켜 줄 수 있는 자원의 상대적 '부족' 때문에 나타난다. 또한 경제는 생산·교환·분배·소비 등의 순환 과정을 거치면서 성장하는 속성을 가지고 있는 만큼 각 분야에 걸쳐 많은 문제들이 나타난다. 이는 어떤 사회에서도 공통적으로 직면하는 기본적인 경제문제들이다. 즉, 우리의 경제문제는 희소성의 법칙에서 출발하고, 또한 한정된 자원과 소득으로 어떤 재화와 서비스를 얼마만큼 생산·소비할 것인가 하는 문제를 해결하는 것이다. 이 문제에 대해 미국 MIT의 사무엘슨(P.A. Samuelson: 노벨경제학상 수상자) 교수는 기본적인 경제문제들을 다음의 3가지로 정리하였다.

① 무엇을 얼마나 생산할 것인가: 생산물의 종류와 수량에 관한 것.
② 어떻게 생산할 것인가: 생산 방법으로서 생산 조직과 생산 기술에 관한 것.
③ 누구를 위하여 생산할 것인가: 생산물 처분에 관한 것으로 분배의 문제.
④ 언제 생산할 것인가: 자원의 시간적인 배분의 문제(추가적인 사항).

이와 같은 기본적인 경제문제들을 해결하기 위해 등장한 것이 바로 경제체제이다. 과거 우리가 경험했던 인류역사를 보면 원시 공산체제에서 시작하여 고대 노예체제, 중세 봉건체제, 근세 자본주의체제 및 사회주의 경제체제에 이르기까지 모든 경제체제는 기본적인 경제문제를 어떻게 효율적으로 해결할 수 있을까

하는 문제의식에서 나타났다.

⊕ [표 1-1] 시장주도형 경제체제와 계획주도형 경제체제의 특징

기본적인 경제문제	시장주도형 경제체제	계획주도형 경제체제
무엇을 얼마나 생산할 것인가	소비자의 선호가 반영되면서 시장가격 기구에 의해 그 결정이 이루어진다. (수요와 공급)	소비자의 선호보다는 정부의 계획 당국에 의해 그 결정이 이루어진다. (계획 생산과 분배)
어떻게 생산할 것인가	기업들이 효율적으로 생산하고자 자 발적인 노력을 기울인다. (노동 자본 생산성)	정부의 계획 당국이 생산기술을 직 접 결정한다. (계획에 의한 공동생산)
누구를 위하여 생산할 것인가	시장가격기구에 의해 임금이나 이자 등이 결정되므로 생산성에 토대를 둔 분배가 이루어진다.	정부의 계획 당국이 노동수급과 임 금수준을 획일적으로 결정하면서 분 배의 평등을 강조한다.

2. 경제의 당면과제

현재 대부분의 국가들은 다음 3가지의 경제문제들을 가지고 있다.

1) 경제성장(희소자원의 효율적인 사용과 환경을 고려한 성장)의 문제.

2) 경제안정(Inflation과 Deflation, 그리고 Stagflation).

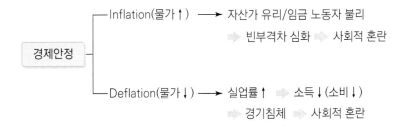

3) 고용증대(실업의 문제, 특히 청년실업 증가)의 문제(가장 기본적인 문제).

물론 이상의 세 가지 문제 외에도 여러 가지 당면과제가 있지만, 특히 경제성장과 고용문제는 모든 나라들이 가지고 있는 최우선 과제이기도 하다. 한국의 경우 청년실업 문제는 시간을 더할수록 심각한 경제문제이다.

3. 경제체제: 자본주의 경제체제와 사회주의 경제체제

경제문제를 해결하기 위해서 모든 경제는 일정한 질서체계를 이루고 있는데 이를 경제체제라고 한다. 경제체제로서는 자본주의 경제체제와 사회주의 경제체제가 주로 수용되고 있다. 여기서 말하는 자본주의란 생산수단인 자본을 소유하고 있는 자본가가 노동자를 고용하여 시장에서 가격기능을 통해서 최대의 이윤획득을 위하여 상품을 생산·판매하는 경제체제라 하겠다. 따라서 자본주의 경제체제는 사유재산제도에 기초하여 모든 경제주체들이 시장가격에 따라 자율적으로 선택하는 가운데 기본적인 경제문제가 시장에 의해 해결되는 경제체제이다. 한편 사회주의 경제체제는 모든 생산수단의 공유를 원칙으로 하며 생산·분배가 계획적으로 통제되기 때문에 시장의 기능이 배제된다. 따라서 계획주도형의 사회주의 경제체제에서는 경제문제를 해결하기 위해서 정부가 사전에 생산가능곡선 위의 한 점을 설정하여 그 점에서 생산을 하도록 계획 및 명령을 통해 문제를 해결한다.

그런데 오늘날 대부분의 국가에서 채택하고 있는 경제체제는 혼합 경제체제(混合經濟體制)이다. 혼합 경제체제는 사유재산제와 시장경제를 기본으로 하면서도 정부가 일정 부분 경제에 관여하는 경제체제를 말한다. 현재는 개별 경제주체의 자유로운 경제 활동을 전제로 하는 순수한 자유방임의 자본주의 체제도 없고, 또한 과거 사유재산의 원칙적 부정과 생산수단의 국유화와 같은 순수한 사회주의 경제체제도 없다. 오늘날 자본주의 경제는 사회적인 관점을 도입하고, 사회주의 경제는 개인적인 관점을 받아들이는 방향으로 각각의 제도와 정책을 수정해 나가고 있는 것이 일반적이다. 즉, 자본주의체제는 사회주의적의 긍정적

요소를 도입하여 체제의 결함을 보완 및 수정할 목적으로 혼합경제체제로 나아가고 있다. 한편 사회주의체제는 기업경영과 개인의 사유재산 및 자유재량의 영역을 확대하였다. 따라서 국가에 따라 시장경제를 근간으로 하면서 정부가 부분적으로 경제에 개입하든가 또는 정부 계획을 근간으로 하면서 부분적으로 시장경제를 도입하는 정도의 차이가 있을 뿐이다.

오늘날 모든 나라가 채택하고 있는 시장주도형 경제체제(자본주의 시장경제를 주축으로 하는 경제)나 계획주도형 경제체제(사회주의 경제체제를 주축으로 하는 경제)나 그 자체만으로 완벽한 경제체제는 없다. 두 체제 모두가 장점과 단점을 동시에 가지고 있으며 기본적인 경제문제를 해결하는 접근방법에 따라 두 체제 중 하나를 선택할 수밖에 없다. 이제 자본주의 경제체제의 장단점과 사회주의 경제체제의 장단점에 관하여 살펴보자.

1) 자본주의 경제체제

자본주의 경제체제는 사유재산제도, 자유경쟁, 영리추구, 노동력의 상품화, 그리고 사적자본과 사회적 생산을 근간으로 하는 체제로서 시장경제체제라고 한다. 먼저 사유재산제도, 자유경쟁, 영리추구는 인간의 기본적인 욕망을 자극하는 제도이기 때문에 현실적으로 생존력이 강하다.

① 사유재산제도는 생산수단인 자본과 토지를 대부분 개인이 자유롭게 소유하고 처분할 수 있는 제도(사적 소유제도는 인간의 기본적인 욕망을 자극하는 제도)이다.

② 자유경쟁은 경제 행위에 대한 개인의 의사결정이 자유롭게 이루어지는 계약, 영업 및 직업 선택의 자유, 거주이전의 자유 등과 같은 경제적 자유가 보장되는 상태를 말한다(새로운 기술개발의 가속화).

③ 영리추구란 자본의 가치를 증식하기 위해, 또는 이윤을 획득하기 위하여 투자하는 행위로 자본주의 근간(이윤극대화를 위한 개발과 창의성이 창업을 통해 경제성 및 사회발전의 원동력으로 전환)을 이룬다.

④ 생산수단: 자본주의에는 생산수단의 소유자인 자본가와 생산수단을 가지

지 않은 노동자의 존재가 허용되어야 한다. 노동자는 자기의 노동을 시장에서 상품과 같이 자유롭게 판매할 수 있고, 부득이 노동을 팔지 않으면 안 될 사람들을 말한다.

⑤ 자본주의 사회는 사회적 생산이 사적자본의 운영을 통해 수행되지만, 이는 사회 전체를 위한 생산 활동이어야 한다.

2) 사회주의 경제체제

마르크스에 의하면, 산업 혁명이 진행되고 자본주의 경제체제가 발전함에 따라 노동자의 착취에 의한 자본의 집중이 노동자 계급의 궁핍화를 가져오고 자본구성의 고도화에 따른 기업이윤의 저하를 초래했다고 보았다. 또한 부의 집중 현상, 노동계급을 주축으로 한 빈곤 증대, 기계화에 따른 실업자 증가 등과 같은 내부적 모순이 발생하여 자본주의는 붕괴되고 사회주의 사회로 이행할 수밖에 없다고 보았다.

다시 말하자면 자본주의 경제체제의 붕괴 과정은 자본가가 노동자(고용)를 고용하면서 노동착취(저임금)가 일어나고, 노동자의 궁핍화를 초래한다고 했다. 이는 자본가의 자본축적으로 이어져 자본의 집중화 및 자본구성의 고도화(기계화)를 통해 기업 이윤율의 감소로 나타나 투자 및 고용감소, 그리고 소비감소로 이어진다. 다른 한편으로는 노동자의 궁핍화 과정 속에서 소득감소 및 소비감소의 과정을 걸쳐 깊고 긴 경기침체 속에서 자본주의 경제체제는 붕괴되고, 결국 사회주의 경제체제로 이행된다고 생각했다.

한편 노동자의 착취와 궁핍의 원인에 대하여 마르크스는 자본주의 경제체제에서는 자본가가 노동자를 고용하여 상품을 생산함으로써 이윤이 발생하는데 이 이윤은 자본가가 시장에서 임금을 주고 고용한 노동력 이상으로 노동자를 착취하는 데서 발생했다고 생각했다. 즉, 이윤(잉여가치)의 발생은 자본가가 노동자를 고용함에 있어 노동의 생산성이 지불 임금을 초과하기 때문이라고 말한다. 다시 말하자면, 노동의 사용가치는 노동생산성이며 노동의 교환가치는 시장수급에 의해 결정되는 임금인데, 자본가는 노동자로부터 노동의 사용가치를 사면서 그 대가를 교환가치로 지불하기 때문에 잉여가치가 발생(높은 생산성하에서 노동의 초과공급이 임금하락 ⇨ 잉여가치 또는 이윤 발생)하고, 이는 영리추구(이윤)의 결과이며 사유재산제도를 허용하기 때문이라고 주장했다. 한편 풍요 속의 빈곤은 시장주도형 경제체제의 단점이다.

○ [표 1-2] 자본주의 및 사회주의 경제체제의 장점과 단점

장·단점	자본주의 경제체제	사회주의 경제체제
장점	효율적인 자원배분과 기술진보를 이룰 수 있다.	부와 소득의 분배가 상대적으로 공평해질 수 있다.
	시장가격의 조정에 의해 상품의 부족이나 과잉현상이 잘 나타나지 않는 오류의 자동수정이 가능하다.	급격한 경기변동이 줄어들고 경제 안정을 유지할 수 있다.
	시장에 의해 생산 소비되어지는 자율경제이기 때문에 정치적 민주주의 창달이 가능하다.	소비자나 생산자의 이기심을 억제함으로써 자연환경이 보존될 수 있다.
	개인의 자유가 보장되고 정치적 민주주의가 꽃필 수 있다.	국가가 육성해야 하는 전략산업을 계획적으로 키울 수 있다.
단점	부와 소득의 분배가 상대적으로 불공평해질 수 있다.	자원배분이 비효율적이고 기술진보가 더디게 나타난다.
	경기호황과 불황이 번갈아 나타나면서 경제의 불안정이 나타날 수 있다.	정부계획당국의 계획이 경직화되면 경제체제 자체도 유연성이 없어질 수 있다.
	지나친 이윤추구로 인해 자연환경 파괴와 인간소외가 나타날 수 있다.	정부계획당국의 낮은 물가정책으로 상품의 만성적인 부족현상이 나타날 수 있다.
	지나친 이윤 추구로 인해 공해 및 자연파괴가 일어나고 사익과 공익에 괴리가 발생한다.	개인의 자유가 제약되고 정치적으로 독재가 나타날 수 있다.

주: 시장주도형 경제체제의 장점(단점)은 계획주도형 경제체제의 단점(장점)과 정반대로 연결된다.

02

경제학의
연구대상

경제학이란

경제학이란 자원의 희소성과 그로 인해 나타나는 모든 경제 문제를 연구대상으로 삼고 있다. 특히 그 경제 문제들에 대응해서 어떻게 합리적인 선택을 할 수 있을 것인가가 핵심적인 연구대상이 된다. 그런데 한 가지 유의해야 할 사항이 있다. 그것은 경제학의 접근방법이 항상 개인적인 차원이 아닌 사회 전체의 차원에서 선택의 문제를 다룬다고 하는 사실이다.

이와 같은 목적을 달성하기 위해서 경제학은 미시분석과 거시분석, 실증분석과 규범분석을 병행한다. 우선 미시분석은 가계와 기업 등 개별경제주체의 경제행위와 그 상호작용을 규명하며, 거시분석은 총생산과 물가 등 국민경제의 전체적인 현상을 규명한다. 결국 미시분석을 통해 나무들을 살펴보고 거시분석을 통해 숲 전체를 살펴보자는 것이다.

한편 실증분석은 경제현상을 있는 그대로 분석하는 것이고 규범분석은 어떤 것이 바람직하고 어떤 것이 바람직하지 않은지 가치판단을 넣어 분석하는 것이다. 예를 들어 "지나친 과소비는 국민경제를 불안정하게 만든다"는 표현은 실증분석이고 "국민경제의 안정을 위해서는 지나친 과소비를 규제해야 된다"는 표현은 규범분석이다. 미시분석은 가계와 기업 등 개별 경제주체의 행태를 분석하는 것이고 거시분석은 그 개별경제주체들로 구성된 국민경제의 전체적인 현상을 분석하는 것이다. 더욱이 최근 들어서는 미시분석에 토대를 두고 거시현상을 분석하는 것이 새로운 조류가 되었다.

경제이론의 모형과 방법론

경제이론은 ①단순화된 가정, ②인과관계를 나타내는 가설, ③현실검증 등 3단계를 거친 모형으로 구체화 된다. 그리고 그 경제모형은 ①서술적, ②수리적, ③기하학적인 방법을 통해 교과서에 등장한다.

그런데 경제모형을 구성함에 있어서 우리는 두 가지 중대한 오류, 즉 '인과의 오류'와 '구성의 오류'를 범할 수 있다. '인과의 오류'란 A라는 현상이 B라는 현상보다 먼저 나타났다고 해서 A가 B의 원인이라고 속단하는 것이다. 예를 들어 "까마귀 날자 배 떨어진다"라는 것은 아니다. 그것을 일반적인 인과관계로 착각해서는 안 된다. 이것이 바로 '인과의 오류'이다.

한편 '구성의 오류'란 한 부분에 맞는다고 해서 전체에도 그것이 맞는다고 속단하는 것이다. 구성의 오류를 개별 경제적 관점에서 볼 경우 선후진국에서 많이 나타나는 저축에 관한 문제이다. 후진국의 경우 절약은 미덕이 될 수 있으나, 선진국의 경우 국가 전체적 관점에서 절약은 해악이 될 수 있다는 절약의 역설이 대표적이다. 각 경제주체들이 소비를 줄이고 저축을 늘리면 부유해질 수 있지만, 모든 경제주체들이 저축만 하면 총수요가 감소해 사회 전체의 소득이 오히려 줄어든다. 저축을 위해 소비를 억제해야 하고 줄어든 소비로 인해 생산된 상품은 팔리지 않고 재고로 쌓인다. 이는 총수요 감소로 이어져 경기침체와 국민소득이 줄어드는 결과를 초래한다. 따라서 돈은 벌어서 미래를 위해 저축하는 것도 중요하지만 필요한 시기에 적절하게 소비하는 것도 중요하다. 즉, 특수한 나라에 알맞은 정책이 모든 나라에 그대로 적용될 수 있다는 착각이 바로 '구성의 오류'이다.

결국 현실 경제를 잘 설명할 수 있는 유용한 경제모형을 만들기 위해서는 연구 과정에서 이와 같은 방법론적인 오류를 범하지 말아야 한다. 그러나 사실 방법론적인 오류가 없더라도 경제모형이 모든 경제상황을 항상 적합하게 설명할 수도 없고 또한 그럴 필요도 없다. 왜냐하면 경제현실은 끊임없이 변화하면서 불확실성에 휩싸여 있기 때문이다. 결국 경제모형은 가장 기본적이면서 평균적으로만 성립하는 법칙이다. 또한 그 모형조차도 시대의 흐름이나 각국의 상황에 따라 '진화하는' 이론체계가 될 수밖에 없다.

한편 경제(經濟)라는 말은 세상을 다스리고 국민을 편안하게 만든다는 것으로 기본적으로 경제학은 인간의 '먹고사는 문제'와 밀접한 학문이다. 경제학에서는 경제학파나 개별경제학자에 따라 다양한 견해들이 나타난다. 그것은 서로 다른 경제 상황을 다양한 관점에서 접근하여 새로운 이론을 내세우고 설령 같은 경제 상황에서도 실증적 판단과 가치관이 다를 수 있기 때문이다. 경제학의 계보를 정리하면 복잡하지만 경제학은 주로 고전학파와 케인스학파가 양대 산맥을 형성한다.

경제학이 독립된 학문체계로 기틀을 다진 건 산업혁명 즈음인 18세기 중엽이다. 즉, 오늘날 우리가 공부하는 주류경제학은 1776년 영국의 아담 스미스(A.Smith)가 「국부론」에서 흩어져 있던 각종 경제이론을 집대성하고 해법을 제시함으로써 독립된 사회과학으로 출범하였다. 그는 근로자에겐 임금, 지주에겐 지대, 자본가에겐 이윤으로 부의 배분이 이뤄지는데 '보이지 않는 손', 즉 시장 기능에 따라 배분될 때 가장 효율적이라고 봤다. 자신의 이익을 추구하는 이기심이 인간의 본성이며, 국가는 부를 증대시키기 위해 그 이기심을 적극 활용해야 한다고 주장했다.

한편 1929년 미국에서 시작된 대공황은 시장 자유방임을 중시해 온 고전학파의 이론으론 설명하기 힘든 경제현상이었다. 대공황은 생산 위축, 가혹한 실업, 심각한 디플레이션(물가 하락)을 동시에 가져왔다. 시장을 중시하는 고전학파 관점대로라면 실업은 노동시장의 초과공급으로 발생한 것이고, 초과 공급이 발생하면 가격하락 → 수요증가 → 균형회복으로 이어져야 했다. 하지만 당시 노동시장은 스스로 균형을 전혀 되찾지 못했다. 이때 떠오른 이들이 바로 케인스(J.M.Keynes)를 필두로 한 케인스학파다. 케인스학파는 시장에 모든 것을 맡겨두는 것이 아니라 공공과 민간 부문이 함께 중요 역할을 하는 혼합경제 모델을 주장했다. 이들은 정부가 시장에 적극 개입하는 '큰 정부' 모델을 강조했다. 불황기에 정부가 지출을 늘리면 소비와 투자를 되살려 경제 회복을 촉진할 수 있다고 봤다. 케인스학파는 이전까지 존재하지 않던 거시경제학이라는 새로운 분야를 탄생시켜 오늘날 미시경제학과 거시경제학이라는 주류 경제학의 두 기둥을 완성했다.

정부 개입이 모든 경제문제를 해결할 수 있다는 케인스학파의 환상은 1970년 오일 쇼크로 촉발된 스태그플레이션(경기침체와 물가상승의 동시 발생)으로 깨졌다. 이 경제 사건으로 케인스학파의 이론은 많은 공격을 받게 됐고, 정부의 역할 축소와 시장경쟁 확대를 표방하는 신자유주의가 다시 힘을 얻었다. 다시 '작은 정부'를 강조한 신자유주의 경제학자들은 자유무역 확대, 규제 완화, 공기업 민영화 등이 중요하다고 봤다. 최근에는 케인즈학파와 신케인즈학파로 2원화되어 발전하고 있다. 신(新)케인즈 학파는 신고전학파의 일부 학설을 수용하여 미시경제 이론의 토대하에서 거시경제 이론을 전개한다. 또한 시장이 항상 균형상태에 있다는 전제를 부정하며 안정화정책을 긍정적으로 평가하고 있다.

경제용어

- 외생변수: 경제모형에서 사용되는 변수 중에서 그 값이 사전적으로 주어지는 변수
  예 다른 연관 상품의 가격, 소비자의 소득

- 내생변수: 경제모형 내부에서 변수들 사이의 상호관계를 통해 결정되는 변수
  예 X재의 가격과 X재에 대한 수요량

- 독립변수: 내생변수 중에서 영향을 주는 변수
  예 X재의 가격

- 종속변수: 내생변수 중에서 영향을 받는 변수
  예 X재에 대한 수요량

- 유량변수: 일정기간 동안에 측정할 수 있는 변수
  예 수요량, 공급량, 국내총생산, 국제수지

- 저량변수: 일정시점에서 측정할 수 있는 변수
  예 통화량, 국부, 외채

03

시장과 가격기구

시장의 수요

1. 시장

　시장경제의 핵심 요소는 ①시장과 가격이다. 그리고 시장에서 다루어지는 ②상품의 수요와 공급의 문제이다. 시장과 가격이 시장경제에서 매일같이 이루어지는 수많은 상품 거래의 의사 결정을 조정한다. 여기서 시장이란 구매자(수요자)와 판매자(공급자)가 서로 만나 거래를 할 수 있게 하는 제도 및 장소를 말한다. 따라서 시장에는 남대문 시장, 동대문 시장과 같은 장소를 의미하는 공간적 개념의 시장과 외환시장, 사이버 마켓 등과 같은 추상적 개념의 시장도 포함된다. 또한 구매자의 사려고 하는 의지를 수요(demand)라고 하고, 판매자의 팔려고 하는 의지를 공급(supply)이라고 하면, 시장의 역할은 이러한 구매자와 판매자의 의사결정에 관한 정보를 서로에게 전달하게 한다. 이들의 의사결정으로 가격이 결정되고 이러한 가격이 서로 알지 못하는 다른 구매자나 판매자에게도 정보가 폭넓게 제공되어 자연스럽게 시장가격이 형성된다.

　특히 시장경제는 재화와 서비스를 기업으로부터 구입하는 가계와 여러 가지 생산재료(투입물)를 이용하여 재화나 서비스(생산물)를 생산·판매하는 기업과의 교환에 의해 발전하는데, 생산을 위한 시장은 크게 3가지로 나누어진다. 기업이 자기의 생산물을 가계(또는 기업)에 판매하는 시장을 생산물시장(재화시장)이라고 한다. 투입물 쪽에서 보면 기업은 생산물을 만들기 위해서는 노동과 기계를 결합하지 않으면 안 된다. 따라서 기업은 노동시장에서 노동 서비스를 구입하고, 기업이 가진 기술과 노동, 기타 투입물을 구입 및 결합하기 위해서는 자금이 필요한데 이는 자본시장에서 자금을 조달한다. 이미 지적한 것처럼 시장에 더하여 자본에 대해 살펴보면, 자본이란 용어는 기계나 건물을 의미하는 자본재를 구입하거나 기업을 매수하거나 하기 위한 자금을 의미하는 용어로써 사용된다.

2. 수요와 수요량

수요와 수요량의 사이에는 개념적인 차이가 있다. 먼저 이해해야 할 것은 한 상품에 대한 수요량(quantity demand)에 대한 개념이다. 수요량(quantity demand)이란 '어느 한 가격' 수준에서 소비자가 구입하기를 희망하는 상품의 '수량'을 말한다. 한편 어느 한 상품에 대한 수요(demand)란 일정 기간에 있을 수 있는 '모든 가격'과 '수요량과의 조합'들을 말한다. 즉, 수요량이란 어떤 '한 가격 수준'에서 소비자가 기꺼이 지불하려고 하는 의지와 그에 따른 '수량'을 의미하는 반면에, 수요는 '모든 가격(각각의 가격)변화'에 대응하는 '각 수량(수요량)들의 조합'을 의미한다.

예를 들어 빵에 대한 수요량과 수요와의 관계를 살펴보자. 어떤 한 소비자가 한 달간 빵에 대한 소비를 1,500원일 때 10개를 소비했고, 빵의 가격이 1,000원으로 하락하자 빵의 소비를 15개로 늘렸다. 빵의 가격이 다시 500원으로 하락하자 빵에 대한 소비를 20개로 늘렸다고 하자. 이처럼 '빵의 가격'에 대응하여 '빵의 수량'이 1 : 1로 대응하여 형성된 '수량'이 바로 빵의 '수요량'이다.

따라서 한 가격 수준(예컨대 1,500원)에서 구입할 수 있는 상품의 수량(빵 10개)을 '수요량'이라고 하고, 여러 가지 '가격 변화'를 통해 얻을 수 있는 '각 수량의 조합'을 '수요'라고 말할 수 있다. 즉, 빵의 가격과 수요량과의 관계는 정적(靜的)인 개념이라고 한다면, 여러 가지 '가격 변화'에 대한 '각 수량의 조합'에 해당하는 '수요'는 동적(動的)인 개념으로 이해하면 되겠다. 또한 이처럼 어느 한 소비자만을 대상으로 하여 가격과 수요의 관계를 설명한 것을 개별수요(individual demand)라고 말하고 [표3-1]처럼 정리할 수 있다.

➕ [표 3-1] 빵의 수요표

조합	빵의 가격(원)	빵의 수요량(1개월)
a	1,500	10
b	1,000	15
c	500	20

3. 수요곡선

이제 우리는 빵의 가격과 빵의 수요량과의 관계에서 자연스럽게 한 소비자의 소비 행태에 따른 소비곡선을 그려낼 수 있다. 즉, Y축에 가격을, X축에 수요량을 설정한 후에 빵의 가격과 수요량의 관계 표를 좌표상에 옮겨 각각의 점들을 연결할 때 나타나는 곡선이 바로 개별수요곡선(individual demand curve)이다. 또한 이들 개별수요곡선(individual demand curve)을 모아서 다시 설정해 낸 것을 시장수요곡선(market demand curve)이라 하고, 일반적으로 수요곡선(demand curve)이라고 말한다. 결국 수요곡선이란 한 상품에 대하여 여러 가지 가격 변화를 통해 기꺼이 구입할 수 있는 상품 수량의 조합을 그래프에 나타낸 것이다. 따라서 상품 가격이 1,500원에 대응하여 구입한 수량인 10개가 '수요량(점a)'이고, 가격이 1,500원에서 1,000원, 500원으로 변함에 따라 나타나는 상품 수요량 10개, 15개, 20개의 조합들이 '수요'이다.

[그림 3-1] 시장수요곡선

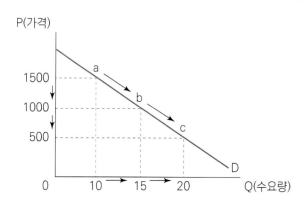

수요곡선은 각각의 가격과 수요량과의 관계에서 나타나는 곡선([그림3－1])인데, 여기에는 기본적인 특징이 있다. 즉 '다른 조건이 동일할 때' 상품의 가격이 오르면 상품의 수요량은 감소하고, 상품의 가격이 내리면 상품의 수요량은 증가하는 '역의 관계'가 성립하는 특징이 있는데 이것을 '수요의 법칙'이라고 말한다.

여기서 주의할 것은 수요량의 변화란 '다른 여타 조건은 일정한 상태'에서 한 상품의 가격이 변함에 따라 그 가격의 변화에 대응하여 수요량이 변하는 경우를 말한다. 이는 다른 요인들은 변하지 않고 오직 상품의 가격만이 '신축적'으로 변화할 때 그에 대응하는 수요량의 변화를 의미한다. 가격과 수요량의 관계는 [그림3－1]에서 가격이 하락함에 따라 수요량이 증가하고 각각의 균형점은 a~c로 수요곡선상의 이동이 발생한다. 즉, 상품의 수요량을 변화시키는 요인은 오직 상품가격의 변화 하나뿐이다. 결국 수요곡선상의 이동은 다른 요인은 일정한 상태에서 한 상품의 가격 변화에 대응하여 나타나는 수요량의 변화를 말한다. 따라서 수요의 법칙에 따라서 시장수요곡선은 우하향하는 곡선의 형태로 나타난다. 이것은 소비자들이 높은 가격보다는 낮은 가격에서 보다 많이 소비하려고 한다는 것을 의미한다.

4. 수요의 결정요인과 수요함수

여기서 다른 중요한 점은 수요량과 수요에 영향을 미치는 요인들을 분리해서 생각해야 한다는 것이다. 즉, 빵의 가격은 빵의 '수요량'에 영향을 미치고, 빵 이외의 '다른 요인'들은 빵의 '수요'에 영향을 미친다고 가정한다는 것이다. 왜냐하면 빵의 수요는 어떤 '가능한 모든 가격 수준'에서 소비자가 기꺼이 지불하려고하는 의지와 그에 따른 '수량의 조합'을 의미하기 때문에, 결국 '한 가격 수준(가격이 일정하다면)'에서 '다른 요인들'이 변한다면 결국 빵의 수요도 변할 것이기 때문이다.

지금까지 설명의 전제는 가격이 수요량을 결정하는 데 가장 중요한 요소라는 가정하에 가격과 수요량과의 관계를 좌표에 나타낸 것이다. 그러나 수요를 결정하는 요소는 앞에서 언급한 것처럼, 가격 이외에도 무수히 많다. 즉, 가격과 수요량과의 관계에서 지금까지는 '다른 요인'들은 변하지 않고 오직 가격만이 변한다는 가정에서 출발했다. 그러나 지금부터는 상품 수요에 영향을 미치는 '다른 요인'들에 대해서 살펴보자. 특히 경제학에서 수요량(Dx)을 결정하는 가격 이외의 다른 요인들로 주로 소비자의 소득(Y), 연관 재화의 가격(PR), 상품에 대한 기호(T), 인구(N), 기타(0: 이자율, 문화 수준) 등을 말하고 있다. 즉, 상품 수요에 영향을 미치는 요인들을 설명해 보면 다음과 같다.

첫째, 상품 가격(Px) ⇨ 수요(Dx). 즉, 상품 수요에 영향을 미치는 가장 중요한 요소는 역시 상품의 가격이다. 일반적으로 상품의 가격이 오르면 그 상품에 대한 수요는 줄어들고, 가격이 내리면 수요는 늘어난다. 따라서 가격과 수요량과는 '역의 관계'가 나타나며, 이를 '수요의 법칙'이라 말한다.

둘째, 소비자의 소득(Y) ⇨ 수요(Dx). 즉, 소비자들의 소득 수준도 상품의 수요에 영향을 미친다. 소비자의 소득 수준이 높아지면 일반적으로 상품에 대한 수요도 증가하게 된다. 그러나 소득 수준이 높아질수록 수요가 줄어드는 상품도 있다. 소득이 증가할 때 수요가 늘어나는 상품을 정상재(우등재)라고 말하고, 반대로 소득이 증가할 때 수요가 줄어드는 상품을 열등재라고 말한다. 정상재의 예로는 자동차나 TV 등을 말할 수 있고, 열등재로는 연탄이나 보리쌀 같은 것을 말할 수 있다. 특히 과거 연탄은 우리나라의 소득 수준이 높아짐에 따라 석유의 소비량이 증가하면서 점차 열등재의 성격을 가지게 되었다. 따라서 정상재이냐 열등재이냐의 문제는 고정된 것이 아니라 소득 수준의 변화와 생활양식의 변화에 따라 정상재에서 열등재로 변할 수 있다.

셋째, 관련 상품의 가격(다른 상품과의 관계: PR) ⇨ 수요(Dx). 즉, 어떤 한 상품에 대한 수요는 그 상품의 가격뿐만 아니라, 다른 상품의 가격(관련 상품의 가격)에도 영향을 받는다. 다른 한 상품의 가격이 다른 상품의 수요에 얼마나 영향을 미칠지, 그리고 어떤 방향으로 영향을 미칠지는 두 상품의 관계(대체재와 보완재)에 따라 다르다. 두 상품의 관계에 따라 구분하면, 대체재와 보완재로 나누어진다. 대체재(substitute)는 다른 재화를 대신하여 사용될 수 있고 같은 목적을 충족시키는 재화를 의미하며, 보완재(complement)는 주로 함께 소비하는 상품을 말한다.

그런데 상품을 분류하다 보면 두 상품의 관계가 대체재인지 보완재인지 모호할 때가 있다. 따라서 두 상품의 관계 설정의 기준을 정확하게 말하기는 어렵지만, 대체재는 상품의 성격은 같으나 성질을 달리하는 다른 상품으로서, 한 상품을 대신하여 다른 상품을 소비해도 만족에 별 차이가 없는 상품들로 말할 수 있겠다. 예를 들어 기차와 비행기의 경우에 운송 수단이란 성격(방법)은 같으나 기차는 육로 운송이고, 비행기는 공로(하늘) 운송이라는 다른 성질의 상품 관계라고 생각하면, 이 둘의 관계를 대체재라고 생각할 수 있다. 한편 보완재는 한 상품씩 따로 소비할 때보다 함께 소비할 때 더 큰 만족을 얻을 수 있는 상품들을 말한다. 즉, 한 상품(A)의 소비에 따라, 필연적으로 다른 한 상품(B)이 또 다른 상품(A)과 연결되어 소비되는 상품이라고 말할 수 있다. 예를 들어 커피 수요량의 증가에 따른 커피 크림의 수요량의 증가의 관계를 보완재로 말할 수 있다.

그리고 관련 상품의 가격과 다른 상품의 수요량과의 관계를 보자. 만일 두 상품의 관계가 대체재라면, 한 상품의 가격이 오르면 그 상품의 수요는 감소하고, 대체 관계에 있는 다른 상품의 수요는 증가할 것이다. 예를 들어 돼지고기

(A상품)와 소고기(B상품)가 대체 관계가 있는 상품이라면, 돼지고기의 가격이 상승하면 돼지고기의 수요량은 감소하면서 대체 관계에 있는 소고기의 수요량은 증가할 것이다. 반대로 두 상품이 보완재라면, 한 상품의 가격이 오르면 그 상품의 수요량은 감소하고, 보완 관계에 있는 다른 상품의 수요량도 더불어 감소할 것이다. 즉, 커피(A상품)의 가격이 상승하면 커피의 수요량은 감소하고, 다른 상품인 커피 크림(B상품)의 수요량도 감소할 것이다.

이를 정리해 보면 아래와 같다.

1) 대체재의 경우

$$\frac{\text{A 상품의 가격 ↑}}{\text{(A상품의 수요량)↓}} \quad \Rightarrow \quad \frac{\text{B상품 가격은 일정(가정)}}{\text{(B상품의 수요량)↑}}$$

2) 보완재의 경우

$$\frac{\text{A 상품의 가격 ↑}}{\text{(A상품의 수요량)↓}} \quad \Rightarrow \quad \frac{\text{B상품 가격은 일정(가정)}}{\text{(B 상품의 수요량)↓}}$$

➕ [표 3-2] 수요와 수요량의 정리표

구분	독립변수		종속변수	특징
요인 항목	[가격이 변할 때]		상품 수요량(D_x)	• 수요량의 변화 • 수요곡선상의 이동 [그림3-1]
	1) 상품 가격(p_x)			
	[가격이 변하지 않을 때]		상품 수요(D_x)	• 수요의 변화 • 수요곡선의 이동 [그림3-2]
	2) 연관 상품의 가격(PR) 3) 소비자의 소득(Y) 4) 상품에 대한 기호(T) 5) 인구(N)			

※ 수요량의 변화(Change in quantity demanded): 가격의 변화에 따른 수요곡선 위에서의 움직임.
※ 수요의 변화(Change in demand): 가격을 제외한 다른 요인의 변화에 따른 수요곡선 자체의 이동.

넷째, 인구(N) ⇨ 수요(Dx). 인구의 변화, 즉 소비자의 수(數)도 수요에 영향을 미친다. 인구가 증가하는 시기에는 소비자의 수가 큰 문제가 되지 않았지만, 일본이나 한국과 같이 인구가 급속히 노령화하거나 인구 자체가 줄어드는 나라에서는 소비자의 수가 수요에 중요한 요인으로 작용한다. 즉, 소비자의 수가 많을수록 수요는 늘어나고, 소비자의 수가 줄어들수록 수요도 감소하기 때문이다.

다섯째, 상품에 대한 기호(T) ⇨ 수요(Dx). 상품에 대한 기호도 상품 수요에 영향을 미친다. 예를 들어 어떤 유명한 영양학자가 특정 식품이 암 예방에 효과가 크다거나, 또는 어떤 유명 연예인의 특정 상품에 대한 광고가 TV를 통해 나갈 경우에 그들 상품에 대한 수요는 증가할 것이다. 반대로 어떤 식품에 대해 발암물질이 포함되어 있다는 좋지 않은 연구 결과를 발표하면, 그 상품에 대한 수요는 줄어들 것이다. 즉, 가격 이외에 상품의 수요를 변화시키는 요인은 소비자의 소득(Y), 연관 재화의 가격(PR), 상품에 대한 기호(T), 인구(N), 기타(0: 이자율, 문화수준) 등이 있다. 이들의 관계를 정리해 보면 위의 표([표3−2])와 같다.

한편 한 상품에 대한 소비자의 수요함수란 수요량 및 수요에 영향을 미치는 여러 변수들을 함수 관계로 표시한 것이다. 여기서 수요함수를 기술할 때 수요량과 수요에 영향을 미치는 요인들을 분리해서 생각해야 한다는 것이다. 즉, 상품의 가격(P)은 수요량에 영향을 미치고, 가격 이외의 다른 요인들(PR, Y, T, N)은 변화가 없다고 가정하면 상품에 대한 수요함수는 다음과 같이 수식으로 표시할 수 있다.

$$Dx = f(Px; \ PR, \ Y, \ T, \ N)$$

이를 설명하자면 위의 수요함수는 가격(Px)이 변하면 시장 수요량이 변한다는 의미이다. 이때 다른 요인(PR, Y, T, N)은 변하지 않고 오직 가격(Px)만 변한다고 가정할 때 수요함수의 다른 표현은 다음과 같이 표현한다.

$$Dx = f(Px)$$

5. 수요의 변화: 수요곡선의 이동

만일 상품 수요에 영향을 미치는 '다른 요인'들이 변화한다는 기본 가정을 달리하면, 수요곡선은 더 이상 그 자리에 고정되어 있을 수 없다. 즉, 수요의 변화란 해당 상품의 가격은 일정한데 소비자의 화폐소득, 다른 재화의 가격, 소비자의 기호, 인구 등과 같은 다른 조건들이 변할 경우 주어진 가격 수준에서 수요량들이 달라짐으로써 수요곡선 자체가 이동(수요곡선)하는 것을 의미한다. 즉, 수요량의 변화에서 나타나는 수요곡선상의 이동은 다른 요인은 일정(불변)하다는 가정하에 가격과 수요량의 관계라면 '수요의 변화'란 가격은 일정한 상태에서 다른 요인들이 변한다는 기본 가정을 달리할 때 나타난다. 예를 들어, 소비자들의 소득 수준이 변하거나, 관련 상품의 가격이 변한다면 수요 및 수요곡선은 더 이상 [그림3-2]의 점 a의 상태로 고정되어 있을 수 없다.

만일 어떤 한 상품의 가격이 일정한 상태에서 다른 요인 중의 하나인 소비자들의 소득이 변화할 때 수요곡선 자체가 우측 혹은 좌측으로 이동할 수 있다. 여기서 소비자의 소득 수준의 변화와 같은 것을 '수요곡선의 이동' 요인이라고 말한다. 즉, 소비자의 소득 수준이 변화할 때 수요곡선의 이동 방향은 상품의 성격이 결정한다. [그림3-2]에서처럼 소득이 증가할 때 상품의 성격이 정상재라면 수요곡선 자체가 오른쪽으로 이동할 것이고, 열등재라면 수요곡선의 이동 방향은 왼쪽으로 결정될 것이다. 여기서 얼마큼 이동할 것인가는 탄력성의 문제로 남는다. 중요한 두 가지 예를 들어보자.

가) 상품 가격이 일정한 상태에서 소득 수준이 변할 때 수요곡선의 이동이 발생한다.

1) 정상재의 경우(D₁: 정상재)

[그림 3-2] 기타 요인과 수요의 변화: 수요곡선의 이동

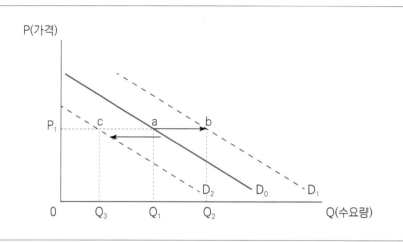

시장의 상품 가격이 P_1에서 고정되어 있을 때, 소비자의 소득이 증가하면 수요곡선은 $D_0 \sim D_1$로 오른쪽으로 이동한다(a~b로 이동). 반대로 소득이 감소하면 수요곡선이 왼쪽 D_2로 이동(a~c로 이동)한다. 단, 수요곡선이 우측으로 얼마만큼 이동할지는 알 수 없고, 그 상품이 가지고 있는 수요의 소득탄력성에 의해 알 수 있다.

2) 열등재 경우(D₂: 열등재)

시장의 상품 가격이 P_1에서 고정되어 있을 때, 소비자의 소득이 증가하면 수요곡선은 $D_0 \sim D_2$에 해당하는 왼쪽으로 이동한다(a~c로 이동). 반대로 소득이 감소하면 수요곡선은 $D_0 \sim D_1$로 오른쪽으로 이동한다(a~b로 이동). 단, 수요곡선이 왼쪽으로 얼마만큼 이동할지는 알 수 없고, 그 상품이 가지고 있는 수요의 소득탄력성에 의해 알 수 있다.

나) 다른 상품의 가격이 변할 때 수요곡선의 이동이 발생한다.

즉, 수요곡선의 이동 방향과 정도는 두 상품의 관계(대체재와 보완재)에 의해 다르게 나타난다.([그림3-3]과 [그림3-4]).

1) 보완재의 경우(A: 커피와 B: 커피크림의 관계)

A상품의 가격 ↑(P1~P2) ⇨	B상품의 가격은 일정 (가정)
(A상품의 수요량)↓(Q₁~Q₂) ⇨	(B상품의 수요량)↓(Q₁~Q₂: 점b~점b′로 이동).

[그림 3-3] 보완재의 가격 변동과 수요곡선

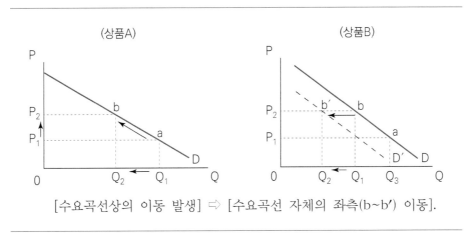

[수요곡선상의 이동 발생] ⇨ [수요곡선 자체의 좌측(b~b′) 이동].

즉, 상품 A의 가격 상승은 수요량을 Q₁에서 Q₂로 감소시키고, 보완재인 상품 B는 가격이 P₂에서 수요량이 Q₁에서 Q₂로 감소하면서 수요곡선 자체가 왼쪽으로 이동한다. 따라서 교점은 점b에서 점b′로 이동할 것이다.

2) 대체재의 경우(A: 돼지고기와 B: 소고기의 관계)

A상품의 가격 ↑(P1~P2) ⇨	B상품의 가격은 일정(가정)
(A상품의수요량)↓(Q₁~Q₂) ⇨	(B상품의 수요량)↑(Q₁~Q₂: 점b~b′로 이동)

주: 여기서 대체재가 얼마큼 오른쪽으로 이동할 것인가는 대체탄력성의 문제이다.

대체재의 경우 [그림3-4]에서 보듯이 상품 A의 가격이 P_1에서 P_2로 상승하면 소비자는 비용부담의 증가로 소비(수요량)를 Q_1에서 Q_2로 줄일 것이다. 이에 따라 교점은 a에서 b로 옮겨지면서 수요곡선상의 이동이 발생한다. 한편 상품 A의 가격 상승에 따라 대체재인 상품 B는 가격 P_2에서 일정한 상태에서 수요의 증가에 따라 수요곡선 자체가 D에서 D'로 우측 이동할 것이다(수요곡선의 이동). 즉, 수요곡선이 점b에서 점b'로 오른쪽으로 이동하고 수요량은 Q_1에서 Q_2로 증가할 것이다.

[그림 3-4] 대체재와 수요곡선의 이동

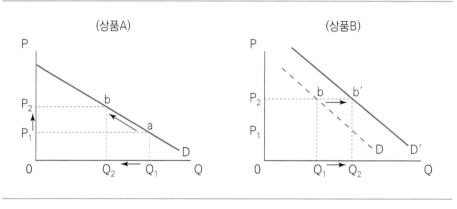

[수요곡선상의 이동 발생] ⇨ [수요곡선 자체의 우측 이동].

　　2015년 한국에서는 담배 소비를 줄이기 위해서 담배 값 인상에 관한 논의가 격렬했다. 결국, 정부는 담배 값을 인상함으로써 담배의 소비를 줄일수 있다고 역설하면서 담배 가격을 인상했다. 결과적으로 2015년 당시 일시적으로 담배의 소비는 줄었지만, 2016년 현재는 담배의 소비량은 다시 본래대로 환원되었다. 이를 수요와 수요량의 변화로 설명하면 다음과 같다. 담배의 소비를 줄이는 첫 번째 방법은 '수요량의 변화'를 이용하는 것이다. 즉, 담배세를 부과하여 담배 가격을 인상해 담배의 소비를 줄이는 것이다. [그림3-5]의 (a)에서처럼, 담배 '가격의 상승'은 담배 '수요량의 변화'를 초래하여 수요곡선상의 이동을 통해 교점이 좌측으로 이동하면서 담배의 소비량이 줄어든다.

[그림 3-5] 담배 가격의 인상과 수요 및 수요량의 변화

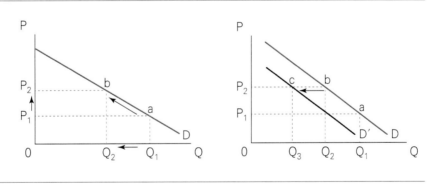

[(a)담배 수요량의 변화]　　　　[(b)담배 수요의 변화]

　　한편 두 번째 방법은 [그림3-5]의 (b) '수요의 변화'를 이용하여 담배 소비량의 감소를 유도하는 것이다. 담배 가격 이외의 요인을 변화시키는 방법, 즉 금연 홍보와 같은 광고를 통해 담배 수요의 감소를 유도하는 것으로, 흡연이 건강에 해롭다는 것을 알리거나, 대체재인 전자 담배(엄밀한 대체재는 아님)를 보급하는 등의 정책을 통해 담배의 수요곡선 자체를 좌측으로

이동(수요곡선의 이동)시키는 방법이다.

　이 두 가지 방법을 함께 사용하면, 정부는 담배 가격이 P_1에서 P_2로 오름에 따라서 담배에 대한 수요량이 감소하면서(a에서 b로 이동), 단기적으로는 담배의 수요량이 Q_1에서 Q_2로 줄어든다. 이 상태에서 강력한 금연 홍보와 같은 광고 효과를 통해 담배의 수요 요인도 줄어든다면, 장기적으로 추가적인 담배의 수요량이 감소할 것이다. 즉, 담배의 가격이 P_2로 오른 상태에서 그림(a)의 수요곡선은 왼쪽으로 이동한 결과(D에서 D′) 새로운 담배의 수요량은 Q_2에서 Q_3로 한층 더 감소할 것이다.

실습
현대차 쏘나타와 토요타 차의 렉서스와의 관계에
관해 설명해 보자.

시장의 공급

1. 공급과 공급량

　어느 한 상품의 공급량이란 일정 기간에 '어느 한 가격' 수준에서 생산자가 판매하기를 희망하는 상품의 '수량'을 말한다. 반면에 어느 한 상품에 대한 공급(supply)이란 일정 기간에 있을 수 있는 '모든 가격'과 '공급량의 조합'들을 말한다. 즉, 공급량이란 어떤 '한 가격 수준'에서 생산자(공급자)가 기꺼이 판매하려고 하는 의지와 그에 따른 '수량'을 의미하는 반면에, 공급은 '모든 가격(각 가격) 변화'에 대응하는 '각 수량(공급량)의 조합'을 의미한다.

　예를 들어 빵에 대한 공급량과 공급과의 관계를 살펴보자. 어떤 한 소비자가 한 달간 빵에 대한 공급을 1,000원일 때 10개를 공급했고, 빵의 가격이 1,500원으로 오르자 빵의 공급을 15개로 늘렸다. 빵의 가격이 다시 2,000원으로 상승을 하자 빵에 대한 공급을 20개로 늘어났다고 하자. 이처럼 '빵의 가격'에 대응하여 '빵의 수량'이 1:1로 대응하여 형성된 수량들의 조합이 바로 빵의 공급량이다. 따라서 한 가격 수준에서 판매할 수 있는 상품의 공급량을 여러 가지 '가격 변화'를 통해 얻을 수 있는 각 수량의 조합을 '공급'이라고 말할 수 있다. 즉, 앞서 수요이론에서 언급한 것처럼 빵의 가격과 공급량의 관계를 정적(靜的)인 개념으로 설명한다면 여러 가지 '가격 변화'에 대한 '각 수량(공급량)의 조합'에 해당하는 '공급'은 동적(動的)인 개념으로 이해하면 되겠다. 이처럼 어느 한 생산자만을 대상으로 하여 가격과 공급의 관계를 설명한 것을 개별공급(individual supply)이라고 말하고 [표3-3]처럼 정리할 수 있다.

➕ [표 3-3] 빵의 공급표

조합	빵의 가격(원)	빵의 공급량(한 달간)
a	2,000	20
b	1,500	15
c	1,000	10

2. 공급곡선: 공급량의 변화

이제 우리는 빵의 가격과 공급량의 관계에서 자연스럽게 한 생산자의 생산 행태에 따른 공급곡선을 그려낼 수 있다. 즉, Y축에 가격을, X축에 공급량을 설정한 후에 빵 가격과 공급량과의 관계를 좌표에 옮겨 각각의 점들을 연결할 때 나타나는 곡선이 바로 개별공급곡선(individual supply curve)이다. 또한 이들 개별 공급곡선(individual supply curve)을 모아서 다시 설정해 낸 것을 시장공급곡선(market supply curve)이라 하고, 일반적으로 공급곡선(supply curve)이라고 말한다. 결국 공급곡선이란 어느 한 상품에 대하여 여러 가지 가격 변화를 통해 기꺼이 생산할 수 있는 상품 수량의 조합을 그래프에 나타낸 것이다. 따라서 상품 가격이 1,000원에 대응하여 구입한 수량인 10개가 공급량(점a)이고, 가격이 1,000원에서 1,500원으로 변함에 따라 나타나는 상품의 공급량은 15개, 2,000원 일 때는 상품의 공급이 20개로 증가하면서 이들 각각의 조합들이 바로 '공급'이다.

[그림3-6]의 공급곡선은 각각의 가격과 공급량의 관계에서 나타나는 곡선인데, 여기에는 기본적인 특징이 있다. 즉 '다른 조건이 동일할 때' 상품의 가격이 내리면 상품의 공급량은 생산자(기업)의 이윤이 감소하기 때문에 하락

하고, 반대로 상품의 가격이 오르면 상품의 공급량은 증가하는 '정의 관계'가 성립하는데 이것을 '공급의 법칙'이라고 말한다. 따라서 공급의 법칙에 따라서 시장공급곡선은 우상향하는 곡선의 형태로 나타난다. 이것은 생산자들이 낮은 가격보다는 높은 가격에서 보다 많이 생산하여 이윤을 극대화하려 한다는 것을 의미한다.

[그림 3-6] 시장공급곡선

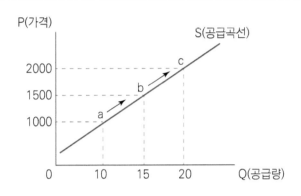

여기서도 앞에서 설명한 것처럼 '공급량의 변화'란 다른 여타 조건은 일정한 상태에서 한 상품의 가격이 변함에 따라 그 가격의 변화에 대응하여 공급량이 변하는 경우를 말한다. 이는 다른 요인들은 변하지 않고 오직 상품의 가격만이 '신축적'으로 변화할 때 그에 대응하는 공급량의 변화를 의미한다. 즉, 가격과 공급량과의 그림에서 가격이 오름에 따라 공급량이 증가하고 각각의 균형점은 a~b로 공급곡선상의 이동(공급량의 변화)이 발생한다. 즉, 상품의 공급량을 변화시키는 요인은 오직 상품 가격의 변화 하나뿐이다. 결국 공급곡선상의 이동은 '다른 요인은 일정한 상태'에서 '한 상품의 가격 변화'에 대응하여 나타나는 '공급량의 변화'를 말한다. 따라서 공급의 법칙에 따라서 시장공급곡선은 우상향하는 곡선의 형태로 나타난다. 이것은 생산자들이 더 높은 가격에서 보다 많이 생산하려고 한다는 것을 의미한다.

수요와 유사하게 여기서도 주의해야 할 것은 공급량과 공급에 영향을 미치는 요인들을 분리해서 생각해야 한다. 즉, 빵의 가격은 빵의 '공급량'에 영향을 미치고, 빵 이외의 '다른 요인'들은 빵의 공급에 영향을 미친다고 가정한다는 것이다. 왜냐하면, 빵의 공급은 어떤 '가능한 모든 가격 수준'에서 생산자가 기꺼이 생산하려고 하는 의지와 그에 따른 '수량의 조합'을 의미하기 때문에, 결국 '한 가격 수준'에서 '다른 요인들'이 변한다면 결국 빵의 공급도 변할 것이기 때문이다. 즉, 공급도 수요처럼 변할 수 있고 한 시장에서 공급되는 재화의 양은 그것을 생산하는 사람들의 결정에 의존한다.

그렇다면 공급 선택의 기준은 무엇일까? 우리는 기업의 경영자들은 공통된 목표를 갖고 있다고 가정한다. 그것은 최대한의 수익을 얻는 것이다. 하지만 그들은 또한 제약(constraints)에 직면한다. 첫째, 경쟁적 시장에서 생산자가 매길 수 있는 재화의 가격은 시장가격으로 주어진다. 둘째, 기업은 생산비용과 재화를 팔 때의 비용을 지불해야 한다. 이러한 비용은 생산자가 이용하는 생산 과정, 자원에 대해 지불해야 하는 상품가격 등에 의존하게 된다. 기업의 이윤극대화 욕망은 생산자가 현실에서 직면하는 제약들과 결합하여 어느 시장에서 기업이 얼마만큼 팔 것인지 결정한다.

3. 공급의 결정요인과 공급함수

지금까지 설명의 전제는 가격이 공급량을 결정하는 데 가장 중요한 요소라는 가정하에 가격과 공급량의 관계를 좌표에 나타낸 것이다. 그러나 공급을 결정하는 요소는 수요에서 언급한 것처럼 가격 이외에도 무수히 많다. 즉, 가격과 공급량과의 관계에서 지금까지는 '다른 요인'들은 변하지 않고 오직 가격만이 변한다는 가정에서 출발했지만, 이제는 상품 공급에 영향을 미치는 '다른 요인'들에 대해서 살펴보자. 특히 경제학에서 공급량(S_x)을 결정하는 가격 이외의 다른 요인들로 생산요소의 가격(P_f: 임금, 이자율), 생산기술(T_e: 신기술 발달 및 생산 자동화), 생산 보조금(Sb), 미래에 대한 예측(E), 등을 말하고 있다. 즉, 상품 공급에 영향을 미치는 요인들을 설명해 보면 다음과 같다.

첫째, 상품 가격(Px) ⇨ 공급량(Sx). 즉, 상품 공급에 영향을 미치는 가장 중요한 요소는 역시 상품의 가격이다. 일반적으로 상품의 가격이 오르면 그 상품에 대한 공급은 늘어나고, 가격이 내리면 공급은 줄어든다. 따라서 가격과 공급량과는 '정의 관계'가 나타나며, 이를 '공급의 법칙'이라 말한다.

둘째, 생산요소의 가격(Pf: 임금, 이자율) ⇨ 공급. 즉, 임금이 상승하면 생산비용이 증가하기 때문에 공급은 감소하게 된다. 한편, 이자율이 하락하면 생산비용이 하락하기 때문에 공급이 증가하게 된다.

셋째, 생산기술(Te: 신기술 발달 및 생산 자동화) ⇨ 공급. 즉, 다른 요인이 변하지 않아도 생산 기술의 발달만으로도 시장의 공급은 증가할 수 있다.

넷째, 미래에 대한 예측(E) ⇨ 공급. 즉, 생산 완료 시점까지의 시장 상황을 고려하여 생산해야 하므로 시장 공급에 영향을 준다.

다섯째, 생산 보조금(Sb) ⇨ 공급. 예를 들어 스마트 폰처럼, 정부로부터 생산 보조금이 나온다면 생산자들은 더 많은 스마트 폰을 생산할 것이다.

즉, 가격 이외에 상품의 공급을 변화시키는 요인은 생산요소의 가격(Pf: 임금,이자율), 생산기술(Te: 신기술 발달 및 생산 자동화), 생산 보조금(Sb), 미래에 대한 예측(E), 등이다. 이들의 관계를 정리해 보면 아래 표([표3-4])와 같다.

➕ [표 3-4] 공급과 공급량의 정리표

구분	독립변수	종속변수	특징
요인 항목	[가격이 변할 때] 1) 상품 가격(px)	상품 공급량(Sx)	• 공급량의 변화 • 공급곡선상의 이동 [그림3-7]
	[가격이 변하지 않을 때]	상품 공급(Sx)	• 공급의 변화

구분	독립변수	종속변수	특징
	요인 항목 2) 생산요소의 가격 (Pf) 3) 생산기술(Te) 4) 미래에 대한 예측(E) 5) 생산 보조금(Sb)		• 공급곡선의 이동 [그림3-7]

특히 한 재화에 대한 기업의 공급량은 (1)재화에 대한 특정 가격과 (2)기업이 직면하는 제약들이 주어져 있을 때 기업의 경영자들이 일정 기간 동안 판매하기로 선택하는 특정 양이다. 한편 시장에서의 모든 기업의 판매 행위를 합하면, 우리는 비슷한 다음의 정의를 얻는다. 시장의 공급량(주로 그냥 공급량이라고 부름)은 (1)재화의 특정가격, (2)기업이 직면하는 모든 다른 제약이 주어졌을 때 시장의 모든 판매자들이 일정 기간 동안 판매하기로 선택하는 특정 양이다. 따라서 공급량은 가격에 의존한다. 재화의 가격은 공급량에 영향을 미치는 여러 요인 중 하나일 뿐이다. 하지만 수요의 경우에서와 마찬가지로 이 요인을 중요시해야 한다. 우리가 가격과 공급량 사이의 관계를 공부하기 위해, 앞으로 공급에 영향을 미치는 다른 요인들은 모두 일정하다고 가정한다.

따라서 상품의 가격(P)은 공급량에 영향을 미치고, 가격 이외의 다른 모든 요인(Pf, Te, Sb, E..)이 일정하다고 가정하면 상품에 대한 공급함수는 다음과 같이 수식으로 표시할 수 있다.

$$Sx = f(Px; \ Pf, \ Te, \ Sb, \ E)$$

위의 시장함수는 가격 등이 변하면 시장공급이 따라서 변한다는 의미이다. 이때 다른 요인은 변하지 않고 오직 가격만 변한다고 가정할 때 시장의 공급함수는 다음과 같이 표현한다.

$$Sx = f(Px)$$

4. 공급곡선의 이동: 공급의 변화

지금까지의 논의는 다른 요인이 변하지 않는 상태에서 오직 상품의 가격이 변할 때 공급량의 변화를 설명한 것이었다. 그러나 지금부터는 전제 조건을 달리하여 한 상품의 '가격이 일정'한 상태(변하지 않는 상태)에서 '다른 요인이 변한다는 가정'(전제조건의 변화)으로, 즉 임금이나 생산기술과 같은 다른 요인들이 변한다는 가정으로 전환해 보자.

먼저 상품의 생산기술이 발전했다고 가정할 때 상품의 생산기술이 발전하면, 가격이 P_1로 일정한 상태에서 생산량은 Q_1에서 Q_2로 증가하여, 시장공급곡선은 우측으로 이동해 점a~점a'로 공급곡선 자체의 이동(공급곡선의 이동)이 발생한다. 즉, 생산의 기술적 발전은 기업이 이전보다 새로운 그리고 더 저렴한 방법으로 주어진 수준의 산출물을 생산할 수 있도록 해준다. 예를 들어 자동차 공장에서 컴퓨터를 이용한 생산라인의 구축과 로봇 이용의 생산 기술은 사람이 하나하나 자동차 부품을 조립하거나 용접하는 것에 비하여 예전보다 더 짧은 시간에 더 많은 자동차를 생산할 수 있게 되고, 불량률도 낮아서 자동차의 완성도가 더 높아지게 된다. 이것은 기업이 같은 생산을 예전보다 더 싸게, 더 오래 일할 수 있게 한 기술적 발전의 예이다. 이처럼 비용절감의 기술적 발전은 재화의 공급을 증가시키며 공급곡선을 오른쪽으로 이동시킨다. 또한 임금이 상승하면 (가격 P1에서 일정 가정) 기업 이윤이 감소하기 때문에 기업은 공급을 감소시킬 것이고, 결국 공급곡선은 Q_1에서 Q_3로 왼쪽 (a ⋯ a″)으로 이동할 것이다.

[그림 3-7] 공급곡선의 이동

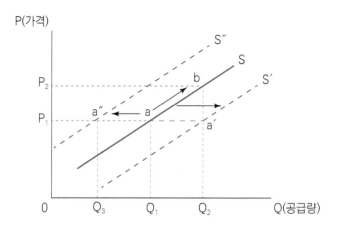

여기서 위와 같은 다른 예를 들어보자. 예를 들어 예상 가격의 경우도 공급량의 변화를 초래한다. 만약 여러분이 음료회사의 사장이고, 여러분이 음료수의 시장가격에 전혀 영향을 미치지 않는 개별 판매자로 다음 달에 음료수의 가격을 올리기로 하였다고 가정하자. 이때 우리는 어떻게 해야 하겠는가? 물론 판매자는 가격이 더 높아져서 수익이 더 많아질 때까지 음료수의 판매를 연장하고 싶어 할 것이다. 그러므로 지금의 주어진 가격에서 생산자는 생산의 속도를 줄이거나 혹은 생산한 것을 더 많이 창고에 보관함으로써 판매 속도를 줄일 수 있다. 다른 기업들이 이러한 가격 인상에 대한 유사한 예측을 하고 있다면, 그들도 똑같이 할 것이다. 그러므로 미래의 가격 인상에 대한 예상은 현재의 공급을 감소시킬 것이다. 즉, 가격 인상에 따른 공급 증가 예측과는 다르게 공급 감소가 나타날 수도 있다.

이번엔 다음 달에 시장 가격이 떨어질 것이라고 예측한다고 가정해 보자. 이때 주어진 가격에서 이제 생산자는 생산을 늘리고 재고를 판매하면서까지 지금보다 더 많이 판매하고 싶어 할 것이다. 이제 예상되는 미래의 가격 하락은 과거에 비해 현재의 공급 증가를 초래할 것이다. 공급곡선의 관점에서 많은 시장에서 미래의 가격 인상에 대한 예측은 현재의 공급곡선을 왼쪽으로 이동시킨다.

유사하게, 미래의 가격 하락에 대한 예측은 현재의 공급곡선을 오른쪽으로 이동시킨다. 날씨의 변화 또는 다른 자연적 현상. 날씨는 농작물 공급에 특히 중요한 결정요인이다. 좋은 날씨는 작물산출을 증가시키고 그 작물의 공급곡선을 오른쪽으로 이동시킨다. 좋지 않은 날씨는 작물에 피해를 주고 산출을 감소시키며 공급곡선을 왼쪽으로 이동시킨다.

가격의 결정과 균형가격의 변화

1. 수요와 공급의 결합

그럼 거래를 하고자 하는 욕구와 능력이 있는 소비자와 판매자들이 시장에 모이면 어떤 일이 발생할까? 양쪽 시장은 분명히 서로 다른 의제를 가지고 있을 것이다. 즉, 소비자는 가능한 가장 낮은 가격을 지불하고자 하지만, 판매자는 가능한 가장 높은 값을 매기고 싶어 한다. 이들 판매자와 소비자가 만났을 때 거래가 바로 이루어지는 것이 아니라, 거의 모든 경우 가격은 그때그때 심하게 변동하지 않고 흥정이라는 과정을 통해서 어떤 안정된 값 주위를 맴돌게 된다.

'흥정'이란 물건을 사고 팔기 위해 품질이나 가격 등을 교섭 및 의논하는 행위(가격 결정)이다. 흥정을 통한 이 같은 거래(상인과 상인 또는 상인과 고객 사이에 금전을 대차하거나 물품을 판매하는 행위) 행위의 반복은 어떤 시장에서는 짧은 기간 안정적인 휴식을 취하고 있는 것처럼 보인다. 그러므로 우리가 어떤 시장을 공부할 때 이러한 휴식의 상태, 즉 잠깐만이라도 시장이 정착할 때의 가격과 수량을 찾는다. 일시적이라 하더라도 시장에서 흥정과 거래를 통해서 안정적인 균형 상태에 이른다는 것이다.

경제학자들은 균형(equilibrium)이라는 말을 사용하여 휴식의 상태를 설명한다. 균형(equilibrium)이란 어떤 구조에 대하여 변화를 일으킬 힘이 없는 상태로 외부적인 충격이 없는 한 일시적으로나마 안정적인 상태를 말한다. 따라서 어떤 시장이 균형 상태에 있을 때 재화의 가격과 사고 파는 수량은 휴식의 상태에 정착해 있다. 그렇다면 시장에서 균형(equilibrium)이라는 것은 평면상에서 어떻게 나타날까? 경쟁시장에서 살려고 하는 의지의 표현이 가격과 수요량의 관계에서 우하향하는 형태(역의 관계)의 수요곡선이 나타나고, 다른 한편에서는 팔려고 하는 의지의 표현인 공급이 가격과 공급량의 관계에서 우상향하는 형태(정의 관계)로 공급곡선이 나타나면, 이때 수요와 공급이라는 두 개의 힘이 가격이 변동하는 과정에서 서로 교차(E점)하면서 시장가격이 결정된다. [그림3−8]처럼 공급곡선과 수요곡선의 교점이 주어진다. 두 곡선의 교점에서는 시장의 수요와 시장의 공급이 같아지게 되고 그 때의 가격을 균형가격이라고 하고, 그때의 거래 수량을 균형거래량이라고 말한다. 보다 정식적으로 표현하자면, 균형가격과 균형거래량은 일단 도달하면 공급곡선이나 수요곡선이 이동하거나 이동할 때까지 일정하게 유지될 시장의 가격과 수량이다.

우리가 가끔 사먹는 햄버거의 가격은 어떻게 결정되는지 생각해 보자. 또한 햄버거의 균형가격은 얼마이고, 균형거래량은 얼마인지도 생각해보자. 이 문제에 대하여 수요와 공급 모형은 해답을 제공해 줄 것이다. 햄버거의 공급과 수요곡선을 합쳐놓은 [그림3−8]을 이용하여 이 시장의 균형가격을 구할 것이다. 먼저 가격이 한 개당 2,000원일 때 어떤 일이 일어날지 알아보자. 이 가격에서 전체 소비자들은 매일 75,000개를 구입하고자 하며, 전체 판매자들은 단지 25,000개만을 제공하고자 한다. 50,000개의 초과수요(공급부족)가 있게 된다. 이때 시장에서 소비자들은 이용 가능한 양보다 더 많은 양의 햄버거를 얻기 위해 다른 사람들과 경쟁을 하게 되며 햄버거를 사기 위해 더 높은 가격을 지불하겠다고 할 것이다. 즉, 초과수요 상태가 되면 햄버거는 '가격상승 압력'을 받게 되고 이때 가격은 오를 것이다. 우리는 3,000원보다 낮은 그 어떤 가격이 균형가격이 될 수 없다고 생각할 것이다. 왜냐하면 우리가 방금 보았듯이, 가격이 3,000원 밑에 있으면 공급곡선이나 수요곡선의 이동에 의해서가 아니라 시장 자체의 힘, 즉 '시장의 자동조절 기능'에 의해 가격이 상승하기 때문이다.

이 시점에서 또 다른 생각을 할 것이다. 만약 처음에 가격이 2,000원이었다

[그림 3-8] 시장균형

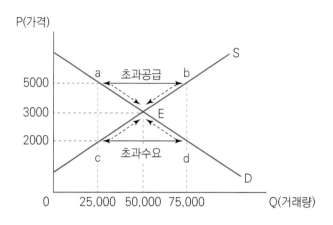

면 결국 언젠가는 가격 상승이 멈추게 될까? 이 물음에 대한 답은 바로 초과수요가 가격 상승의 원인이므로 초과수요가 사라지면 이러한 과정은 멈출 것이다. 그리고 [그림3−8]에서 볼 수 있듯이, 가격의 상승은 초과수요를 두 가지 방법으로 줄어들게 한다. 첫째, 가격이 오르면서 소비자들의 구매량은 감소하고 따라서 수요곡선을 따라 왼쪽으로 움직인다. 둘째, 판매자들은 보다 많이 공급을 증가시키고 공급곡선을 따라 오른쪽으로 움직인다. 결국 가격이 한 개당 3,000원에 다다르면, 초과수요는 없어지고 가격의 상승은 멈추게 된다. 이러한 논리는 이 시장에서 균형가격이 3,000원이라는 것을 알려주며 이것은 공급과 수요곡선이 변하지 않는 한 바뀌지 않는 값이다.

그렇다면 햄버거의 가격이 3,000원보다 높은 가격에서 형성되면 어떻게 되는지 생각해 보자. 햄버거의 가격이 한 개당 5,000원이었다고 가정해 볼 때 [그림 3−8]은 3,000원의 가격에서 공급량은 매달 75,000개지만 수요량은 25,000개밖에 안 된다는 것을 보여주고 있으며, 이것은 50,000개의 초과공급이다. 판매자들은 소비자들이 구매하고자 하는 양보다 더 많은 양의 햄버거를 판매하기 위하여 서로 경쟁을 할 것이고 따라서 가격은 떨어질 것이다. 그러므로 5,000원은 균형가격이 될 수 없다.

더욱이 가격의 하락은 각각 공급곡선(왼쪽으로)과 수요곡선(오른쪽으로)을 따라 모두 움직이게 할 것이다. 이러한 움직임이 계속되면서 햄버거의 초과공급은 다시 한 개당 가격이 3,000원이 될 때까지 줄어든다. 결론적으로 햄버거의 초과공급 상태는 시장에서 '가격하락 압력'이 작용하여 가격이 3,000원까지 떨어진다. 결국 햄버거의 가격이 3,000원보다 높으면 '시장의 자동조절 기능'에 의해 햄버거 가격은 3,000원으로 떨어지고 이때 변화가 멈추게 된다.

우리는 3,000원이 시장에서 유일한 균형가격이라는 것을 알 수 있다. 또한 3,000원에서 판매자들은 50,000개를 팔고자 하며 이것은 가계가 구매하고자 하는 양과 같다. 따라서 가격이 3,000원에 이르면 수량도 매달 50,000개가 되고 이것이 균형거래량이다.

결국 경쟁시장에서 균형가격과 균형거래량을 찾으려면 수요곡선과 공급곡선을, 그리고 균형가격과 균형거래량은 수요곡선과 공급곡선이 만나는 점에서 수직축과 수평축에서 각각 찾을 수 있다. 즉, 균형 상태의 시장은 수요곡선과 공급곡선 모두에서 작동하고 있는 한 현재 가격에서 수요량과 공급량은 같다. 균형 상태에서 소비자들이 구입하고자 하는 재화를 구매하지 못하는 불만족스러운 소비자들도 없고 판매자들이 판매하고자 하는 재화를 판매하지 못해서 화난 판매자도 없다. 물론 이것이 3,000원이 균형가격인 이유이다. 이것은 소비자들이 구입하기로 선택하는 것과 판매자들이 판매하기로 선택하는 것 사이에서 조화를 통해 만들어낸 단일의 가격이다. 이처럼 외적인 제약이 없는 모든 시장에서 스스로 균형을 회복해 가는 기능을 시장의 자동조절기능(가격이 신축적임이 전제)이라고 한다.

2. 수요의 변화와 균형점의 이동

수요 증가의 원인인 [소득 증가의 경우]

이번에는 단기적으로 상품 가격이 변하지 않는 상태에서 다른 요인이 변동하면 어떤 상황이 발생하는지 생각해 보자. 수요와 공급곡선을 그리기 위해서는 우선 수요와 공급에 영향을 미치는 가격 이외의 다른 모든 요인들이 변하지 않는다는 가정을 해보자. 이는 한 요인이 변동하면 수요곡선이나 공급곡선 중 하나가 변동할 것이고 균형도 역시 변동할 것이다. 예를 들어 살펴보자.

[그림3-9]에서 점 E는 한 개당 3,000원의 균형가격과 균형거래량이 매달 50,000개인 햄버거에 대한 초기 균형을 보여준다. 한국 경제가 불황에서 빠른 속도로 벗어나 소비자의 수입(收入)이 증가하였다고 가정해 보자. 단기적으로 햄버거의 가격은 변화가 없다는 가정하에서 소비자의 소득은 수요곡선을(그러나 공급곡선은 아니다) 이동시키는 여러 요인들 중 하나라는 것을 이미 알고 있다. 또한 햄버거를 정상재로 판단한다면 소득의 증가는 수요곡선 자체를 오른쪽으로 이동시킬 것이다.

이제 [그림3-9]를 통해서 설명해 보면 소비자의 소득이 증가하면 3,000원이라는 원래의 가격은 이제 더 이상 균형가격이 아니다. 왜냐하면 소득이 증가하면 정상재인 햄버거의 수요는 증가하고, 그 결과 수요곡선은 우측으로 즉, D에서 D'로 이동할 것이다. 만약 가격이 3,000원에서 단기적으로 계속 머물러 있다면 수요량(50,000)은 공급량(90,000)을 40,000(90,000-50,000)만큼 초과할 것이고 이 초과수요(공급부족)는 가격을 상승시킬 것이다. 즉, 햄버거의 초과수요는 결국 가격을 상승시키고 이 같은 가격 상승은 수요 감소(E″ → E'이동)와 공급 증가를 초래한다. 결국 수요량은 E″에서 E'까지 좌측으로 이동하면서 새로운 균형점인 점 E'는 수요곡선의 이동 이후 새로운 교차점이 된다. 원래의 균형점인 점 E와 새로운 균형인 점 E'를 서로 비교해 보면 우리는 수요의 이동이 균형가격을(3,000원에서 5,000원으로) 상승시키고 균형거래량 역시 증가(매달

50,000개에서 70,000개로)시켰다는 것을 알 수 있다.

그리고 점 E에서 점 E′로 움직일 때 수요곡선은 공급곡선을 따라 움직이는 것을 주의하자. 다시 말해서 초과수요에서 나타난 수요곡선의 이동은 공급곡선을 따라 움직인다(공급곡선상의 이동)는 것에 유의해야 한다. 즉, 초과수요는 항상 수요곡선이 공급곡선을 따라 이동하면서 균형점도 이동하고 그에 따라 상품의 가격은 오르게 된다. 주의해야 할 점은 판매자에 영향을 미치는 재화의 가격을 제외하고 그 어떤 요인도 변화하지 않았기 때문에 공급곡선 자체는 이동하지 않았다. 중요한 점은 [그림3-9]에서처럼, 새로운 균형가격과 균형거래량은 오직 소득이 증가하였기 때문에 변화한다는 것이다. 또한 수요곡선을 오른쪽으로 이동시키는 모든 요인은 균형가격과 균형거래량 모두를 증가시킨다. 그러므로 우리는 수요곡선 자체의 우측 이동은 공급곡선 위에서 우측으로 움직인다는 것을 알 수 있다. 또한, 균형가격과 균형거래량은 모두 증가한다.

[그림 3-9] 수요의 이동과 새로운 균형

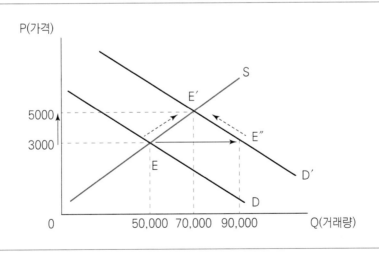

따라서 만일 상품 가격이 일정할 때 소득이 증가하면, 정상재일 경우 수요가 증가한다. [그림3-10]에서 수요곡선이 우측(D → D′, 균형점이 E → E′)으로 이동

한다. 결국 수요곡선의 우측 이동에 따라 가격이 P* → P'로 상승하고, 균형거래량은
Q* → Q2로 증가한다. 즉, 수요곡선의 이동에 따른 공급곡선상의 이동(E → E') 발
생한다. 반대로 열등재의 경우에 소비자들의 <u>소득이 증가하면,</u> 열등재에 대한 수
요는 감소한다(수요곡선의 좌측 이동: D → D").

　　만일 소비자들의 <u>소득이 감소하면,</u> 정상재에 대한 수요곡선은 좌측 이동한다.
그러나 <u>소득이 감소하면</u> 열등재의 경우에 소비자의 열등재에 대한 수요는 증가
한다는 것도 기억하자. 즉, 수요곡선의 이동방향과 균형점은 정상재와는 반대의
결과가 발생하여 균형점이 E → E'로 이동하여 열등재의 균형가격은 상승(P* → P')
하고 균형거래량도 증가(Q* → Q2)한다.

[그림 3-10] 수요곡선의 좌우 이동

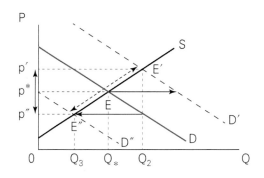

이때 주의할 점이 있다. 일반적으로 우리가 생각할 때 "소득의 증가는 수요의 증가
를 초래하고, 이것은 또 가격을 오르게 한다. 그러나 더 높은 가격은 공급을 증가시
킨다. 더 많은 공급은 또 가격이 떨어지게 한다. 그러나 가격이 떨어지면 수요가 증
가할 것이다...." 이렇게 계속 생각할 것이다. 여기서의 실수는 무엇일까? 첫 번째
문장은 물론 옳다. 하지만 두 번째 문장과 이후의 모든 문장이 잘못되었다. 두 번째
문장에서 더 높은 가격은 <u>공급량</u>을 증가시킨다고 해야 하는데 "더 높은 가격은 공
<u>급</u>을 증가 시킨다"고 말하고 있다. 즉, "공급의 증가"는 공급곡선의 오른쪽 이동이며

이것은 위의 잘못된 주장에 함축되어 있다.

3. 수요의 탄력성

수요의 법칙에 따르면 다른 조건이 동일할 때 상품의 가격이 하락하면 수요가 늘어나고 가격이 상승하면 수요가 감소한다. 이때 수요자가 얼마나 많이 또는 적게 구매할 것인가? 이것은 재화에 따라 다르고 같은 재화라도 가격 수준에 따라 다르다. 이러한 차이를 아는 것은 중요하다. 예를 들어 기업은 가격을 인상하고자 할 때 소비자의 반응을 알고 싶어 한다. 소비자의 충성도가 높아서 구매를 지속한다면 기업이 가격을 인상하였을 때 수익은 증가할 것이다. 그러나 소비자들이 집단으로 등을 돌려 다른 판매자의 상품을 구매한다면 기업의 수익은 크게 감소한다. 실제로 백화점에서 상품을 바겐세일 할 때 가격을 몇 퍼센트 인하해야 할지, 그때 수요량은 얼마인지, 그리고 국민소득의 변화에 따라 자동차의 수요는 어떻게 달라지는지, 현대자동차의 가격 변동이 일본 자동차의 수요량에 어떻게 영향을 미치는지에 관해 예측하는 것은 매우 중요하다. 즉, 수요량에 영향을 미치는 다른 요인이 변할 때 수요곡선의 이동 및 방향이 결정되는데 그때 얼마만큼 어느 방향으로 이동할지는 탄력성으로 알 수 있다. 탄력성은 경제 분석에 널리 이용되는 중요한 개념이다.

탄력성이란 한 변수의 변화에 따른 다른 변수의 반응 정도를 측정하는 기법이다. 따라서 한 변수의 변화 비율에 대한 다른 한 변수의 변화 비율의 상대적 크기로 정의한다.

1) 수요의 가격탄력성

수요의 가격탄력성은 상품 가격이 변할 때 그 변화 비율에 대한 수요량의 변화 비율의 상대적 크기로 측정한다.

+전환하기 위해   수요법칙 때문

$$Ep = -수요량의\ 변화율/가격의\ 변화율 = -\ (-\frac{\triangle Qd/Qd}{\triangle P/P})로\ 기술\ 가능.$$

Ep: 수요의 가격탄력성, P: 가격, Qd: 수요량

$\triangle$P와 $\triangle$Qd: 가격 및 수요량 변화분(량)을 의미.

주의할 점은 수요곡선은 우하향하기 때문에 가격과 수요량은 항상 반대 방향으로 움직이는 수요법칙이 작용한다. 즉, 가격이 상승할 때 수요량은 하락하고, 가격이 하락할 때 수요량은 증가한다. 따라서 가격탄력성을 계산할 경우 항상 그 비율에 (−)를 붙여서 수요의 가격탄력성을 양(+)의 값이 되도록 한다.

예를 들어 사과 한 개의 가격이 1,000원에서 1,100원으로 10% 상승하고, 이 때 사과의 수요량이 100톤에서 80톤으로 20% 감소하였을 때 수요의 가격탄력성은 −(−0.2/0.1) = 2(Eq>1)로 계산돼 사과 가격이 1단위 변할 때 수요량이 2단위, 2배로 반응하기 때문에 이를 '탄력적'이라고 한다. 즉, 어떤 상품의 가격탄력성이 아주 크다는 것은 그 상품에 대한 수요량이 가격 변화에 아주 민감하게 반응하기 때문이다. 반대의 경우는 가격 변화에 대해 수요량의 변화가 민감하지 않다는 의미이다. 즉, 수요의 가격탄력성이 1보다 작게 나타났다면 이를 '비탄력적'이라고 한다. 이는 가격이 1단위 변할 때 상품 수요량은 1단위보다 작게 반응한다는 뜻이다. 이를 정리해 보면 아래와 같다.

Ep>1 일 때 탄력적. 예) 가격 10% ↑ ⇨ 수요량 10% 이상 하락 할 때.

Ep<1 일 때 비탄력적. 예) 가격 10% ↑ ⇨ 수요량 10% 이하로 하락할 때.

이러한 탄력성의 크기는 상품의 성격에 따라 다르게 나타난다. 즉, 상품이 우리 생활에 필수품/사치품인가의 여부에 따라 다르다.

[그림 3-11] 수요곡선과 탄력성 문제

A) 완전 비탄력적 수요
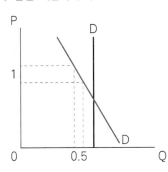

B) 완전 탄력적 수요
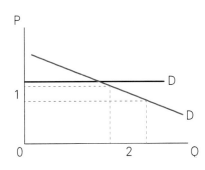

① 필수품/사치품인가

• 필수품: 가격탄력성이 작을 것이다(쌀).

• 사치품: 가격탄력성이 클 것이다(다이아몬드 반지).

② 대체재의 존재 여부

다른 상품으로도 대체할 수 없는 상품이라면 가격탄력성이 작을 것이다
(소금..).

③ 한 상품에 대한 지출이 전체 가계지출에서 차지하는 비중의 크기에 따라
다르다(이쑤시개).

2) 수요의 소득탄력성

수요의 소득탄력성은 소득 수준의 변화 비율에 대한 수요량 변화 비율의 상
대적 크기로 측정한다.

Em＝수요량의 변화율/소득의 변화율 $= \dfrac{\triangle Qd/Qd}{\triangle M/M}$ 로 기술 가능.

Em: 수요의 소득탄력성, M: 소득, Qd: 수요량

ΔM과 ΔQd: 소득 및 수요량의 변화분(량)을 의미.

이때 소득탄력성 계산할 때에 가격탄력성과는 달리 (−)를 붙이지 않는다. 즉, 소득이 증가할 때 수요가 증가(+)할 수도, 감소(−)할 수도 있기 때문이다. 특히 소득이 증가할 때 수요가 증가(+)일지 혹은 감소(−)일지는 상품의 성질에 따라 결정된다. 즉, 정상재이냐 열등재이냐, 그리고 그것이 필수재이냐 사치재이냐에 따라 소득탄력성은 다르게 나타난다. 이를 간단히 아래와 같이 정리하여 쓸 수 있다.

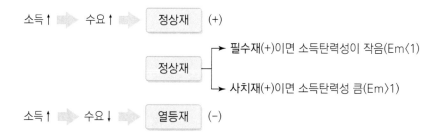

예를 들어 평균 소득이 10% 증가할 때 어떤 상품의 수요가 15% 증가했다면 수요의 소득 탄력성은 (0.15/0.1)=1.5 (Em>1)로 탄력적이다.

3) 수요의 교차탄력성

수요의 교차탄력성은 한 상품의 가격 변화 비율에 대한 다른 상품에 대한 수요량의 변화 비율의 상대적 크기로 측정한다.

Ec=B재 수요량의 변화율/A재 가격의 변화율 $= \dfrac{\Delta QB/QB}{\Delta PA/PA}$ 로 기술 가능.

Ec: 수요의 교차탄력성, PA: A재의 가격, QB: B재의 수요량

ΔPA와 ΔQB: 각각 A재 가격의 변화분과 B재 수요량의 변화량을 의미.

이때 교차탄력성 계산 시에 (-)를 붙이지 않는다. 즉, 한 상품의 가격이 오를 때, 다른 상품에 대한 수요가 증가(+)할 수도, 감소(-)할 수도 있기 때문이다. 교차탄력성 값이 양(+)일지 혹은 음(-)이 될지, 또한 그 크기가 얼마일지는 두 상품의 관계에 따라 결정된다.

[1] 대체재

$$\frac{A상품\ 가격\uparrow(+)}{[A상품\ 수요량\downarrow(-)]} \Rightarrow \frac{(B상품의\ 가격[일정\ 가정])}{[B상품의\ 수요량\uparrow(+)]} \Rightarrow 대체재[교차탄력성(+)]의\ 값.$$

즉, A상품의 가격↑(+)일 때, B상품의 수요량↑(+)이기 때문에 교차탄력성(대체재)은 (+)값을 갖는다.

대체재의 예를 들어 보면, A재(콜라)의 가격이 10% 증가할 때 B재(사이다)의 수요가 15% 증가했다면 대체재의 교차 탄력성은 $(0.15/0.1) = 1.5$ $(Ec > 1)$로 탄력적이다. 물론 콜라와 사이다가 대체재라는 전제하에서 이루어진 계산이다. 이 같은 산업 관계는 기업 간에 있어서 경쟁 관계일 때 나타나는 경제 현상으로, 이는 한국 자동차와 일제 자동차 혹은 독일 자동차와의 대체 관계 속에서 한국 자동차 가격 변동에 대한 외국 자동차의 시장 점유율을 예측할 수 있다.

[2] 보완재

$$\frac{A상품\ 가격\uparrow(+)}{[A상품\ 수요량\downarrow(-)]} \Rightarrow \frac{(B상품의\ 가격[일정\ 가정])}{[B상품의\ 수요량\downarrow(-)]} \Rightarrow 보완재[교차탄력성(-)]의\ 값$$

즉, A상품의 가격↑(+)일 때, B상품의 수요량↓(-)이기 때문에 교차탄력성(보완재)은 (-)값을 갖는다.

보완재의 예를 들어 보면, A재(햄버거)의 가격이 평균 10% 증가할 때 B재(콜라)의 수요가 평균 15% 감소했다면 보완재의 교차탄력성은 $(-0.15/0.1) = -1.5$ $(Ec > 1)$로 탄력적이다. 이 같은 산업 관계는 자동차의 가격 상승에 따른 휘발유의 수요 감소를 예측하고 이야기할 수 있다.

4. 공급의 변화와 균형점의 이동

공급을 감소시키는 [혹한의 경우]

이미 배운 것처럼, 가격이 단기적으로 일정한 상태에서 날씨와 임금 상승 등의 변화는 공급곡선의 이동 요인으로 작용한다. [그림3-12]에서처럼, 처음 김장 배추의 공급곡선은 S_1이고 시장은 점 E에서 균형 상태에 있었다. 만약 이때 배추 생산지역에 혹한이 몰아쳤다고 가정해 보자.

이때 이 혹한으로 인해 배추의 생산량은 감소할 것이고 공급곡선은 S_1에서 S_2로 왼쪽으로 이동한다. 즉, 혹한은 공급곡선을 S_1에서 S_2로 감소시킨다. 이때 최초 김장배추의 균형가격인 3,000원의 상태에서 공급곡선이 S_1에서 S_2로 이동하면, 김장배추의 수요량은 70,000으로 변함이 없는 상태에서 김장배추의 공급량이 70,000포기에서 30,000포기로(40,000만큼 감소) 감소하고, 그 결과 E~E″만큼의 초과수요(공급부족)가 발생한다. 이에 따라 김장배추 가격은 3,000원에서 초과수요가 없어질 때까지 즉, 5,000원까지 올라간다. 즉, 40,000포기만큼의 초과수요는 김장배추 가격을 최초 3,000원에서 5,000원으로 오르면 배추의 공급증가(재고 공급) 등을 통해서 새로운 균형점은 E″에서 E′점을 향해 이동한다. 한편 배추 가격의 상승(3,000원에서 5,000원으로)은 수요 감소를 유발하여 새로운 수요 균형점은 E에서 E′로 이동해 배추 가격 상승에 따른 새로운 균형점을 형성하게 된다.

[그림 3-12] 공급곡선의 이동과 새로운 균형

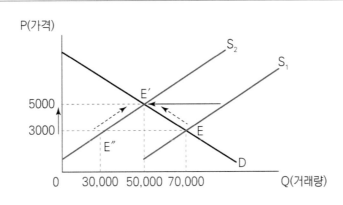

결국 김장배추 가격 상승은 결국 공급량을 30,000포기에서 50,000포기로 증가하고, 수요량은 70,000포기에서 50,000포기로 감소함에 따라 새로운 균형점은 점 E′에 도달하고, 이때 균형가격은 5,000원이며 균형거래량은 50,000포기가 된다. 따라서 공급곡선이 S_1에서 S_2로 이동함에 따라 김장배추 가격이 5,000원까지 도달하면 새로운 균형점 E′에서 수요량은 다시 한 번 공급량과 같게 된다. 따라서 가격은 더 높고, 더 적은 수의 김장배추만이 생산되고 판매된다.

이 경우 공급곡선을 왼쪽으로 이동시킨 것은 배추 생산지의 혹한이었다. 동시에 배추 생산지의 노동자들의 임금이 올랐거나 비료들이 더 비싸졌거나 했을 경우에 이러한 변화 모두는 김장배추의 공급곡선을 왼쪽으로 이동시켰고 균형가격을 상승시키며 균형거래량을 감소시킨다. 더 일반적으로, 시장에서 공급곡선을 왼쪽으로 이동시키는 모든 변화는 그 시장의 균형가격을 상승시키고 균형거래량을 감소시킨다.

5. 공급의 탄력성

시장공급에 영향을 미치는 요인이 변할 때 공급량이 반응하는 정도를 나타낸 것이 공급의 탄력성이다. 공급의 가격탄력성은 상품 가격이 변할 때 그 변화 비율에 대한 공급량 변화비율의 상대적 크기로 측정한다. 수식으로 표현하면 다음과 같다.

Hp = 공급량의 변화율/가격의 변화율 = $\dfrac{\triangle QS/QS}{\triangle P/P}$ 로 기술 가능.

Hp: 공급의 가격탄력성, P: 가격, Qs: 공급량

$\triangle$P와 $\triangle$Qs: 가격 및 공급량의 변화분(량)을 의미.

그런데 공급의 가격탄력성을 계산할 경우 상품 가격이 변할 때 공급량이 민감하게 반응하는 것은 공급의 가격탄력성이 크다고 말한다(Hp>1). 즉 '탄력적'이라고 말한다. 또한, 상품 가격이 변할 때 공급량이 별로 반응하지 않을 때는 공급의 가격탄력성이 작다(Hp<1)라고 하고 '비탄력적'이라고 한다.

예를 들어 어떤 상품의 가격이 10% 증가할 때 어떤 상품의 공급이 15% 증가했다면 공급의 가격탄력성은 (0.15/0.1)=1.5(Hp>1)로 탄력적이다. 이처럼 공급 탄력성에 영향을 주는 것은 여러 가지이지만, 특히 상품의 저장 가능성과 상품 생산에 이르기까지의 고려하는 시간 등이 공급의 가격탄력성에 영향을 준다. 즉, 저장 가능성이 낮으면 공급 증가가 어렵게 되고 따라서 비탄력적으로 나타난다. 그리고 고려시간이 길면 공급 증가가 어렵게 되어 비탄력적으로 나타난다.

6. 정부의 시장 개입

1) 불균형이 지속하는 경우

수요와 공급의 힘이 균형 상태에 있을 때 시장은 안정된 상태로 신뢰받을 수 있다. 그러나 수요와 공급에 어떤 일이 발생하면 시장가격은 반복적인 조정 과정을 거쳐 균형 상태에 이르게 된다. 균형 상태에서는 판매자가 판매하고자 하는 양이 곧 소비자들이 구입하고자 하는 양이다. 즉, 일단 반복적인 조정 과정을 통해 균형가격과 균형거래량이 형성되면 시장에서 거래하는 데 어려움은 없다. 그러나 수요와 공급에 의해 형성된 균형가격이 언제까지 안정된 상태로 우리의 소비 욕구를 만족시켜 주지는 않는다. 예를 들어 아파트 거주자들은 임대료가 너무 비싸다고 불평하고, 농부들은 농산물 가격이, 그리고 아파트 경비원의 임금이 너무 낮다고 논쟁하기도 한다. 이러한 불만에 대응하여 정부는 가끔씩 시장가격을 변화시키기 위해서 시장에 개입한다. 여기에서 시장가격이 균형가격에 이르는 것을 막는 정부의 두 가지 방법을 살펴보자.

(1) 최고가격제(Price Ceiling)

어떤 상품의 가격이 지나치게 높아지는 것을 막기 위해 정부가 최고 가격을 정하고 이를 규제하는 제도를 최고가격제라고 말한다. 주로 우리 생활에 중요한 필수품 중에서 가격이 너무 오를 경우 정부가 소비자의 부담을 경감하는 차원에서 실시한다. 그래서 정부는 시장에서 최고 가격 위로 가격이 오르는 것을 막기 위한 규정을 제정하여 이에 대응한다. 이때 최고가격제를 시행하면 지금까지는 가격이 신축적으로 움직이면서 균형가격으로 회귀했는데, 정부의 시장 개입에 따라서 가격이 비신축적으로 변하고 결국 균형으로 회귀하지 못하는 결과가 발생한다. 이는 정부가 시장가격이 정책 목표 및 목적에 부합하지 않을 때 임의로 가격을 설정하면서 생기는 시장의 왜곡 현상이다.

예를 들어 Super 분유가 있다고 가정하자. [그림3－13]처럼 분유의 시장가격 및 거래량(공급량)은 각각 P* 및 Q*라고 할 때 Super 분유의 시장가격 P*가 너무 높다고 판단될 때 정부는 분유 가격의 상한선을 제시하게 된다. 즉, P_1의 최고가격을 설정하여 최고가격제를 시행하면, 그 결과 a~b(Q_1~Q_2)만큼의 분유에 대한 초과수요(공급부족) 발생하게 된다. 즉, 기존 공급량 축소(공급부족)와 새로운 수요증가 현상([Q*~Q_1↓: 기존 구매기회 상실],(Q*~Q_2↑: 새로운 수요 발생) ➪ a~b)이 나타나면서, a~b만큼의 초과수요(공급부족) 상태가 발생하고, 가격상승 압력이 작용한다. 결국, 슈퍼 분유가 꼭 필요한 만큼 은밀하게 웃돈을 주고 구입함으로써 암시장(P1~P2)이 형성된다.

[그림 3-13] 분유 시장의 최고가격제

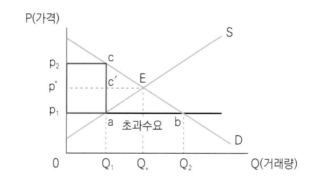

※ 문제점

1) 암시장 형성.

2) 기존 구매자의 구매 기회 상실 및 높은 구입 가격 제시 (c점).

3) 새로운 수요자의 발생에 따른 경제 문제 발생.

※ 결과

1) 암거래에 의한 가격 상승은 P_2(c점)까지이며 정부의 시장 개입의 결과 암거래 이익은 □ P_1P_2ca의 면적이 된다.

2) □ P^*EcP_2의 면적은 기존 구매자가 정부의 시장개입으로 지불하지 않으면 안 되는 프리미엄 가격(P_2) 발생에 의한 추가 손실 규모이다. 결국 정부의 시장 개입으로 소비자는 더 높은 가격으로 슈퍼 분유를 구입하게 될 것이다.

3) 누가 과연 P_2(c점)까지의 높은 프리미엄 가격을 주고 상품을 구입할까? 그것은 기존의 슈퍼 분유 구매자의 일부가 구입하게 된다.

4) 필수재의 경우 이 같은 상황에서 최고가격제는 실효가 의문시된다.

※해결방안

1) 단기적으로 수입을 통해 공급곡선을 b점까지 우측 이동(유통업자의 경직이 전제: 현재 한·미 및 한·칠레의 FTA 효과를 참조)으로 해결.

2) 유통과정에서 사재기를 통제, 불필요한 소비를 줄여 수요곡선을 a점까지 좌측 이동으로 해결.

3) 장기적으로는 생산시설 증설 및 신설을 통해 해결.

실습　금리 인하에 따라 강북의 일반 가정이 교육을 위해 강남 아파트로 이사하여 생기는 전세가격 상승에 대해 논의해 보자.

(2) 최저가격제(Price Floors)

이제 최저 가격의 형태로 시행되는 노동시장의 경우를 생각해 보자. [그림 3-14] 같이 정부가 최저가격제와 같은 최저임금제를 시행하면 노동시장에서는 어떤 현상이 나타날까? 노동의 수요자는 기업이고, 공급자는 노동자라고 하자. 노동시장에 아무런 제약이 없다면 노동시장에서의 균형가격(균형 임금)은 수요 곡선과 공급곡선이 E점에서 교차하는 W*이 될 것이고 균형고용량은 L*로 결정 된다고 하자.

[그림 3-14] 아파트 경비원의 최저임금제

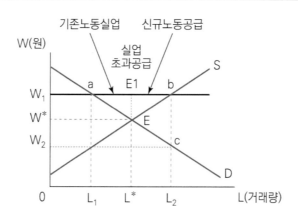

최저임금제는 노동자에게 적어도 법으로 정한 최소한의 임금을 지불하도록 규정한 제도이다. 따라서 노동시장에서 시장의 힘에 의해 자율적으로 결정된 임 금이 너무 낮다고 생각할 때 정부는 정책적으로 저임금의 폐단을 막기 위해 W* 보다 높은 수준인 W_1에서 임금의 하한선(최저임금제)을 설정할 수 있다.

즉, 임금이 W*에서 W_1으로 상승한 결과 고용수요는 감소(a~E_1)하고, 여휴 (汝休)노동자(E_1~b)가 추가적으로 노동시장에 유입되어 노동의 과잉공급 및 실업 으로 나타나게 된다. 그 결과 a~b(L_1~L2)까지의 노동의 초과공급(수요부족)이 발생하여 실업이 발생해 가격하락 압력이 작용한다. 가령 아파트 경비원의 경우,

꼭 아파트 경비원을 해야 하는, 그리고 현재 아파트 경비원을 하고 있는 사람들 사이에 새로운 암시장($W_1 \sim W_2$)이 형성될 수도 있다.

※ 문제점

1) 저임금 상태지만 일자리가 있었던 노동자가 최저임금제 시행으로 실업자로 전락하는 문제가 발생한다($a \sim E_1$).

2) 최저임금제 시행에 따라 취업노동자는 높은 임금으로 혜택이 크지만 실업자에게는 기존의 W^*의 임금조차도 못 받게 된다.

3) 최저임금제의 시행에 따라 신규 노동자(경비원)의 유입이 발생하여 실업률이 더욱 증가한다($E_1 \sim b$).

※ 결과

1) 실업자에겐 최저임금제가 아무런 의미 없는 정책으로 오히려 부작용이 큰 만큼 정부는 시장 개입에 신중해야 한다.

2) 기존 노동자는 일자리 보존을 위해 관리자(D)에게 로비 비용으로 인해 점a → 점c(수요자의 요구지점까지)까지 임금하락($W_1 \to W_2$: $b \sim c$)요인이 발생한다.

※ 해결 방안

1) 수요곡선을 우측 b까지 이동. 즉 정부의 재정지원과 같은 정책 등으로 수요곡선을 b까지 우측으로 이동(경비원 추가 고용 시 재정지원)시킨다.

2) 공급곡선 좌측으로 a까지 이동. 즉 사회안전망 구축을 통한 노동시장으로의 지나친 노동인구 유입(노동 공급)을 억제할 필요가 있다(연금제도 및 다른 기술교육 등).

3) 최저임금제 시행 후의 부작용(실업)을 고려하여 정부의 재정지원과 사회안전망 구축과 같은 장·단기 정책의 효율적인 운용이 필요하다.

(3) 협정가격제

　가격표시제로 시행되고 있는 협정가격제도란 고정된 가격에 따라 거래되는 상품 가격제를 말한다. 즉, 정부 당국의 권고 혹은 해당 상품 생산자들의 암묵적 가격 약속도 협정가격이다. 흥정과 같은 불필요한 과정을 배제하고 가격에 대한 신뢰성(바가지 쓸 염려가 적음)이 높다는 이점이 있다. 백화점 및 슈퍼에서의 가격제도가 이 같은 예이다. 초과공급 및 초과수요일 경우 최고가격제나 최저가격제와 같은 현상이 나타난다. 예를 들어 초과공급 시 신문배급소는 독자 수를 늘리기 위해 선물 및 기타 상품 끼워 넣기로 사실상 가격인하의 현상이 발생하는데 이것이 협정가격의 시장 왜곡 현상이다.

2) 균형이 존재하지 않는 경우

　공기는 무한한 공급량에 대한 수요 부족으로 시장이 형성되지 못하고, 우주여행은 공급 가격보다 소비자의 희망하는 가격이 지나치게 낮아서 시장이 형성되지 못하고 있다.

[그림 3-15] 공기와 우주여행

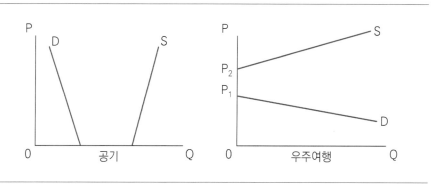

7. 정부의 시장 개입에 의한 결과

많은 국가의 정부가 농부들의 소득을 일정하게 유지하거나 늘리기 위해 농작물 시장에서 최저 가격을 오랫동안 실시한 역사를 가지고 있다. 미국에서는 우유, 치즈, 달걀, 그리고 여러 종류의 과일과 채소에 최저 가격을 도입하였다. 이 정책은 많은 경제학자로부터 비판을 받고 있다. 그들은 정부가 과잉농작물 구입에 너무 많은 재정 지출을 하고 있고 그 결과 더 높은 가격은 일반 소비자들의 소비활동과 식생활 습관을 왜곡하여 영양상의 손실을 불러일으킬 수 있다고 말한다. 그리고 최저가격제로 인해 이익을 얻는 농부는 이러한 도움이 필요 없는 부유한 개인이거나 크고 힘 있는 회사들이다.

정부의 시장개입이 결과적으로 하나의 목표를 이룩하기 위해 만들어진 정책이 또 다른 목표를 위태롭게 한다. 예를 들어, 정부의 목표 중 하나가 농부들의 높은 소득을 지속시키는 것이라면 정부는 농작물에 최저가격제를 설정하여 목표를 달성할 수 있다. 그러나 또한 가계와 기업도 낮은 세율을 원하기 때문에 최저가격제에 지장을 줄 수 있다. 이럴 경우에 이미 보았듯이, 최저가격의 결과로 개별 농부들은 더 많은 농작물을 판매하고자 할 것이며, 개별 소비자는 보다 적은 농작물을 구입하고자 할 것이다. 소비자와 판매자의 서로 다른 반응을 고려하였을 때 시장에는 정부가 해결해야 하는 과잉농산물이 있게 된다. 이러한 사실에 기초하여 정부는 생산 제한을 위한 비싼 정책을 실행하든지 과잉생산량을 자체적으로 구입하든지 간에 더 많은 세금이 필요할 것이고 그래서 세율을 높여야 할지도 모른다.

이것은 우리 경제생활에서 일어나는 일반적인 원리의 한 가지 예시일 뿐이다. 사실 우리들이 이 책을 공부하면서 알 수 있듯이, 정부정책에는 언제나 경제주체들 간에 상충관계가 있기 마련이다. 이러한 이유 때문에 정부정책의 상충관계를 경제학의 기본적 원리 중 하나로 생각한다.

04

소비자 행동원리: 효용극대화

가계의 소비선택

1. 예산제약

우리 인간에게 물은 다이아몬드보다 훨씬 더 유용한 재화임에도 불구하고 물의 가격보다 그다지 쓸모없어 보이는 다이아몬드의 가격이 상대적으로 물에 비해 비싼 가격에 거래되고 있다. 또한 사과 한 개보다는 한 상자를 구매할 때 사과의 개당 가격이 보다 싸다. 그 이유를 경제학적으로 우리는 어떻게 설명해야 할까? 이러한 의문에 대한 해답을 구하기 위해서는 소비자들이 왜 그와 같은 선택적인 행동하는가를 이해해야 한다. 이러한 의문에 가장 적절하게 규명하고 설명한 이론이 한계효용이론과 무차별곡선이론이다.

가계의 소비선택에 영향을 미치는 요인은 크게 예산제약(budget constraint)과 소비자선호(consumer preference)가 있다. 가계의 소비선택(consumption choice)은 가계 소득과 구매하려는 재화나 서비스의 가격에 의해 제약을 받는다. 단기적으로 가계의 소득이 일정하다면 시장에는 무수히 많은 소비자가 참여하고 있기 때문에 어느 한 소비자가 재화나 서비스의 가격에 영향을 미칠 수 없다. 즉, 완전경쟁시장이라는 가정하에서 소비자는 소득에 제한을 받는다고 한다. 소비선택에 있어서 이와 같은 가계의 제약조건을 그래프로 나타낸 것이 [그림4-1]의 예산선이다.

이 예산선은 [표4-1]의 소비조합에 의해 만들어졌다. 예산선을 설명하기 전에 먼저 [표4−1]에 대해 생각해 보기로 하자. 예를 들어 어떤 A라는 사람의 가계는 매달 10만원을 지출할 수 있다고 가정하자. 또한 설명을 간단히 하기 위해 A는 쌀과 돼지고기 두 재화만을 소비한다고 가정한다. 쌀의 가격은 10kg짜리 1포대당 2만원(5포대)이고 돼지고기의 가격은 kg당 1만원(10만원)이다.

한편 [표4−1]에서 α~f 조합(combination)들은 A라는 사람이 주어진 소득 10만원으로 매달 쌀과 돼지고기를 소비할 수 있는 여러 가지의 가능한 조합들이다. 예를 들면 A라는 사람이 d조합을 선택할 경우 6만원을 지불하여 쌀 3포대를, 그리고 4만원을 지불하여 돼지고기 4kg를 소비하게 된다. 이와 같이 α~f의 소비가능 점을 X, Y좌표상에 표시한 후 이 점들을 연결할 때 나타나는 선분이 예산선(budget line)이다.

⊕ [표 4-1] 소비조합(combination)

조합	쌀		돼지고기	
	소비량(포대)	금액(만원)	소비량(kg)	금액(만원)
a	0	0	10	10
b	1	2	8	8
c	2	4	6	6
d	3	6	4	4
e	4	8	2	2
f	5	10	0	0

[그림 4-1] 예산선

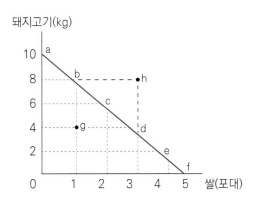

결국 [그림4−1]의 예산선에서 A라는 사람의 예산선 위쪽에 있는, 예컨대 h
점은 현재의 소득 10만원으로는 도달할 수 없는 소비영역이며, 예산선 아래에
있는 g점은 쌀과 돼지고기를 구입하고도 소득 10만원 중의 일부가 남는 영역으
로 비효율적이다. 물론 예산선상에 있는 모든 점은 A라는 사람이 쌀과 돼지고기
를 구입하기 위해 정확히 10만원을 지출한 것을 의미한다. 따라서 A라는 사람의
소비제약은 쌀과 돼지고기의 가격뿐만 아니라, A라는 사람의 소득에 의해 영향
을 받는다. 즉, 재화의 가격과 소득이 변할 때 소비제약도 달라진다는 것을 알
수 있다.

2. 소비자선호

우리는 앞에서 어떤 A라는 사람이 주어진 소득 10만원으로 쌀과 돼지고기를
소비할 수 있는 여러 가지 조합들을 보여주는 예산선을 도출하였다. 그렇다면
우리는 이제 A라는 사람이 자기의 소득 10만원을 가지고 이들 두 재화 사이에
어떻게 배분할 것인가에 대해 생각하게 된다. 그것은 전적으로 A가 어떤 재화를

더 좋아하고 덜 좋아하는가를 나타내는 A라는 사람의 선호(選好, preference)에 달려 있다. 경제학자들은 소비자의 선호를 나타내기 위한 용어로서 효용이라는 개념을 이용하는데 효용(utility)이란 소비자가 어떤 재화를 소비함으로써 얻는 이득이나 만족감을 말한다.

1) 총효용과 한계효용

총효용(total utility)이란 소비자가 일정 기간 동안 일정량의 재화를 소비함으로써 얻을 수 있는 만족감의 총량을 나타낸다. 그러나 총효용은 재화의 소비량이 늘어날수록 증가하지만 증가하는 비율은 감소한다. 즉, 총효용은 재화의 소비량이 늘어남에 따라 감소하는 비율로 증가한다. 따라서 재화의 소비량을 계속 증가시킨다고 해서 총효용이 무한정으로 증가하는 것은 아니다. 어느 단계에 이르러 총효용이 극대화되고 나면 재화의 소비를 늘릴수록 총효용은 오히려 감소하는 결과를 보이게 된다.

여기서 총효용에 대한 이해를 돕기 위해 사막의 물을 가지고 예를 들어 보자. 사막에서 친구와 둘이 조난을 당했다고 가정해 보자. 두 명의 친구는 사막을 열심히 걷고 있는데 너무 더워서 물을 마시고 싶다는 욕구가 생길 것이다. 이때 물을 마시고 싶다는 심한 갈증 상태에서 옆에 친구가 주는 물 한 모금보다는 두 모금을, 두 모금보다는 세 모금을 마실 때 갈증은 점차 해소되며 어느 단계에 이르면 갈증이 해소되면서 "이제 살 것 같다"라는 말을 할 것이다. 이처럼 갈증이 완전히 해소되고 포만감을 느낄 때 물에 대한 총효용은 극대화될 것이다. 그러나 만약 친구가 계속 물을 주고, 그래서 계속해서 마셔야 한다면 물이 점점 역겨워지기 시작하고 그것은 곧 물고문과 같은 상황에 빠지게 될 것이다. 따라서 어떤 재화를 한 단위 더 소비함으로써 역겨움이 발생한다면 바로 그 시점부터 소비에 대한 총효용은 점차 감소하기 시작한다는 것을 의미한다.

총효용이 증가하지만 그 증가율은 감소하는 비율로 증가한다는 것은 재화의 소비량을 한 단위 추가할 때마다 총효용은 증가하지만 그 증가율은 감소한다는 것을 의미한다. 이때 어떤 재화를 한 단위 더 소비함으로써 추가적으로 얻는 만족감을 한계효용(marginal utility)이라고 말한다. 이것을 수학적인 표현으로 나타내면 소비량의 증가분에 대한 총효용의 증가분으로서 정의될 수 있다. 즉,

$$\text{한계효용} = \frac{\text{총효용의 증가분}}{\text{소비량의 증가분}}$$

예를 들어 사과의 소비량을 2개에서 3개로 늘렸더니 사과의 소비로부터 발생하는 총효용이 10단위에서 13단위로 증가했다면 이때의 한계효용은 3[= (13 − 10)/(3 − 2)]이 된다. 그런데 효용과 한계효용을 구별하는 이유는 무엇 때문일까? 이에 대해 해답을 하기 전에 여러분들에게 다음의 두 가지 질문을 먼저 던져보기로 하자. 첫째, 제한된 소득으로 사과와 쌀 중에서 어느 한 재화만을 선택할 수 있다고 가정한다면 여러분들은 두 재화 중에서 어느 재화를 선택할 것인가? 둘째, 사과와 쌀 모두 필요한 양만큼 선택할 수 있을 때, 여러분들은 사과의 소비를 하나 줄인 대신에 쌀 1kg을 더 소비하는 것과 반대로 쌀의 소비를 1kg 줄이고 대신에 사과를 하나 더 소비하는 것 중에서 어떤 방법을 선택할 것인가? 이와 같은 두 종류의 질문에서 차이가 총효용과 한계효용을 구별해야 할 이유를 설명해주고 있다.

첫 번째 질문은 일정한 금액으로 사과만 구입했을 때 얻는 총효용과 반대로 전액 쌀을 구입했을 때 얻는 총효용 사이에 어느 것이 더 크게 나타나는가를 묻는 질문으로써, 아마도 여러분은 모두 쌀을 소비하겠노라고 대답할 것이다. 왜냐하면, 쌀은 필수품으로서 소비로부터 얻는 총효용이 사과보다는 훨씬 크게 나타날 것이기 때문이다. 반면에 두 번째 질문은 쌀을 한 단위 더 소비했을 때 얻는 추가적인 만족감과 사과를 한 단위 더 소비했을 때 얻는 추가적인 만족감 사이에 어느 것이 더 큰가를 묻는 질문이라고 할 수 있다. 즉, 쌀과 사과의 한계효용은 어느 것이 더 큰가라는 질문으로써, 이에 대한 대답은 각각의 기호에 따라 다르게 나타날 것이다. 더욱이 이들의 선택은 쌀이나 사과의 양으로부터도 영향을 받게 될 것이다. 따라서 한계효용이론은 소비자의 행동을 설명하는 데 있어 매우 중요하고, 또한 경제학 전반에 걸쳐 자주 이용되

는 중요한 이론이라고 할 수 있다.

2) 한계효용의 체감

일반적으로 재화의 소비량을 늘릴수록 한계효용은 점차 감소하는 경향이 있다. 먼저 한계효용의 값이 어떻게 결정되며 총효용과는 어떠한 관계를 갖고 있는가를 알아보자. A라는 사람의 소비조합으로부터 만든 [표4-2]의 가상적인 총효용 측정치를 이용하여 설명해 보자. 이 같은 가상적인 도표를 만들기 위해서는 효용이 측정 가능하며 그 크기를 수치로 나타낼 수 있다는 가정을 전제로 한다.

[표4-2]에서 보듯이 A라는 사람이 사과의 소비량을 증가시킬수록 총효용은 점차 증가한다. 그러나 사과의 소비로부터 발생하는 총효용은 6개를 소비할 때 30으로서 최대가 되며, 그 이상 소비할 경우 총효용은 오히려 감소함을 보여준다. 이와는 반대로 사과의 소비량을 증가시킬수록 한계효용은 점차 감소하는 것으로 나타난다.

소비자들은 주어진 소득 내에서 자기들이 원하는 재화와 서비스를 가능한 한 많이 소비하기를 원한다. 그러나 소비자들이 소비하기를 원하는 재화라 할지라도 소비하는 양이 점차 늘어날수록 동일한 재화를 하나 더 소비하고자 하는 욕구는 점차 감소하는 경향을 보이게 된다. 즉, 어떤 재화에 대해 추가로 소비하고자 하는 욕구가 감소한다는 것은 그 재화의 추가적인 소비로부터 발생하는 추가적인 만족, 즉 한계효용이 감소한다는 것을 의미한다.

➕ [표 4-2] 총효용과 한계효용 관계

사과의 소비량	1개	2개	3개	4개	5개	6개	7개
총효용	10	18	24	28	30	30	28
한계효용	10	8	6	4	2	0	-2

[그림 4-2] 총효용과 한계효용 그래프

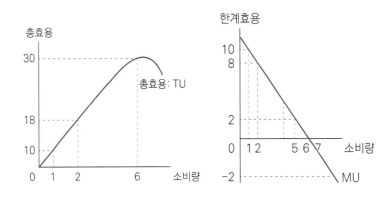

또한 소비하려는 욕구가 감소하는 이유는 그 재화의 보유량이 커졌기 때문이다. 따라서 한계효용이란 일반적으로 재화를 소비하려는 욕망의 강도에 정비례하고 재화의 존재량에 반비례한다. 그리고 한계효용은 계속 감소하여 0이나 그 이하의 값으로 떨어질 수는 없다. 왜냐하면 대부분의 재화는 한 단위를 더 소비하더라도 추가적인 만족감을 더 이상 발생시키지 않는, 즉 한계효용이 0으로 나타나는 최대소비량을 갖게 된다. 물 소비의 예처럼 소비자에게 최대 만족을 주는 물의 소비량은 물을 한 모금 더 마심으로 인해 발생하는 고통과 역겨움이라는 비효용(disutility)이 나타나는 바로 직전까지의 소비량이 될 것이다. 어떤 재화를 소비함으로써 얻는 총효용은 그 재화의 소비로부터 발생하는 한계효용이 0이 될 때 비로소 극대화될 것이다.

[표4-2]에 나타나 있듯이 사과의 소비로부터 총효용이 극대화되는 소비량은 6개이며 이때 한계효용은 0으로 나타나 있다. 한편 총효용은 한계효용의 총합으로 나타나는 데 사과를 6개를 소비할 경우 총효용은 32이며 이 값은 6개까지 소비하는 동안 나타나는 한계효용을 합한 값인 30(10+8+6+4+2+0)과 정확히 일치한다. 이러한 사실로부터 한계효용의 총합으로 나타나는 총효용은 한계효용이 0일 때 최대가 되리라는 것을 알 수 있다.

효용극대화 원리: 한계효용균등의 법칙

1. 소비자 균형

이번에는 한계효용이론을 이용하여 소비자들이 효용을 극대화하기 위해서는 재화들을 어떤 방식으로 소비해야 하는지를 살펴보자. 어떤 A라는 사람이 총효용을 극대화하기 위해서는 자신의 소득을 어떤 방식으로 지출해야 하는가를 스스로 측정해야 한다. 이때 측정할 수 있는 가장 직접적인 방법은 [표4-3]과 같은 도표를 만드는 것이다. 즉 [표4-3]은 A라는 사람이 주어진 소득 20만원으로 쌀과 돼지고기를 소비하여 얻을 수 있는 가상적인 효용수준들을 나타낸 것이다.

➊ [표 4-3] 쌀과 돼지고기의 효용극대화 소비조합

소비조합	쌀(포대)		돼지고기(kg)		쌀과 돼지고기
	소비량	총효용(1)	소비량	총효용(2)	총효용(1+2)
a	0	0	10	580	580
b	1	180	8	560	740
c	2	260	6	510	770
d	3	420	4	440	860
e	4	500	2	350	850
f	5	560	0	0	560

예를 들어 쌀은 포대당 4만원이고, 돼지고기는 kg당 2만원이라고 가정하자. 각각의 소비조합들은 A라는 사람이 주어진 소득 20만원을 모두 지출하여 얻을 수 있는 쌀과 돼지고기의 소비조합들을 나타낸다. 다시 말해 a의 소비조합(쌀 0포대, 쇠고기 10kg), e의 소비조합(쌀 4포대, 돼지고기 2kg) 모두 총 지출액은 정확히 A라는 사람의 소득 20만원과 일치한다.

[표4-3]에서 a조합은, A라는 사람이 쌀은 전혀 소비하지 않고 20만원으로 돼지고기만을 10kg 구입하는 데 사용한다면, 그때 A의 총효용이 580이라는 것을 의미한다. 마찬가지로 쌀 3포대와 돼지고기 4kg(d조합)을 소비할 경우 쌀로부터 얻는 총효용은 420단위이고 돼지고기로부터 얻는 총효용은 440단위로서 A라는 사람은 주어진 소득 20만원으로 쌀과 돼지고기를 소비하여 얻는 총효용은 860단위가 된다. 이때의 총효용 860단위는 [표4-3]에 나타난 어떤 조합의 총효용보다도 크기 때문에 A라는 사람에게 주어진 소득 20만원으로 총효용을 극대화할 수 있는 유일한 방법은 쌀 3포대와 돼지고기 4kg, 즉 d조합을 선택하게 될 것이다. 이처럼 재화의 가격이 주어져 있을 때 어떤 소비자가 총효용을 극대화하는 방식으로 자신의 소득을 지출하고 있을 때 이 소비자는 소비자균형(consumer equilibrium)에 도달하고 있다고 말한다.

2. 한계효용균등의 법칙

이번에는 총효용을 전혀 측정하지 않고서도 소비자균형을 발견할 수 있는 다른 방법으로서 각 재화의 지출로부터 발생하는 '화폐 한 단위당 한계효용이 정확히 일치하도록 소비하는 행태'를 생각할 수 있다. 여기서 화폐 한 단위당 한계효용(marginal utility per money spent)이란 각 재화의 마지막 단위의 소비로부터 얻은 한계효용을 그 재화의 가격으로 나눌 때 나타난 값을 말한다. 예를 들어 A라는 사람이 3번째 포대의 쌀을 소비할 때 얻은 한계효용이 140단위라면 포대당 쌀 가격은 4만원이므로 화폐 한 단위당 한계효용은 35(=140/4)단위가 된다.

◯ [표 4-4] 한계효용과 소비자균형

소비 조합	쌀(포대)			돼지고기(kg)		
	소비량	한계효용	화폐 한 단위당 한계효용	소비량	한계효용	화폐 한 단위당 한계효용
a	0	0	0	10	10	5
b	1	180	45	8	20	10
c	2	160	40	6	50	25
d	3	140	35	4	70	35
e	4	80	20	2	90	45
f	5	60	15	0	0	0

주: 화폐 한 단위는 1만원 기준, 쌀 가격: 4만원, 돼지고기: kg당 2만원
화폐 한 단위당 한계효용=한계효용/재화의 가격

따라서 총효용은 어떤 소비자가 구매하고자 하는 재화들의 화폐 한 단위당 한계효용이 정확히 일치하도록 자신의 소득 전부를 지출할 때 극대화된다. 자신의 소득 20만원 전부를 지출하여 쌀과 돼지고기만을 소비하고 있는 A라는 사람의 경우 화폐 한 단위당 쌀의 한계효용과 화폐 한 단위당 돼지고기의 한계효용이 정확히 일치하는 소비조합, 즉 [표4-4]에서 d조합을 선택할 때 총효용을 극대화할 수 있다. 이처럼 각 재화 최종단위의 소비로부터 발생하는 화폐 한 단위당 한계효용이 구매하고자 하는 모든 재화 사이에 정확히 일치하도록 소비함으로써 소비자의 총효용을 극대화시키는 원리를 한계효용균등의 법칙(law of equi-marginal utility)이라고 부르는데, 이를 식으로 나타내면 다음과 같다.

$$\frac{쌀의\ 한계효용}{쌀의\ 가격} = \frac{돼지고기의\ 한계효용}{돼지고기의\ 가격}$$

[표4-4]는 [표4-3]을 이용하여 만든 쌀과 돼지고기의 화폐 한 단위당 한계효용을 나타내고 있다. 만약 A라는 사람이 c조합을 선택한다면 쌀의 화폐 한 단위당 한계효용, 즉 1만원을 추가로 지출하여 쌀로부터 얻은 한계효용은 40(=160/4)단위이지만 돼지고기의 화폐 한 단위당 한계효용은 25(=50/2)단위밖에 되지 않기 때문에 돼지고기의 소비를 줄이는 대신 쌀의 소비를 늘릴 경우 총효용은 증가할 것이다. 마찬가지로 e조합을 선택한다면 쌀의 화폐 한 단위당 한계효용은 20(=80/4)단위이지만 돼지고기의 화폐 한 단위당 한계효용은 45(=90/2)단위이기 때문에 이번에는 쌀의 소비를 줄이는 대신 돼지고기의 소비를 늘리려고 할 것이다. 그러나 d조합을 선택한다면 쌀과 돼지고기 모두 화폐 한 단위당 한계효용은 35[=(140/4)=(70/2)]단위로 정확히 일치하기 때문에 두 재화 사이에 더 이상 소비단위를 조정할 유인이 발생하지 않으며, 이때 A라는 사람은 d의 소비조합으로 총효용을 극대화하고 있다. 실제로 [표4-3]과 비교하면 A라는 사람은 소비조합 d를 선택할 때 총효용이 860단위로 그 값은 다른 어떤 소비조합을 선택할 때보다도 크다는 것을 알 수 있다.

그러므로 소비자의 선택은 재화의 한계효용뿐만 아니라 재화의 가격에 의해서도 영향을 받는다는 것을 알 수 있다. 따라서 서로 다른 가격을 나타내는 재화들 사이에 한 단위를 더 소비함으로써 추가되는 만족감을 비교할 때는 한계효용보다는 화폐 한 단위당 한계효용을 기준으로 이루어져야 한다.

3. 한계효용이론과 수요의 법칙

현실적으로 소비자들은 수많은 재화를 구매하고 있으며 어느 한 재화의 가격 변화가 타재화의 수요변화에 영향을 미친다는 것을 잘 알고 있다. 따라서 소비자들이 두 가지 이상의 재화를 구매할 때 어느 한 재화에 대한 수요곡선이 어떻게 도출되는가를 한계효용균등의 법칙을 이용하여 설명하기로 하자.

앞에서 살펴본 바와 같이 A라는 사람은 한계효용균등의 법칙을 준수하면서 총효용을 극대화시키고 있다고 가정하자. 만약 어떤 이유로 여타 조건은 일정한데 돼지고기의 '가격'만이 하락했다면 A라는 사람은 소비행위를 어떻게 바꿀까? 다른 조건은 일정한데 돼지고기의 가격만 하락했다면 두 재화 사이에 화폐 한 단위당 한계효용은 서로 일치하지 않을 것이다. 즉,

$$\frac{\text{쌀의 한계효용}}{\text{쌀의 가격}} < \frac{\text{돼지고기의 한계효용}}{\text{돼지고기의 가격}}$$

돼지고기의 가격이 하락했음에도 불구하고 전과 동일한 소비행동을 유지한다면 이 소비자는 한계효용균등의 법칙을 준수하지 못함으로써 총효용을 극대화 시키고 있다고 볼 수 없다. 따라서 현명한 소비자라면 두 재화 사이에 화폐한 단위당 한계효용이 일치하도록 돼지고기 가격의 변화에 대응하여 소비패턴을 바꾸려고 시도할 것이다. 돼지고기 가격의 하락으로 인해 위의 식처럼 오른쪽 값이 더 크게 나타나므로 양쪽 값을 서로 일치시키기 위해서는 돼지고기의 한계효용을 감소시켜야 한다. 이를 위해서는 돼지고기의 소비량을 증가시켜야 하는데, 그 이유는 어떤 재화의 소비를 증가시킬수록 한계효용은 체감하기 때문이다. 그리고 돼지고기에 대한 소비량을 어느 정도 증가시켜야 할 것인가의 문제는 돼지고기의 가격 하락 폭에 따라 결정될 것이다. 즉, 돼지고기의 가격하락 폭이 클수록 쇠고기의 한계효용을 보다 많이 감소시켜야 하기 때문에 돼지고기의 소비량은 그만큼 더 늘어나야 한다. 이것은 어떤 재화의 가격이 하락할수록 수요량은 증가한다는 수요의 법칙을 그대로 반영하고 있으며 수요곡선은 우하향하는 형태를 보이게 된다.

4. 가치의 역설: 한계효용이론

재화의 가치가 어떻게 결정되는가에 대해 경제학자들은 많은 노력을 기울였다. 아담 스미드(Adam smith)는 그의 저서 「국부론」에서 재화의 가치란 사용

가치와 교환가치 두 종류로 분류되며 사용가치가 큰 재화는 교환가치도 크다고 정의했다. 사용가치(use value)란 재화의 사용으로부터 얻는 만족감의 크기를 나타내며, 교환가치(exchange value)란 어떤 재화로 다른 재화를 구매할 수 있는 능력을 말한다.

일반적으로 쌀이나 소금, 농기구, 기계류 등과 같이 재화는 사용가치가 높은 재화는 사용가치가 낮은 재화에 비해 교환가치가 높게 나타난다. 그러나 이와 같은 정의의 연장선상에서 하나의 모순을 발견하게 된다. 그것은 물과 다이아몬드 사이에서 발생하는 가치의 문제이다. 물은 우리 인간에게 필수적인 귀중한 재화로서 사용가치가 매우 크지만 교환가치는 거의 없고, 반대로 다이아몬드는 사람들의 생존에 거의 쓸모없는 재화임에도 불구하고 교환가치가 매우 높다는 모순에 직면한다. 이처럼 사용가치와 교환가치가 서로 일치하지 않는 모순을 아담 스미스의 역설(Adam smith's paradox) 혹은 가치의 역설(paradox of value)이라고 부른다.

아담 스미스의 역설은 그 후 한계효용에 의해 규명되었는데 그것은 바로 "재화의 가치란 총효용의 의해서가 아니라 한계효용의 크기에 의해 결정된다"는 한계효용가치설이라고 말할 수 있다. 이제 아담 스미스의 모순이 어떻게 해명될 수 있는지를 살펴보자.

예를 들어 어떤 소비자가 주어진 소득으로 물과 다이아몬드 두 재화만을 소비하고 있다고 가정하자. 이 소비자는 두 재화의 소비로부터 총효용을 극대화하기 위해 한계효용균등의 법칙에 따라 소비하게 될 것이다. 한계효용균등의 법칙이란 두 재화 사이에 화폐 한 단위당 한계효용이 서로 일치하는 것을 의미한다. 여기서 '한계'라는 뜻은 넘어설 수 없는 어떤 한계라는 뜻이 아니라 '마지막 단위' 또는 '최종 단위'라는 뜻이다. 따라서 아래의 식에서 물의 가격은 물의 한계효용을 화폐 한 단위당 한계효용으로 나눈 값과 일치한다. 즉,

$$\frac{\text{물의 한계효용}}{\text{물의 가격}} = \frac{\text{다이아몬드의 한계효용}}{\text{다이아몬드의 가격}} = \text{화폐 1단위당 한계효용}$$

따라서 다이아몬드의 가격이 물의 가격보다 비싼 이유는 다이아몬드의 한계효용이 물의 한계효용보다 훨씬 더 크게 나타나기 때문이다. 즉,

$$물\ 가격 = \frac{물의\ 한계효용}{화폐\ 1단위당\ 한계효용}$$

$$다이아몬드\ 가격 = \frac{다이아몬드의\ 한계효용}{화폐\ 1단위당\ 한계효용}$$

다시 말해서 한계효용균등의 법칙에 따르면 물은 거의 무한히 존재하지만 다이아몬드는 희소하기 때문이다. 왜냐하면 한계효용이란 재화의 존재량에 반비례하기 때문에 존재량이 무한한 물의 한계효용은 거의 0에 가깝고, 따라서 물의 교환가치는 거의 존재하지 않는다. 반대로 다이아몬드는 그 존재량이 매우 희소하기 때문에 한계효용은 매우 크고 교환가치도 매우 높게 나타난다.

5. 소비자잉여

어느 한 소비자가 재화 10단위를 1만원에 구매했다면 재화 한 단위당 지불한 금액은 1천원이 된다. 이 소비자가 재화를 한 단위씩 차례로 구매한다고 가정하면 첫 번째부터 마지막 10번째 단위에 이르기까지 매 단위마다 1천원씩 지불한 셈이 된다. 그리고 이 소비자가 10단위를 초과해서 구매하지 않는 이유는 11번째 단위를 구매하기 위해 1천원을 지불할 의사가 없음을 의미한다. 다시 말해 재화의 가격이 1천원보다 싸지 않는 한 11단위 이상은 구매하지 않겠다는 것을 의미한다. 그 이유는 재화의 소비량이 증가할수록 한계효용이 체감함으로써 재화를 추가로 구매할 의욕이 감소했기 때문이다. 재화의 소비량을 증가시킬수록 한계효용이 체감한다고 하는 것은 반대로 재화의 소비량을 감소시킬수록 한계효용이 체증하게 된다는 것을 의미한다. 따라서 소비자가 재화 10번째 단위에

대해 기꺼이 지불하고자 하는 금액이 1천원이라면 9번째 단위에 대해서는 1천원보다 더 비싼 가격을 기꺼이 지불할 의사가 있음을 알 수 있다.

그러나 이 소비자가 실제로 지불한 금액은 1천원이며 기꺼이 지불하고자 하는 금액과 차이가 발생한다. 그리고 8번째, 7번째 … 와 같이 재화의 구매량이 적을수록 한계효용은 크게 나타나기 때문에 재화 한 단위당 기꺼이 지불하고자 하는 금액과 실제 지불한 금액 사이는 점차 커지게 된다. 이와 같이 재화 10단위를 차례로 구매하는 동안 소비자가 기꺼이 지불하고자 하는 금액과 실제로 지불한 금액 사이에 발생한 차이의 총합을 소비자잉여(consumer's plus)라고 부른다.

재화의 구매단위가 늘어날수록 한계효용이 체감함으로써 소비자들이 기꺼이 지불하고자 하는 금액은 점차 감소하게 된다. 따라서 소비자들은 재화의 가격이 하락할 때 재화의 수요량을 증대시키려고 할 것이다. 이는 수요곡선이 우하향하는 형태로 나타나는 이유를 설명해 주는 하나의 방법이기도 하다. 이제 수요량이란 어느 한 가격수준에 대응하여 소비자들이 기꺼이 구매하고자 하는 재화의 수량을 말하며 소비자가 기꺼이 지불하고자 하는 재화의 가격과 수요량의 관계를 그래프로 나타낸 것이 [그림4-3]과 같은 수요곡선이다.

재화의 가격이 1,500원일 때 소비자가 기꺼이 구매하고자 하는 수요량은 5단

[그림 4-3] 소비자 잉여

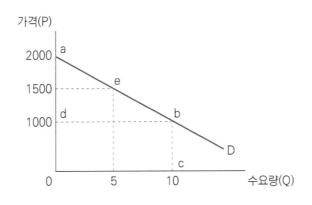

위이며 가격이 1,000원일 때는 10단위이다. 다시 말해 현재 소비자가 재화 10단위를 한 단위당 1,000원씩 10,000원에 구매하고 있지만, 어떤 이유로 인해 만약 5단위밖에 구매할 수 없다면 이 소비자는 재화 한 단위당 가격으로서 1,500원을 기꺼이 지불할 의사가 있음을 의미한다.

[그림4-3]에서 소비자가 기꺼이 지불하고자 하는 금액은 재화의 구매량이 0단위인 2,000원에서부터 10단위인 1,000원에 이르기까지 점차 감소하는데, 그 이유는 재화의 추가 구매로부터 한계효용이 체감하기 때문이다. 따라서 소비자가 이 재화를 0단위부터 10단위를 차례로 구매한다고 가정할 때 기꺼이 지불하고자 하는 금액의 총합은 사다리꼴 면적인 0abc(=15,000원)로 나타낸다. 그러나 재화 10단위를 구매하면서 소비자가 실제로 지불한 금액은 사각형 면적인 0dbc(=10,000원)에 불과하다. 따라서 소비자는 삼각형 면적 adb(=5,000원)만큼의 순이익을 발생시키는데, 이를 소비자잉여라고 부른다.

만약 이 재화의 가격이 1,500원이라면 이때 발생하는 소비자잉여는 1,250(=1/2 × 5 × 500)원이며, 2,000원일 때는 구매량이 전혀 없기 때문에 소비자잉여는 발생하지 않는다. 그러므로 소비자잉여는 재화의 가격이 하락할수록 더욱더 크게 나타난다는 것을 알 수 있다. 실제로 우리들이 어떤 물건을 구매하고 나서 싸다고 느꼈다면, 이것은 우리들이 기꺼이 지불하려고 예상했던 금액보다 실제로 지불한 금액이 훨씬 적다는 것을 의미한다. 따라서 그 차액만큼 소비자잉여를 발생시키고 있다고 볼 수 있다. 따라서 만약 정부가 판매세를 부과한다면 재화의 가격은 상승하고 구매량은 감소하기 때문에 소비자잉여가 감소하고 이들의 총합으로 나타나는 사회 후생(social welfare) 또한 감소하리라는 것을 알 수 있다.

무차별곡선 이론

1. 무차별곡선

무차별곡선(indifference curve)이란 소비자들에게 동일한 만족을 주는 두 재화의 소비량을 결합 가능한 모든 조합을 X, Y 좌표상에 표시한 후 이 점들을 연결할 때 나타나는 곡선을 말한다. 예를 들어 어떤 소비자가 사과와 배를 소비할 때 사과 3개와 배 2개를 소비하든, 아니면 사과 5개와 배 1개를 소비하든 상관없다는 말은 두 종류의 다른 소비조합으로부터 얻는 소비자의 만족감이 동일하다는 것을 의미한다. 이처럼 소비자의 만족에 변화를 주지 않는 두 재화의 소비량을 결합하는 조합들이 무수히 존재한다고 가정할 때 소비자의 만족도는 어떤 조합으로부터도 무차별하다는 의미에서 이 점들을 연결한 곡선을 무차별곡선이라고 정의한다.

[그림4-4]의 무차별곡선을 이용하여 설명해 보자. 무차별곡선 I_0상에 있는 점 a, b, c, d, e들을 포함한 모든 점은 소비자들에게 동일한 만족을 주는 X와 Y좌표상의 두 재화의 조합들을 나타낸다. 그렇다면 소비자는 어떤 조합을 더 선호할 것인가에 대해 보다 명확히 이해하기 위해서는 무차별곡선이 갖는 몇 가지 특성들에 대한 이해가 필요하다.

첫째, 무차별곡선은 우하향하는 형태로 나타낸다. 이것은 소비자가 동일한 수준의 만족을 유지하기 위해서는 어느 한 재화의 소비량을 늘릴 때 타재화의 소비량을 감소시켜야 한다는 것을 의미한다. 만약 소비자가 무차별곡선 I₀상의 점 a를 선택하다가 점 b를 선택하고자 한다면 이 소비자는 x재의 소비량을 2단위를 더얻기 위해서 포기해야 하는 y재의 소비량은 6단위가 된다. 그러나 소비자가 y재 15단위를 계속 선택하면서 x재만을 2단위만큼 더 늘리려고 한다면 동일한 무차별곡선 I₀상에서는 불가능하며 I₀보다 위쪽에 위치한 새로운 무차별곡선 I₁의 a′점으로 옮겨가야 한다.

[그림 4-4] 무차별곡선

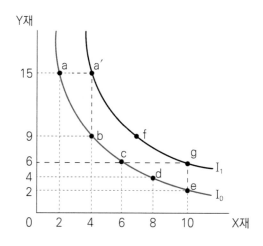

둘째, 무차별곡선은 원점에서 상대적으로 더 먼 위쪽의 어느 한 점에서 소비할 때 더큰 만족을 얻을 수 있다. 소비자는 많은 재화를 소비하려는 욕구를 갖는다고 가정한다면, 즉 소비로부터 나타나는 고통이 없다면(한계효용이 0보다 크다면) [그림4-4]에서 소비자는 무차별곡선 I₀상의 점 b보다 무차별곡선 I₁상에 있는 점 f를 더 선호할 것이다. 왜냐하면 무차별곡선 I₁이 무차별곡선 I₀보다 상대적으로 위쪽에 있기 때문이다. 따라서 소비자는 점 b보다는 f점에서 소비할 때 x재와 y재를 더 많이 소비할 수 있고 보다 큰 만족감을 얻을 수 있다.

한편 무차별곡선 I₀의 선상에 위치한 b점은 g점에 비해 y재의 소비량은 많고

x재의 소비량이 더 적음에도 불구하고 소비자는 점 b보다 점 g를 여전히 선호할 것이다. 왜냐하면 점 g는 무차별곡선 I_1상에 놓여있고 점 b의 무차별곡선 I_0보다 위쪽에 위치하고 있기 때문이다. 그러나 점 f와 점 g는 동일한 무차별곡선 I_1상에 있기 때문에 두 점 간에 소비로부터 얻어지는 만족감은 무차별하다. 이처럼 X, Y 좌표상에 소비자의 만족을 나타내는 무차별곡선은 무수히 존재하며 무차별곡선이 위쪽에 위치할수록 소비자의 만족도는 크다.

[그림 4-5] 무차별곡선의 모순

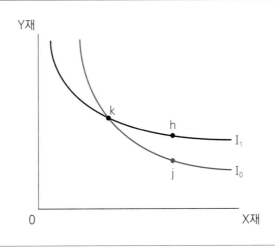

셋째, 무차별곡선은 서로 교차하지 않는다. 무차별곡선이 [그림4-5]처럼 I_0와 I_1이 서로 교차한다면 논리적 모순이 발생하기 때문이다. 무차별곡선상의 점 h는 점 j보다 높게 위치하고 있기 때문에 소비자는 점 h를 선호한다. 그리고 점 h와 점 k는 I_1의 동일한 무차별곡선상에 있기 때문에 소비자의 선호도는 두 점 간에 무차별하다. 그러나 동시에 점 k도 점 j는 I_0라는 동일한 무차별곡선상에 있기 때문에 점 k와 점 j는 동일한 선호도를 갖는다. 따라서 무차별곡선상의 점 h와 점 k가 무차별하고, 점 k와 점 j가 무차별하다면 점 h도 점 j와 무차별해야 한다. 그러나 앞서 설명한 것처럼, 무차별곡선상의 점 h는 점 j보다 선호도가 높게 나타남으로써 논리적 모순이 발생하게 된다. 따라서 이러한 논리적 모순 때문에 무차별곡선이 서로 교차하지 않도록 그려야 한다.

넷째, 무차별곡선은 원점을 향하여 볼록하다. 무차별곡선이 원점을 향하여 볼록하다는 것은 무차별곡선상의 왼쪽에서 오른쪽으로 이동해 갈수록 무차별곡선의 기울기가 점차 완만해진다는 것을 의미한다. 그리고 이러한 현상을 경제학적으로 한계대체율이 체감한다고 말한다.

2. 한계대체율

먼저 [그림4-6]의 무차별곡선 I_0상의 점 a와 점 b 사이의 곡선의 기울기를 구해보면 a~b 두 점 간 기울기의 절대값은 3(=am/mb=6/2)이다. 이 기울기가 가지는 경제학적인 의미를 살펴보면 소비자가 동일한 무차별곡선(I)상의 점 a나 점 b에 대해 무차별하기 때문에 소비자가 점 a에서 점 b로 옮겨가기 위해 x재 2단위를 추가로 얻는 대신에 y재 6단위를 기꺼이 포기할 수 있다는 것을 의미한다. 따라서 이 소비자는 동일한 무차별곡선상에서 x재 한 단위에 대해서 y

[그림 4-6] 무차별곡선의 기울기

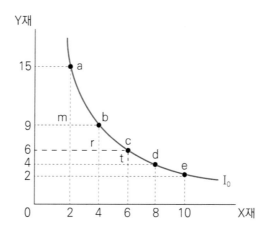

재 3단위를 기꺼이 포기할 의사가 있음을 알 수 있다. 마찬가지로 b~c 두 점 간 기울기의 절대값은 1.5(=br/rc=3/2)이고 c~d는 1(=ct/cd =2/2)로 나타난다.

이처럼 무차별곡선상의 조합점이 점 a에서 점 e로 이동할수록 두 점 간 기울기의 절대값이 점점 작아지는(예를 들어 3, 1.5, 1,…) 이유는 경제학적인 의미로 소비자가 x재 한 단위를 추가로 얻는 대신 기꺼이 포기해도 좋다고 생각하는 y재의 양이 점차 감소하기 때문이다. 다른 의미로 설명하자면, x재의 소비량을 증가시킬수록 x재의 한계효용은 체감(x재의 희소가치 감소)하는 반면에 y재의 소비량을 감소시킨 데 따른 y재의 한계효용은 체증(y재의 희소가치 증가)하기 때문이다.

따라서 무차별곡선의 기울기는 두 재화의 교환비율과 일치하며 이를 경제용어로 두 재화 사이의 한계대체율(marginal rate of substitution: MRS)이라고 부른다. 따라서 한계대체율은 소비자가 어느 한 재화를 추가로 얻는 대신 기꺼이 포기해도 좋다고 생각하는 타재화의 최대량으로서 표시된다. 간단하게 말해서 x재의 증가분에 대한 y재의 감소분으로서 정의된다. 즉, y재를 x재로 대체하는 한계대체율(MRS)은 다음과 같다.

$$\text{한계대체율(MRS)} = \frac{Y\text{재의 소비량의 감소분}}{X\text{재의 소비량의 증가분}}$$

또한 무차별곡선상의 기울기인 두 재화의 교환비율이 점차 작아진다는 것은 한계대체율이 점차 감소하게 됨을 의미하는데, 이와 같은 원리를 한계대체율체감의 법칙(law of diminishing marginal rate of substitution)이라고 부른다. 한계대체율이 체감하는 경우를 사과 6상자와 배 1상자가 있다고 가정하여 설명해 보자. 한계효용이란 재화의 존재량에 반비례하기 때문에 다른 조건이 일정하다면 상대적으로 배의 한계효용이 높게 나타날 것이다. 왜냐하면 배에 대한 희소가치가 상대적으로 사과보다 높기 때문이다. 이제 배 1상자를 얻는 대신 기꺼이 포기해도 좋다고 생각하는 사과의 최대량이 3상자라고 할 때, 즉 배와 사과의 교환비율이 1대 3으로 이루어졌다면 이제 사과는 3상자가 남았고 배는 2상자가 되었다. 이제 다시 배 1상자를 더 얻기 위해 전과 같이 사과 3상자를 포기하지 않을 것이다. 왜냐하면 배는 1상자에서 2상자로 늘어나 한계효용은 체감(만족의 체감)했지만, 사과는 6상자에서 3상자로 줄어들어 한계효용이 체증했기 때문이다. 즉, 사과 3상자보다 훨씬 적은량(예컨대 2상자)을 포기하면서 배 1상자와 교환하고자 할 것이다.

3. 예산선

이제 소비자의 예산선에 대해 알아보자. 예산선을 이해하기 위해서 우리는 먼저 예산식을 이해할 필요가 있다. 어떤 소비자의 화폐소득은 40만원으로 고정되어 있고, 소비하고자 하는 x재와 y재의 가격은 각각 4만원과 2만원이라고 가정하자. 주어진 화폐소득 40만원으로 소비자가 구매할 수 있는 x재와 y재의 수량을 일반화하면 아래와 같은 수식을 얻는다.

$$4x + 2y = 40$$

이것은 [그림4-7]의 예산선을 수식으로 표현해 본 것이다. 즉, 소비자가 y재만을 구매할 경우 x에 0을 대입하면 y재의 최대구매량은 20단위가 되고, x재만을 구매할 경우 y에 0을 대입하면 x재의 최대구매량은 10단위가 된다. 위의 수식을 일반적인 y의 형태로 전환시키기 위해 y에 대해 풀면 다음과 같은 예산식(budget equation)을 얻는다.

[그림 4-7] 예산선

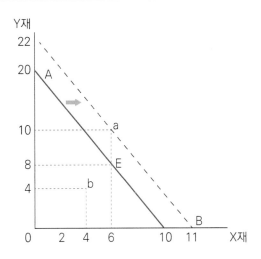

$$y = 20 - 4/2(x)$$

위의 식이 의미하는 것은 예산선의 y절편 값은 20이고 기울기는 −2의 값을 갖는다는 것이다. 특히 기울기의 분자의 값인 4와 분모의 값인 2는 각각 x재와 y재의 가격을 나타내기 때문에 이 예산선의 기울기는 두 재화의 가격비에 일치한다. 즉

$$예산선의\ 기울기 = \frac{X재의\ 가격}{Y재의\ 가격}$$

여기서 말하는 예산선은 소비자가 주어진 소득으로 구매할 수 있는 x와 y 두 재화의 최대량을 나타낸다. 따라서 [그림4−7]의 점 a는 소비자가 도달 불가능한 점이며 점 b는 적게 소비함으로써 소득이 남는 점이다. 따라서 예산선의 위치와 형태는 소비자가 가지는 소득과 두 재화의 가격비에 의해 영향을 받게 된다.

다른 조건은 일정한 상태에서 단지 소비자의 소득이 40만원에서 44만원으로 증가한다면, 즉 소비자의 소득이 증가할 경우 예산선은 오른쪽 방향으로 평행

이동할 것이다. 그 이유는 소비자의 소득이 40만원에서 44만원으로 증가하면 x재와 y재를 구매할 수 있는 능력도 소득 증가만큼 커지기 때문이다. 반대로 소비자의 화폐소득이 36만원으로 하락할 때는 소비자의 구매능력이 감소하기 때문에 따라 예산선은 왼쪽 아래로 평행 이동한다.

한편 소비자의 소득에 변화가 발생했다하더라도 예산선의 기울기가 변하지 않는 경우가 있는데 그 이유는 x와 y라는 두 재화 사이의 가격비에 변화가 없기 때문이다. 앞의 예산식에서 보면, 예산선의 기울기는 x재와 y재가 가지는 분자의 값 4와 분모의 값 2라는 두 재화의 가격비에 의해 결정되며 화폐소득의 변화에는 영향을 받지 않기 때문이다. 그리고 두 재화의 가격비를 경제학에서는 상대가격(relative price)이라고 부른다.

4. 소비자균형

다른 조건이 일정하다면 일반적으로 재화의 소비량이 증가할수록 소비자의 만족감은 증대된다. 그러나 소비자는 소득의 제한으로 인해 구매 능력에 한계를 가질 수밖에 없다. 따라서 소비자는 재화의 소비량을 무한정 증대시킬 수는 없다. 즉, 소비자가 직면하는 문제는 제한된 화폐소득으로 어떻게 소비를 해야 만족감을 극대화할 수 있을 것인가의 문제이다. 여기서 우리는 소비자의 만족 수준을 나타내는 [그림4-4]의 무차별곡선과 소비자의 예산제약을 나타내는 [그림4-7]의 예산선을 가지고 소비자가 직면하는 '만족감을 극대화 문제'를 설명할 수 있다. 즉, 무차별곡선과 소비자의 예산선을 [그림4-8]처럼 동일한 좌표상에 옮겨 놓으면 주어진 소득으로 소비자의 만족을 극대화할 수 있는 x와 y 두 재화의 조합을 만들어 낼 수 있다.

[그림 4-8] 소비자균형

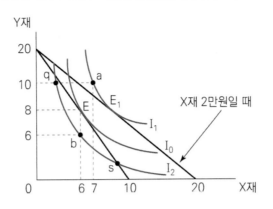

[그림4-8]에서 소비자가 주어진 화폐소득 40만원으로 만족을 극대화할 수 있는 x와 y 두 재화의 조합은 x재 6단위와 y재 8단위를 소비하는 점 E가 유일한 방법이다. 그 이유는 무차별곡선 I_1은 I_0보다 위쪽에 위치하기 때문에 I_1상에 있는 점 a가 I_0상에 있는 점 E보다 높은 만족감을 줄 수 있다. 그러나 I_1상에 있는 점 a는 소비자의 제한된 소득 40만원으로는 소비를 실현할 수 없는 점이다. 반면에 I_2상의 점 b는 예산선 아래쪽에 위치하는 점으로서 소득이 남는 점으로 소비자가 남은 소득으로 소비를 늘릴 경우 만족감이 커지기 때문에 소비자의 선택에서 제외된다. 또한 점 q와 s는 예산선상에 있는 점들로서 소득이 전부 소비되는 점들이지만 무차별곡선 I_2는 I_0보다 낮게 위치하고 있기 때문에 소비로부터 발생하는 만족감은 I_0상의 점 E보다 적게 나타난다.

결론적으로 소비자가 제한된 화폐소득으로 만족을 극대화할 수 있는 점은 무차별곡선 I_0와 예산선이 서로 접하는 점 E 하나밖에 존재하지 않으며 E점을 우리는 소비자균형점(comsumer's point)이라고 부른다. 균형점 E는 무차별곡선과 예산선이 서로 접하기 때문에 이 점에서 무차별곡선의 기울기와 예산선의 기울기는 정확히 일치한다. 또한 무차별곡선의 기울기 자체는 한계대체율로서 표시되며, 예산선의 기울기는 두 재화의 가격비를 나타내기 때문에 소비자가 주어진 소득으로 만족을 극대화하기 위해서는 한계대체율이 가격비와 일치하도록 소비해야 한다는 것을 의미한다.

실습   소득 증가의 경우와 상대 가격의 변화에 대해 생각해 보자.

05

기업의 행동원리: 이윤극대화 원리

기업의 특성

1. 기업의 역할과 목표

기업이란 경제학적 의미에서 상업 행위 또는 영리를 목적으로 시장 활동에 참여하는 경제주체를 말한다. 따라서 기업은 상업 행위를 하는 과정에서 양면성을 가진다. 즉, 기업은 소비자를 위한 재화와 서비스를 제공하는 최종 제품의 공급자의 역할을 한다. 다른 한편으로 기업은 자본과 노동을 기업이 가지고 있는 기술력으로 결합하여 생산 활동을 하는 수요자의 의미도 있다. 그러나 수요자의 역할이라는 것은 상품을 생산하기 위한 수요이기 때문에 경제학적으로는 기업을 생산 주체자라고 한다. 다른 의미로 기업의 역할은 자본과 노동을 기업이 가지고 있는 기술로 결합하여 재품을 시장에 생산 판매하는 것이다.

한편 기업이 발생하는 원인은 특화에 의한 경제적 이득 때문에 자연스럽게 전문화(틈새시장)되고 효율화되면서 대량생산이 가능하도록 조직화하는 과정에서 자연스럽게 기업이 생성된다. 연필 생산의 예를 들어보면 한사람이 연필을 생산하기 위해서는 산에 가서 나무를 해 와야 하고, 산에 가서 흑연을 채굴해 와서 연필을 만드는 번거로움을 각기 다른 사람이 분업화하는 과정에서 자연스럽게 기업이 탄생하게 된다.

일반적으로 경제학자들은 기업이 추구하는 바는 이윤을 극대화시키는 데 있다고 가정한다. 즉, 기업의 목적은 이윤을 극대화하는 것이다. 기업의 이윤이란 기업의 총수입에서 총비용을 제외한 값으로 나타난다. 대부분의 기업은 가능한 한 돈을 많이 벌기 위하여 모든 수단과 방법을 총동원하고 있는 것이 사실이다. 그러나 다른 한편으로 어떤 기업들은 지역사회의 발전에 기여하는 것이 기업설립의 목표라고 말하기도 하고, 또 어떤 기업들은 문화사업의 선도적 역할을 담당하고 있다고 말하기도 한다. 그럼에도 불구하고 경제학에서 기업의 행동 목표는 이윤을 극대화한다는 가정에서 출발한다. 왜냐하면 이러한 가정을 바탕으로 만들어진 경제 모형이 기업의 행동원리 분석에 매우 유용하게 이용될 수 있기 때문이다. 그뿐만 아니라 이윤극대화의 가정은 가격기구가 어떻게 작용하는가를 보여주는 데 도움이 되고, 또한 현실적으로 기업 목표에 부합되는 생산량을 결정하기 위해 어떤 방식으로 생산을 할 것인가를 알려주기 때문이다.

한편 기업의 이윤극대화는 생산방식에 의해 제약을 받는다. 소비자들이 그들의 소득에 의해 제약을 받듯이 기업의 이윤극대화는 생산방식에 의해 제약을 받는다는 것이다. 기업의 이윤극대화 모델을 구성하기 위해 경제학자들은 생산과정에서 사용되는 자본이나 노동 등과 같은 생산요소들을 기업의 기술로서 결합시킨다. 이처럼 이윤극대화를 위한 생산방식을 결정하기 위해 생산요소들을 결합시키는 것을 경제용어로 생산함수라고 부른다.

생산함수란 일정 기간 동안 사용되는 생산요소의 투입량과 이로부터 발생하는 최대생산량 사이의 관계를 식으로 나타낸 것을 말한다. 예를 들어 어떤 기업이 재화의 생산량을 극대화하기 위한 생산방법으로서 노동과 자본의 결합비율을 10대 1로 유지해야 한다는 것을 안다면 이 기업은 생산요소의 투입비율을 일정하게 유지하려고 노력할 것이다. 왜냐하면 요소의 결합비율을 바꾸면 최적의 생산결합비가 바뀌게 되고 결국 재화의 생산량이 감소할 것이기 때문이다. 따라서 생산함수란 생산 활동에 있어서 기업이 고려해야만 할 기술적인 제약조건을 반영하고 있다고 말할 수 있다.

2. 기업의 사회적 의의

기업이란 자본과 노동이라는 생산요소들을 기업이 가진 기술로 결합하여 제품을 시장에 생산·판매하는 역할을 수행한다. 따라서 자본주의 경제에서 기업이 차지하는 위상은 매우 크며, 또한 생산자이자 소비자로서 한 나라의 경제를 좌우하는 중요한 역할을 떠맡고 있다. 따라서 현대 기업들은 외형상으로는 사기업에 속하지만 규모가 커질수록 사실상 국민의 기업이라는 점도 있기 때문에 기업가의 사회에 대한 윤리와 책임이 강조되고 있다. 따라서 기업가는 국민적인 지원을 바탕으로 기업을 건전하게 육성시켜 나가야 할 필요가 있다.

이러한 사회적 책임과 의미 속에서 기업의 본질(목적)은 영리를 추구(이윤을 극대화하는 것)하는 것이다. 따라서 우리들이 말하는 기업의 공익적인 역할이나 구성원을 위한 복지 증진은 바람직한 기업의 지향점이기는 하나 본질적인 목표는 될 수 없다. 왜냐하면 기업이 생존(이윤 창출)할 수 있을 때만이 공익적 활동이나 복지 증진도 가능하기 때문이다. 또한 기업은 시장에서 자본과 노동을 기술력으로 결합하여 제품을 생산·판매하는 과정의 본질은 이윤을 극대화하는 것이다. 또한 기업이 이윤 추구를 하는 과정에서 불법 행위가 발생할 수도 있다. 그러나 기업의 불법 행위 그 자체가 법적으로 잘못된 것이지 이윤 추구의 동기 자체가 문제가 있는 것은 아니다. 예를 들어 도둑질 '행위'에 대해 비판은 가능하지만 먹어야겠다는 '욕망'을 비판할 수 없기 때문이다.

민간 기업이라 하더라도 국민 기업의 성격을 가지고 있기 때문에 기업가들은 근면 성실해야 하며, 스스로 절제할 줄 알아야 한다. 특히 1997년 이전의 경우 대부분의 우리나라 대기업들이 특혜 금융이나 문어발식 확장 등과 같은 정경유착을 통해 성장한 측면이 있기 때문에 기업의 사회적 그리고 윤리적인 책무를 져버리는 행동을 또다시 한다면 국민들의 비난은 더 거세질 것이다. 과거 일부 대기업이 고가 사치품의 무분별한 수입에 앞장서거나, 과소비를 조장하여 국민에게 위화감을 불러일으킨 경우도 있었다. 또한 일부 대기업이 생산 활동에 주력하기보다는 부동산 투기 등과 같은 자산증식에 몰두하거나, 시장 질서를 교란

하거나 무시하는 불공정 거래행위 등을 계속한다면 기업가에 대한 사회적 비난과 마찰은 지속될 것이다.

이러한 측면에서 건전한 자본주의사회 육성을 위해 기업의 지나친 탐욕을 규제할 법적, 제도적 장치가 필요하다. 실제로 각국의 정부는 독점금지법이나 공정거래법과 같은 여러 제도가 시행되고 있다. 그러나 자본주의사회에서 기업을 지나치게 규제할 경우 기업가들이 투자의 의욕을 상실함으로써 경제성장의 저해요인이 된다는 것도 알아야 한다. 기업가들의 창의 정신과 노력, 그리고 근면함과 탐욕스러움이 한데 어우러져 자본주의경제의 효율성을 높임으로써 경제성장을 주도한다는 사실을 잊어서는 안 된다. 따라서 정부와 사회는 기업의 활동에 대해 공정한 시장 질서를 확립한 후 지나치게 부도덕한 행위를 하는 기업에 대해서는 법적 책임을 엄하게 묻는 대신에 자본주의 시장경제의 활성화를 위해서 기업에 대한 지나친 간섭과 규제는 배제해야 한다.

3. 기업조직의 유형

기업의 조직을 유형별로 분류할 때 크게 개인회사, 합명회사, 주식회사의 세 가지 형태로 구분할 수 있다. 이들 세 가지 유형의 기업들은 경영방식이나 경영에 대한 책임 등에 있어서 각기 서로 다른 특징을 갖고 있으며 나름대로 장점과 단점을 갖고 있다. 각 기업의 형태 및 특징에 대해 알아보자.

개인회사란 어느 한 사람이 소유하는 기업을 말한다. 현재 우리나라에서 운영 중인 수많은 소규모 기업들이 대부분 개인회사에 속한다고 볼 수 있다. 개인회사의 가장 큰 첫 번째 단점은 사주(社主: owner) 자신이 직접 필요로 하는 사람들을 고용하고, 이익과 손실이 모두 자신에게 귀속된다는 것이다. 따라서 회사운영으로부터 발생하는 부채에 대해 자기의 자산 전부를 처분해서라도 무한책임을 져야 한다. 두 번째는 개인 회사는 필요한 투자나 자본조달 등에 있어서 한계가 있다. 즉, 자금을 대규모로 조달하기가 어렵다. 현대자동차나 포항제철처럼 대규모의 회사를 설립할 수는 없다. 따라서 개인회사는 소규모 기업의 범주를 벗어나기가 어렵다. 대부분의 사업 자금이 개인 및 친인척, 그리고 주변 지인에 의해 조달되는 것이 일반적이다.

이 같은 단점에도 불구하고 수많은 개인회사들이 존재하는 이유는 몇 가지 장점들을 갖고 있기 때문이다. 첫째, 설립비용이 저렴하고 설립절차도 간소하다. 즉, 개인회사는 안정적인 소규모 사업에 적합한 기업형태이며 법인에 비하여 기업을 설립할 때 설립 동기와 같은 번거로운 일이 적으며 사업자등록만으로 사업이 가능하다. 기업주가 할 일은 간판을 내걸고 회사설립 사실을 알리기만 하면 된다. 둘째, 회사의 이윤을 기업주가 모두 독점하며 이익 및 손실 또한 기업주에게 귀속된다. 즉, 회사에서 발생하는 경영 이익의 관리와 배분에 대하여 외부의 간섭과 통제를 받을 필요가 없다. 다시 말해서 개인회사는 사주 혼자서 회사를 완전히 장악하고 통제할 수 있다. 셋째, 사업비가 적게 들며 활동에 있어서 자유롭고 신속한 계획 수립 및 계획 변경 등을 할 수 있어 시장에 대한 접근성이 빠르다.

합명회사란 두 사람 이상이 하나의 기업을 소유하는 형태로서, 동업자들은 일정한 지분을 갖고 있으며 출자지분에 따라 이윤과 손실의 일정액을 받게 된다. 합명회사가 갖는 장점은 개인회사와 마찬가지로 설립비용이 적게 들고 설립절차가 간소하다는 점이다. 그뿐만 아니라 합명회사는 자본을 공동으로 출자함으로써 재원조달이 보다 용이하고, 노하우(Know-How)를 상호 공유함으로써 경영을 보다 전문화할 수 있기 때문에 개인회사가 갖는 약점을 어느 정도 극복할 수도 있다.

그러나 합명회사는 몇 가지 단점을 가지고 있다. 첫째, 기업의 부채에 대하여 무한 책임을 져야 한다. 비록 어떤 동업자의 출자지분이 20%밖에 되지 않는다고 할지라도, 다른 동업자들이 부채를 부담할 능력이 없다면 부채 전액을 혼자서라도 부담해야 한다. 둘째, 기존의 합명회사를 계속 유지하는데 절차상의 복잡한 문제가 발생할 수도 있다. 예를 들어 동업자가 죽거나 지분을 회수해 갈 경우, 혹은 새로운 동업자가 참여할 때마다 새로운 합명회사를 설립해야만 된다. 셋째, 개인회사와 마찬가지로 합명회사도 자금을 대규모로 조달하는 데 한계가 있다.

한편 주식회사(corporation)란 소유와 경영이 분리되어 있으며, 회사가 발행한 주식을 소유하고 있는 주주(shareholder)들로 구성된 회사를 말한다. 주식(stock)이란 주식회사의 소유권을 확인하는 증서로서 현금과 교환이 가능하며 보통 한 주당 한 표의 투표권을 행사할 수 있다. 기업의 전반적인 경영전략을 수립하고 집행하는 경영진들은 주주총회에서 선출되며 이들의 경영정책이 마음에 들지 않을 경우 주식을 팔고 이 회사를 떠날 수도 있다.

주식회사는 개인회사나 합명회사와 다른 몇 가지 장점을 갖고 있다. 첫째, 자금을 대규모로 동원할 수 있다. 그래서 개인회사나 합명회사와 다르게 대규모의 자본이 소요되는 철강이나 자동차와 같은 산업에서도 주식회사는 운영자금을 용이하게 조달할 수 있다. 둘째, 주식회사의 주주들은 회사의 부채에 대해 유한책임만을 진다. 만약 자동차 주식회사의 주주 중의 한 사람이 되고자 한다면 증권시장에서 자동차의 주식을 사기만 하면 된다. 그러나 회사가 파산 시에 주주는 자신의 주식 금액만큼에 대하여(예를 들면 100만원) 손실이 발생할 뿐 그 이상의 책임은 지지 않는다. 셋째, 주식회사는 개인회사나 합명회사와 달리 주주가 바뀌더라도 사라지지 않고 그대로 존속된다는 장점이 있다. 만약 몇몇 주주들이 이 회사를 떠나기를 원한다면 단순히 주식을 팔면 그만이다. 비록 주식의 소유주들이 바뀐다고 할지라도 주식회사는 그대로 존속한다.

한편 주식회사도 몇 가지 단점이 있다. 첫째, 개인회사 및 합명회사와는 달리 대부분의 주주가 기업 경영에 직접 참여할 수 없다. 둘째, 소득에 대한 이중과세가 발생하고 있다. 주식회사는 실현된 이익에 대해 법인세를 부담하고 있는데, 주주들에게 이익금이 배당될 때 주주들은 배당 소득세를 납부한다. 따라서 동일한 이윤소득에 대해 이중과세가 이루어지고 있는 셈이다.

4. 주식회사의 재원조달

주식회사의 투자재원은 크게 두 가지 방법에 의해 조달된다. 하나는 주식이고 다른 하나는 회사채의 발행이 가장 중요하게 취급되고 있다. 주식과 회사채는 기업의 자금조달 창구로서 중요한 역할을 하고 있을 뿐만 아니라, 일반 국민들의 재산증식을 위한 투자수단으로 이용되고 있어 중요하다.

먼저 주식은 특성에 따라 ①보통주와 ②우선주 두 종류로 분류된다. 그리고 ③회사채에 대해 알아보자.

① 보통주란 주식회사의 소유권을 확인하는 증서로서 보통주를 소유하고 있는 사람들이 주식회사의 주주가 된다. 이들은 보유주식 수에 비례해서 이익금을 배당받는다. 물론 배당보다는 주식을 팔아서 얻는 차액이 일반적으로 보다 크게 나타나는데, 이때 발생하는 소득을 자본이득이라고 부른다.

② 우선주란 주식회사의 소유권을 확인하는 특별한 형태의 증서로서 주식에 명기된 금액 이상으로 배당받을 수 없다. 우선주의 소유자를 보호하기 위해 이들에게 이익금의 배당이 먼저 지급된다. 다시 말해 주식에 명기된 대로 기업의 이익금이 우선주의 소유자에게 완전히 지급된 후에야 비로소 보통주를 소유하고 있는 사람들에게 이익금의 배당이 이루어질 수 있다. 따라서 보통주가 우선주보다 위험성이 더 크다고 볼 수 있다. 그러나 주식회사의 이윤이 아무리 크게 발생하더라도 우선주는 주식에 명기된 금액만을 배당받는다는 점에서 우선주는 보통주보다 수익성이 떨어진다는 것을 알 수 있다.

③ 회사채는 주식과 판이한 형태로서 기업의 부채에 해당한다. 주주와는 대조적으로 회사채의 소유자는 회사의 주주가 아니며 채권자로서 이자를 지급받을 뿐 배당을 받지는 못한다. 다시 말해 회사채란 채권의 만기가 도래할 때 원금과 함께 약속된 이자를 지불하겠다는 일종의 지급보증서이며 구매자의 입장에서 보면 청구권을 나타내는 증서라고 말할 수 있다. 그러므로 투자자의 입장에서 볼 때 보통주보다는 우선주가, 회사채가 덜 위험한 투자수단이다.

생산요소와 생산성

1. 생산요소

  기업의 역할은 자본과 노동을 기업이 가지고 있는 기술력으로 결합하여 제품을 시장에 생산·판매하는 주체이다. 이러한 생산 활동은 기본적으로 기업의 이윤극대화를 목적으로 하고 있다. 즉, 합리적인 기업은 재화의 생산·판매를 통해 이윤을 극대화하는 것이다. 따라서 기업은 이윤극대화를 위해 자연스럽게 두 개의 최적화 문제에 직면한다. 첫째, 기업은 이윤극대화를 위해 현재의 생산량을 어느 수준에서 결정하고 유지해야 하는지에 대한 문제에 직면할 수도 있다. 둘째, 기업은 자본과 노동과 같은 생산요소를 어떤 시기에 얼마만큼 더 많이 투입할 것인가라는 문제에 직면하기도 한다. 따라서 어떤 기업이 이윤극대화를 위해 생산요소의 투입방식과 생산량에 대하여 합리적인 의사결정을 내렸다면 우리는 생산요소의 최적투입량을 선택하는 과정을 알아야 한다.

  생산자가 재화와 서비스의 생산을 위해 투입하는 요소는 '투입물'과 '생산요소'로 구분된다. 원재료의 개념인 '투입물'은 상품의 생산과정에서 변형되거나 소모되는데 반해 '생산요소'는 재사용과 다른 상품 생산으로의 전용이 가능하다. 따라서 여기서 말하는 생산요소란 기업이 생산활동 과정에서 사용되는 요소로서 모든 생산요소는 크게 고정요소와 가변요소로 구분된다. 고정요소란 단기간에 요소의 투입량에 변화를 줄 수 없는 것으로서 건물이나 공장설비(기계) 등, 주로 자본이 이에 해당한다. 반면에 가변요소란 단기간에도 요소의 투입량에 변화를 줄 수 있는 것으로서 주로 노동 등을 말한다. 또한 기업이 고정요소의 구입에 지출하는 비용을 고정비용이라 하고, 가변요소의 구입에 지출하는 비용을 가변비용이라고 부른다.

한편 이윤극대화를 위한 생산량 결정을 위해 기업이 생산요소의 투입량을 고정할 것인지 아니면 변화시킬 것인지는 주로 요소의 투입 기간, 즉 장기 및 단기에 의해 설명된다. 투입 기간이 길면 길수록 많은 생산요소의 투입량이 변할 수 있게 된다. 여기서 시간적으로 단기란 기업이 시설 규모나 기계설비 등을 변경시킬 수 없을 정도로 짧은 기간을 말한다. 즉, 단기란 기업의 시설규모나 기계설비 등이 단기적으로 고정되어 있다고 할지라도, 노동이나 원료 등과 같은 다른 자원들의 사용량에 변화를 줌으로써 생산량을 변화시킬 수 있는 기간을 말한다. 반면에 장기란 시설규모나 기계설비, 그리고 노동 등을 포함한 기업이 사용하는 모든 생산요소의 투입량을 충분히 조절할 수 있을 정도로 긴 기간을 말한다.

그러므로 경제학에서 말하는 단기와 장기란 개념적인 분류일 뿐이지 달력에 표시된 것처럼 명시적인 기간을 의미하는 것은 아니다. 단시간에 재봉틀 수십 대를 더 설치할 수도 있는 인형공장의 경우처럼, 경공업분야의 경우 시설 규모의 확대가 매우 짧은 기간 동안에 이루어질 수도 있다. 그러나 자동차나 조선 산업과 같은 중화학공업의 경우에는 시설규모를 늘리기 위해 상대적으로 장기간의 시간이 필요할 것이다. 만약 생산요소로서 자본과 노동 두 종류만 존재한다고 가정하면 건물이나 생산설비 등은 모두 자본에 포함된다. 이 경우 기간의 구분 기준은 자본이 변할 수 없을 정도로 짧은 기간을 단기, 자본이 변할 수 있을 정도로 긴 기간을 장기라고 말할 수 있다.

2. 생산성: 평균생산성과 한계생산성

기업이 단기간에 생산량을 확대하기 위해서는 주어진 생산설비 내에서 가변요소의 투입량을 늘려야 한다. 가변요소의 투입량에 대한 변화 효과는 총생산과 한계생산, 그리고 평균생산의 개념을 이용하여 설명할 수 있다. 총생산(total product)이란 고정요소(자본)의 투입량이 일정하게 주어져 있을 때 가변요소(노동)의 투입 변화에 따라 생산되는 산출물의 총합을 말한다. 따라서 총생산곡선(total product curve)은 자본의 투입량이 일정하게 고정된 상태에서 노동투입량의 변화에 따라 획득할 수 있는 최대의 생산량들을 연결할 때 나타나는 곡선을 말한다. 한편 평균생산성(average product)은 한 기업의 총생산량을 생산요소의 투입량으로 나눈 것으로, 어떤 생산요소가 평균적으로 얼마나 효율적으로 활용되고 있는지를 보여주는 척도이다. 평균생산성은 일반적으로 기업의 생산성 측정에서 많이 사용하는 측정 방법이다. 그리고 한계생산성(marginal product)은 다른 투입요소(예컨대 자본)가 일정할 때 어느 한 생산요소(예컨대 노동)의 투입량을 한 단위 증가시킬 경우 추가적으로 늘어나는 총생산량의 증가분을 의미한다. 평균생산성에 비해 한계생산성은 계산하기가 다소 복잡하여 학술적인 논문에 주로 사용하고 기업에서는 잘 사용하지 않는다. 따라서 계산 수식은,

$$평균생산성 = \frac{총생산량}{생산요소의\ 투입량}$$

$$한계생산성 = \frac{총생산량의\ 증가분}{생산요소의\ 투입량의\ 증가분}$$

예를 들어 보면 [표5-1]은 자본의 투입량이 일정하게 고정되어 있을 때 노동투입량의 변화에 따른 어느 기업의 생산량 변화를 나타낸다. 노동투입량이 0에서부터 증가함에 따라 총생산량도 증가하지만, 노동투입량을 6단위로 늘릴 경우 총생산량은 30단위이며 5단위의 노동을 투입할 때와 동일한 생산량을 산출한다. 노동투입량을 그 이상으로 늘릴 경우 총생산량은 28단위로 오히려 감소하는 것을 알 수 있다.

◐ [표 5-1] 노동투입량과 생산량의 변화

노동투입량	0	1	2	3	4	5	6	7
총생산량	0	10	18	24	28	30	30	28
평균생산성	0	10	9	8	7	6	5	4
한계생산성	-	10	8	6	4	2	0	-2

[그림5-1]은 [표5-1]을 이용하여 도출한 총생산곡선이다. 총생산곡선 위쪽에 놓여 있는 영역은 주어진 현재의 노동과 자본으로는 도달 불가능한 영역이며, 반대로 총생산곡선 아래쪽에 놓여 있는 영역은 기업이 필요 이상으로 노동을 많이 투입함으로써 비효율적인 생산이 이루어진 영역이다. 따라서 총생산곡선상에 놓여 있는 점들만이 기술적으로 효율성이 있다고 말한다.

한편 한계효용의 총합이 총효용과 일치하듯이, 한계생산의 총합도 총생산과 일치한다. 따라서 기업의 총생산량은 한계생산이 0일 때까지 생산하면 최대가 된다. [표5-1]에서 노동의 한계생산은 노동투입량이 5단위와 6단위 사이일 때 0에 도달하기 때문에 이 구간에서 총생산량도 극대화된다. 그리고 이 구간을 지나 노동투입량을 계속 증가시킬 경우 한계생산은 음(-)의 값을 갖기 때문에 총생산량은 오히려 감소하기 시작한다.

[표5-1]에서 다른 생산요소(예컨대 자본)들의 투입량이 일정하게 고정되어 있을 때 노동의 투입량을 한 단위씩 증가시킬 경우 노동의 한계생산은 점차 감소하는 것을 알 수 있다. 그리고 총생산은 한계생산의 총합으로 나타나기 때문에 한계생산이 체감할 경우 총생산의 증가율은 감소하게 된다. 따라서 총생산량을 노동투입량으로 나눈 값인 평균생산도 한계생산이 체감할 경우 감소하는 유사한 특성을 갖게 된다.

[그림 5-1] 총생산곡선

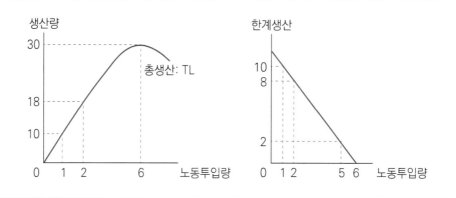

이처럼 어떤 생산요소의 투입량이 증가할수록 한계생산이 점차 감소하는 것을 한계생산체감의 법칙 또는 수확체감의 법칙이라고 부른다. 이 법칙이 적용되는 하나의 예를 들어보자. 어느 소규모 봉제공장이 겨울옷을 생산하는 데 용도가 서로 다른 다섯 종류의 재봉틀을 가동하고 있고, 이를 운영하는 노동자는 단 한 명의 봉제사만이 있다고 가정하자. 이때 나타나는 생산의 비효율성은 크게 두 가지로 나타난다. 첫째로 공간 이용의 비효율성이 나타날 수 있다. 이에 따라 총생산량과 노동자 1인당 생산량인 평균생산이 낮아질 수 있다. 작업 공간의 협소성과 서로 다른 다섯 종류의 재봉틀을 생산 과정에 사용하기 위해서 노동자가 이리 저리 옮겨 다님에 따라 다른 재봉틀은 가동되지 않을 수도 있다. 따라서 생산 공간과 작업 과정에서 경제적인 비효율성이 나타날 수 있다. 둘째로는 분업의 이점을 얻을 수 없게 된다. 일반적으로 겨울옷을 생산하기 위해서는 디자이너, 재단 기술자, 봉제공 등과 같은 여러 종류의 숙련 노동자들이 필요하다. 그러나 한 명의 봉제 기술자가 이들의 모든 일을 혼자서 처리해야 할 경우에 이 기업은 분업으로부터 얻는 이점을 살릴 수 없게 된다.

그러나 노동자를 추가로 고용할 경우 재봉틀을 옮겨 다니는 시간이 그만큼 줄어들 것이고, 노동자 한 사람 한 사람의 기능에 따라 서로 다른 일을 분담함으로써 생산성이 크게 향상될 것이다. 즉, 재봉틀을 놀리지 않고 효율적으로 가동할 수 있는 수준까지 노동투입량을 증가시킬수록 한계생산과 평균생산은 증가하게 될 것이다. 그러나 노동투입량을 계속 증가시킬 경우 총생산량은 늘어나지만 어느 수준을 지나면 한계생산과 평균생산은 점차 감소하게 된다. 왜냐하면 노동투입량을 계속 증가시킬 경우 작업 공간의 제약에 더하여 추가적인 유능한 노동자 투입은 상대적으로 덜 중요한 일에 배치될 때 비효율적인 자원배분 때문에 한계생산과 평균생산도 계속 감소하게 될 것이다. 이처럼 공장의 시설 규모가 일정한 상태에서 노동투입량을 지속적으로 증가시키면 작업 공간이 점차 제한되고 결국 총생산량은 오히려 감소하게 될 것이다. 따라서 한계생산의 총합으로 나타나는 총생산량은 노동의 한계생산이 0이 될 때까지 노동투입량을 증가시킬 때 극대화된다.

3. 생산요소의 최적투입량 선택

기업이 생산요소의 최적투입량을 결정하는데 한계생산체감의 법칙은 중요한 역할을 한다. 이제 이 법칙을 토대로 우리는 생산요소의 최적투입량이 어떻게 결정되는지를 단기와 장기로 구분하여 알아보자. 먼저 단기에는 자본과 같은 고정요소의 투입량이 일정하게 고정되어 있기 때문에 기업의 최적투입량 결정은 노동과 같은 가변요소에 대해서만 이루어진다. 반면에 장기에는 모든 생산요소의 투입량을 변경할 수 있기 때문에 기업의 최적투입량 결정은 생산요소들의 투입 비율을 조정하는 방법으로 이루어진다.

1) 단기적인 선택

단기적으로 기업이 가변요소의 최적투입량을 어떻게 결정하는지를 알아보자. 예를 들어 어느 기업이 스키복을 생산하는 데 생산요소로서 단순히 노동과 자본만이 투입되어 생산되고 있다고 가정한다. 앞서 설명한 것처럼, 단기적으로 자본은 일정하게 고정되어 있기 때문에 기업의 최적투입량 결정은 노동투입량의 조절에 의해 이루어진다. 이제 스키복 생산 결과를 나타내는 [표5-2]를 이용하여 기업의 최적투입량 결정을 설명해 보자. 스키복의 가격은 10만원이며 노동자의 임금은 100만원으로 일정하다고 가정하자.

[표5-2]에서 보면, 노동 투입에 대하여 한계생산이 가장 크게 나타나는 경우는 4번째로서 25단위가 된다. 만약 이 기업이 최적의 노동투입량을 결정하는 과정에서 노동투입량을 3단위로 결정했다면 이 기업은 효율적이고 합리적인 선택을 하지 못했다고 말할 수 있다. 왜냐하면 이 기업이 3단위에서 4단위로 노동을 추가로 투입할 경우 추가되는 비용은 노동자의 임금 100만원이다. 그런데 이 기업이 3단위에서 4단위로 추가적인 노동 투입에 대해 추가적으로 생산되는 방한복(한계생산)이 25단위이기 때문에 한 벌에 10만원에 팔 경우 기업의 추가적인 수입은 250만원이 된다. 추가적인 노동 투입에 대한 추가적인 수입은, 즉 한계생산물 가치는 [표5-2]에서 찾아 볼 수 있다. 그리고 한계생산물 가치는 한계생산에 재화의 가격을 곱한 값과 일치한다. 또한 노동투입량을 3단위에서 4단위로 1단위 증가시킬 경우 이 기업은 150만원(250만원-100만원)의 추가이윤이 발생한다. 이처럼 노동 투입에 따라 추가이윤이 발생하는 한 기업은 노동투입량을 계속 증대시킬 것이다.

여기서 더 나아가 기업이 노동투입량을 추가로 한 단위 더 늘려 5번째 단위를 고용할 경우 기업의 추가이윤은 50(=150-100)만원이 될 것이다. 그러나 기업이 6번째 단위의 노동자를 추가로 고용할 경우 추가비용(한계비용: MC)이 추가수입(한계수입: MR)과 정확히 일치함(MR=MC)으로써 더 이상 추가이윤(0=100-100)은 발생하지 않는다. 즉, 추가적인 노동자 한사람의 투입에 따른 인건비(한계비용) 100만원에 대하여 그 노동자가 생산해 낸 추가수입(한계생산물가치) 100만원이 정확히 같기 때문에 기업의 입장에서는 추가적인 손실도 추가적인 수입 증가도 나타나지 않는다. 따라서 이때 기업의 최적투입량이 자연스럽게 결정되게 된다. 만약 기업이 노동투입량을 한 단위 더 늘려 7번째 단위의 노동자를 고용할 경우 추가이윤은 -50(=50-100)만원이 되기 때문에 임금이

⊕ [표 5-2] 월간 스키복의 한계생산

노동투입량	총생산	한계생산	한계생산물 가치(만원)
0	0	-	-
1	10	8	80
2	25	17	170
3	45	20	200
4	60	25	250
5	85	15	150
6	95	10	100
7	100	5	50
8	100	0	0
9	95	-5	-50

주: 노동의 가격은 100만원, 스키복 가격은 10만원.
   한계생산물 가치=한계생산 × 재화의 가격

100만원인 상태에서 −50만원의 손실이 발생하는 노동 투입은 하지 않을 것이다. 7번째 단위의 노동을 투입할 수 있는 경우 임금이 50만원 이하로 하락할 때만이 추가적인 노동자 고용이 가능할 것이다. 결국 이 기업이 단기적으로 이윤을 극대화할 수 있는 노동투입량은 6단위가 되며, 이때 발생하는 이윤은 총수입에서 총비용을 뺀 값인 350만원이 된다.

$$총수입 : 950(= 95 \times 10)만원$$
$$총비용 : 600(= 6 \times 100)만원$$
$$총이윤 : 350(= 950 - 600)만원$$

결론적으로 기업의 입장에서 보면 어떤 생산요소의 한계생산물 가치(한계수입)가 생산요소의 가격(한계비용)보다 크게 나타나면 기업은 생산요소의 투입량을 증가시키려고 하고, 반대로 생산요소의 한계생산물 가치(한계수입)가 생산요소의 가격(한계비용)보다 작게 나타나면 노동투입량을 감소시키려고 한다. 따라서 기업의 입장에서 생산요소의 최적투입량 선택은 생산요소의 한계생산물 가치(한계수입)가 생산요소의 가격(한계비용)과 일치할 때 달성될 수 있다.

2) 장기적인 선택

이제 장기적인 관점에서 기업의 이윤극대화를 생각해 보자. 먼저 기업은 생산을 위해 자본과 노동이라는 생산요소만을 생산 과정에 투입한다고 가정하자. 그리고 단기적으로는 자본이 고정되어 있기 때문에 기업의 이윤극대화 방법은 오직 노동투입량의 조정을 통해서만이 가능하다. 그러나 장기적으로는 자본투입량도 변할 수 있기 때문에 기업이 이윤극대화를 실현하기 위해서는 자본과 노동의 투입량을 최적 비율로 결합하는 방법을 선택해야 한다.

기업의 이윤극대화 원리에 대한 분석은 두 가지 방법으로 이루어진다. 첫째는 기업이 한정된 비용으로 생산량을 어떻게 하면 최대로 늘릴 수 있는가 하는 생산량 극대화의 방법이다. 둘째는 일정 생산량을 어떻게 하면 최소비용으로 생산할 것인가 하는 비용절감의 문제이다. 그러나 이 두 가지의 서로 다른 접근방법은 기업의 이윤극대화 원리를 설명하는 데 본질적인 차이는 없다. 왜냐하면 이윤이란 총수입에서 총비용을 제외한 값을 의미하는데, 이윤극대화를 위한 생산량 극대화의 방법은 총비용이 일정한 상태에서 총수입을 극대화하는 방법이며, 비용최소화의 방법은 총수입을 일정하게 유지한 상태에서 총비용을 극소화하는 방법이기 때문이다.

앞서 소비자 행동이론에서 총효용을 극대화시키는 위한 소비자의 선택은 화폐 한 단위당 한계효용이 재화들 사이에 일치하도록 소비량을 결정하는 것이라고 했다. 마찬가지로 이윤 극대화를 위한 기업의 생산 방법은 화폐 한 단위당 한계생산이 생산요소들 사이에 일치하도록 생산요소들의 투입량을 결정해야 하는데, 우리는 이를 한계생산균등의 법칙이라고 말한다. 한계생산균등의 법칙을 수학적인 표현으로 간단히 정의하면 다음과 같다.

$$\frac{\text{노동의 한계생산}}{\text{노동의 가격}} = \frac{\text{자본의 한계생산}}{\text{자본의 가격}} \Rightarrow \text{이윤극대화}$$

[표5-3]은 노동과 자본의 가격이 각각 40만원과 20만원이며 화폐 한 단위는 만원을 기준으로 하여 만든 가상적인 도표이다. 기업이 이윤극대화를 위한 방법으로는 생산량 극대화와 비용최소화가 있다. 여기서 우리는 비용최소화를 선택하기로 하자. 비용최소화를 실현하기 위하여 기업은 한계생산균등의 법칙을 사용해야 하는데, [표5-3]을 이용하여 보다 자세하게 설명하기로 하자.

➕ [표 5-3] 생산요소의 최적투입량 선택

생산요소의 결합		한계생산		화폐 한 단위당 한계생산		총비용 (만원)
노동	자본	노동	자본	노동	자본	
1	7	100	20	100/40	20/20	180
2	4	80	40	80/40	40/20	160
3	3	60	60	60/40	60/20	180
4	2	40	100	40/40	100/20	200

주: 화폐 한 단위당 만원, 노동의 가격은 40만원, 자본의 가격은 20만원.
　　화폐 한 단위당 한계생산=한계생산/생산요소의 가격
　　총비용=(노동투입량 × 노동 가격)+(자본투입량 × 자본의 가격)

이 표에서 첫째로 노동과 자본의 한계생산은 생산요소의 투입량의 증가에 따라 각각 체감하고 있다는 것을 알 수 있다. 둘째로 생산요소의 결합 비율을 달리해도 동일한 생산량이 나타난다. 즉, 노동 1단위와 자본 7단위를 투입하든지, 아니면 노동 3단위와 자본 3단위를 투입하든지 산출되는 생산량은 서로 같다는 것을 의미한다. 결론적으로 노동과 자본의 결합 비율들이 다르더라도 동일한 생산량이 나타나기 때문에 총비용을 최소화시키는 결합방식이 기업의 이윤을 극대화시키는 생산요소의 최적투입량이 된다. 이 같은 사실을 [표5-3]에서 생산요소의 결합 방식에서 나타난 총비용으로 비교해 보면 노동 2단위와 자본 4단위를 투입할 때 총비용이 $160[=(2\times40)+(4\times20)]$만원으로 가장 적게 든다.

만약 화폐 한 단위당 노동의 한계생산이 화폐 한 단위당 자본의 한계생산보다 크다고 가정할 때 이 기업은 비용을 증가시키지 않고도 생산량을 늘릴 수 있을 것이다. 예를 들어, 화폐 한 단위당 노동의 한계생산은 2단위이고 화폐 한 단위당 자본의 한계생산은 1단위라고 가정할 때 기업이 자본 1단위를 노동 1단위로 대체한다면 기업은 비용을 증가시키지 않고도 생산량을 1단위 더 증가시킬 수 있게 된다. 이처럼 어떤 기업이 비용을 증가시키지 않고 생산요소의 대체 과정을 통해서 생산량을 늘릴 수 있다면, 이 기업이 동일한 생산량을 유지할 경우 비용을 감소시킬 수 있다는 것을 의미하게 된다. 이 같은 논리는 기업이 노동의 일부를 자본으로 대체할 때도, 즉 비용을 증가시키지 않고도 생산량을 늘릴 수 있다는 것에도 적용된다.

유의할 점은 기업이 이윤극대화를 위해서 비용을 최소화해야 하지만 비용의 최소화가 달성되었다고 해서 반드시 이윤극대화가 이루어지는 것은 아니다. 왜냐하면 주어진 생산량을 최소 비용으로 생산하였다 하더라도 그 생산량 자체가 최소 비용에 의한 최적의 생산량(생산량 증가)이 아니라면 이윤극대화는 달성되지 못하기 때문이다. 즉, 비용최소화는 이윤극대화의 필요조건일 뿐 충분조건은 아니라는 점이다.

기업의 비용과 생산

1. 경제학적 의미의 비용

경제학에서는 비용을 경제학적 비용과 회계학적 비용(장부상의 비용)으로 구분하여 사용한다. 경제학적 비용과 회계학 비용의 정의는 어떻게 다른지를 살펴보자.

가령 어떤 A라는 사람이 전자회사로부터 300만원의 월급을 받다가 이 회사를 그만두고 받은 퇴직금 5천만원과 은행으로부터의 차입금 3천만원을 투자하여 컴퓨터 대리점을 운영하였다고 가정하자. 이때 이 대리점의 월간 경영실적을 회계학적 비용을 기준으로 월간 총수입은 1,000만원이고 총비용이 700만원이라고 한다면, 회계학적 기준(장부상의 이윤)으로 300만원의 이윤이 발생하고 있다. 따라서 이 컴퓨터 대리점의 경영 상태는 양호한 것으로는 평가될 수 있다.

그러나 다른 측면에서 생각해 보면 A라는 사람이 직접 지불은 하지 않았지만 비용 속에 포함되어야 할 항목들이 빠져있다. 첫째, A가 대리점을 운영을 위해 직접 지불해야 하는 비용 속에 자신이 받아야 할 임금이 포함되어 있지 않다. 즉, A가 대리점을 운영하기 전에 다른 회사로부터 받을 수 있는 월급이 300만원이라면 이 금액만큼 A의 월급(즉, 운영비용으로)에 계상되어 비용으로 처리되어야 한다. A의 지갑에서 실제로 빠져나가는 금액이 아니기 때문에 명시적 비용(장부상의 비용) 속에는 포함되지 않았다.

둘째, 대리점을 운영하기 위해 은행에서 3천만원을 빌리는데 연이자율이 10%라고 한다면 3천만원의 차입금에 대한 월이자 비용인 25만원은 명시적 비용에 포함되어 있으나(즉, 700만원의 비용), 퇴직금 5천만원을 투자함으로써 발생하는 비용은 명시적 비용(장부상의 운영비용) 속에 포함되어 있지 않다. 즉, A는 대리점을 운영하지 않고 퇴직금 5천만원을 연 10%로 은행에 예금했을 때 은행에서 받을 수 있었던 월 417,000원도 명시적 비용에서 누락되었다. 그러므로 명시적 비용 속에는 포함되어 있지 않더라도 퇴직금 5천만원으로 발생할 수 있는 수익을 포기한 417,000원도 비용으로 처리해야 한다.

2. 기회비용

한편 퇴직금 5천만원을 컴퓨터 대리점에 투자하지 않고 예금이나 주식투자와 같은 다른 사업에 투자할 때, 즉 대체투자로부터 발생하는 이윤을 정상이윤 또는 경제적 이윤(economic profit)이라고 부른다. 경제적 이윤(economic profit)이란 기업의 장부상의 순이익에서 기업의 투자자, 즉 주주들에게 투자에 합당한 보상을 지급하고 남은 금액을 의미한다. 여기에서 주주들에 대한 합당한 보상이란 주식 배당금을 의미하는 것이 아니고, 주주들이 이 회사에 투자하지 않고 다른 곳에 투자하였다면 얻을 수 있었던 보상, 즉 이 기업의 주식을 소유함으로 인해 포기해야 하는 보상인 기회비용(opportunity cost)을 의미하는 것이다.

다시 말해 어떤 기업이 생산활동을 계속하고 있다는 것은 현재의 생산으로부터 발생하는 이윤이 대체투자로부터 예상되는 이윤보다 최소한 작지 않거나 크다는 것을 의미한다. 그러므로 대리점 주인인 A자신에게 지불되어야 할 임금과 대리점 운영에 투입된 퇴직금 5천만원을 은행에 예금했을 때 발생할 수 있었던 이자소득이나 주식투자와 같은 대체투자로부터 발생할 수 있었던 경제적 이윤을 비용에 포함해야 한다. 이러한 비용들은 A가 대리점 운영을 위해 직접 지출되는 비용이 아니라는 점에서 암묵적 비용이라고도 하고, 또한 대리점을 운영하기 위해 포기할 수밖에 없었던 소득으로부터 발생하는 비용이라는 점에서 기회비용이라고도 부른다.

결과적으로 A라는 사람이 대리점을 운영하기 위한 총비용은 10,417,000원 (일반경비 700만원＋전자회사 월급 300만원＋5천만원 이자소득 417,000원)이며 총수입은 1,000만원이기 때문에, A라는 사람은 전자회사를 그만두고 대리점을 운영하면서 오히려 매월 417,000원의 적자를 보고 있다. 결론적으로 경제학적 비용은 회계학적 비용뿐만 아니라 암묵적 비용(기회비용)도 포함하고 있으며, 경제학 전반에 걸쳐 사용되는 비용은 경제학적 비용을 의미한다. 물론 앞으로 도출하게 될 각종 비용곡선들도 경제학적 비용을 기준으로 하고 있다. 참고로 기회비용의 일관된 기준이 없기 때문에 일반적으로 은행 금리를 사용한다.

3. 생산비용과 수입

1) 총비용(TC)

총비용(total cost: TC)이란 기업이 생산과정에서 사용하는 생산요소들로부터 발생하는 비용의 총합을 말한다. 구체적으로 총비용은 고정투입에 대한 비용과 가변투입에 관련된 비용의 합계이다. 기업은 생산요소를 가지고 지속적인 생산 활동을 하는데 이때 특징은 생산량이 늘어날수록 기업의 총비용은 증가한다. 그러나 기업이 생산 활동을 시작하기 전이라도 비용은 발생한다. 예를 들면 차입금에 대한 이자비용이라든지 생산설비의 감가상각비 등과 같은 요소들은 생산량과 관계없이 비용으로 발생한다. 이처럼 생산량과 관계없이 발생하는 비용을 고정비용(fixed cost: FC)이라고 부른다. 다시 말해서, 고정투입량은 일정기간 변하지 않기 때문에 고정비용은 기업의 생산규모가 어떻게 변하든지 간에 변하지 않는 특징이 있다.

한편 고정비용과는 별개로 기업이 생산을 시작하면서 또 다른 비용들이 발생하는데, 이러한 비용들은 생산량의 증가와 더불어 점점 늘어나는 특징이 있다. 그러나 생산을 하지 않는 경우에 가변요소의 투입은 중단되고, 따라서 가변비용은 소멸된다. 예를 들면 노동과 원료의 투입으로부터 발생하는 비용은 생산이 늘어날수록 더욱더 증가한다. 이처럼 고정비용에 더하여 생산량의 증가와 함께 발생하는 투입요소들의 비용을 가변비용(variable cost: VC)이라고 부른다. 따라서 생산활동으로부터 발생하는 기업의 총비용은 고정비용과 가변비용의 합으로 나타난다. 즉,

$$총비용(TC) = 고정비용(FC) + 가변비용(VC)$$

일반적으로 초기 고정비용이 매우 높은 자동차산업, 조선산업, 철강산업 등과 같은 중화학공업은 개발도상국의 경우 국가주도로 이루어지기도 한다. 왜냐하면, 이러한 산업들은 대체로 토지조성비나 생산설비 등과 같은 고정비용이 매우 크기 때문이다. 따라서 재화에 대한 시장의 변화(수요변동)가 발생했을 때 중소기업에 비해 고정비용이 크게 나타나는 대기업의 생산량 조절능력이 떨어진다고 볼 수 있다.

이제 기업이 생산 활동을 하는 데 오직 노동과 자본이라는 두 종류의 생산요소만을 투입한다고 가정하자. 이때 단기적으로 노동은 가변비용에 해당하며 자

⊕ [표 5-4] 단기비용

생산량	고정비용	가변비용	총비용	한계비용	평균비용
1	100	–	100	–	–
2	100	60	160	60	80
3	100	100	200	40	66.7
4	100	160	260	60	65
5	100	250	350	90	70
6	100	362	462	112	77
7	100	481	581	119	83

본은 고정비용에 속한다. 그리고 장기에는 모든 비용이 가변비용에 속하며 고정비용은 존재하지 않는다. 왜냐하면 장기적으로는 기업이 노동뿐만 아니라 시설규모 등과 같은 자본의 투입량도 변화시킬 수 있기 때문이다. 여기서는 자본의 투입량을 일정하게 고정시켜 놓고 노동 투입량만을 변화시키는 단기비용에 대해 알아보기로 하자.

[표5－4]는 어느 기업의 단기비용들을 나타내고 있다. 이 표에서 우리는 두 가지 특징을 발견할 수 있다. 첫째, 생산량이 0일 때 가변비용도 0이지만 생산량의 변화와 관계없이 발생하는 감가상각비나 임대료 등과 같은 고정비용은 100이다. 따라서 생산량이 0일 때 가변비용과 고정비용의 총합으로 나타나는 총비용은 100이다. 둘째, 1에서 7단위로 생산량이 점차 증가함에 따라 총비용도 증가한다. 왜냐하면 생산량 증가에 따라 원료비, 재료비, 인건비 등과 같은 가변비용이 발생하기 시작하기 때문이다. 따라서 [표5－4]에서 보면 생산량과 관계없이 일정하게 발생하는 고정비용은 100으로 고정되어 있다.

2) 한계비용(MC)과 평균비용(AC)

한계비용(marginal cost: MC)이란 생산량을 한 단위씩 증가시킬 때 추가적으로 늘어나는 비용을 말한다. 즉, 생산물을 한 단위씩 증가시켜 가면서 발생하는 총비용의 증가분을 말한다. 한계비용의 수식은 아래와 같다.

$$한계비용 = \frac{총비용의 증가분}{생산량의 증가분}$$

그리고 한계비용(MC)의 특징은 처음에는 감소하다가 생산량이 증가함에 따라 상승하게 된다([그림5－3]). 그 이유는 자본을 일정하게 고정해 놓고 노동 투입량을 한 단위씩 증가시킬 경우 노동의 한계생산이 처음에는 체증하다가 점차 체감하기 때문이다. 한편 생산량의 증가분이란 바로 한계생산을 의미한다. 따라서 한계생산이 체증할 경우 한계비용은 체감하며 한계생산이 체감할 경우 한계

비용은 체증하게 된다. 즉,

$$총 생산액의 증가분(매출액) = \frac{한계수익 감소}{한계비용 증가} = \frac{한계수익 증가}{한계비용 감소}$$

다시 말해서 한계생산이 체감한다는 것은 한계수확이 체감한다는 것으로 이는 똑같은 양의 생산요소를 투입하여도 산출물의 양은 점점 줄어든다는 의미이다. 따라서 한계수확체감의 법칙을 반대로 해석하면 생산량이 늘어남에 따라 똑같은 생산물 하나를 추가적으로 더 만드는 데 소요되는 생산요소는 더욱 증가하여 한계비용은 더욱 증가한다는 것이다. 예를 들자면,

예1) 4(산출물)/1(생산요소)(1) ⇨ 3/1(2) ⇨ 2/1(3) ⇨ 1/1(4)

예2) 1/4(0.25) ⇨ 1/3(0.5) ⇨ 1/2(0.75) ⇨ 1/1(1)

따라서 산출물 4단위(1단위로 환산)를 일정하게 생산하기 위해선 1/4만큼, 2/4, 3/4만큼의 추가적인 노동투입이 필수적이게 된다(MR을 뒤집은 MC의 기울기).

[그림 5-2] 한계비용곡선의 도출

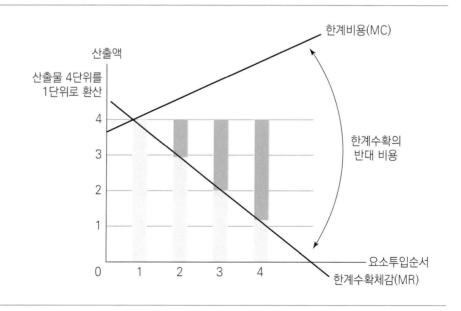

[표5-4]에서 보면 한계비용은 생산량이 3단위가 될 때까지는 체감하다가 4단위부터 다시 체증하기 시작한다. 총생산은 한계생산의 합계와 일치하는데, 표에서와 같이 총비용이 한계비용의 합계와 일치하지 않는 이유는 총비용 속에 생산량의 변화와 관계없이 일정하게 발생하는 고정비용이 포함되어 있기 때문이다. 따라서 한계비용의 합계는 총비용에서 고정비용을 제외한 값인 가변비용과 일치한다.

또한 평균비용(average cost: AC)은 재화 한 단위당 생산비로서 총비용을 생산량으로 나눈 값과 일치한다. 그리고 평균비용은 평균고정비용과 평균가변비용의 합으로 나타난다. 평균비용의 수식은 아래와 같다.

$$평균비용 = \frac{총비용}{생산량} = \frac{(고정비용 + 가변비용)}{생산량} = 평균고정비용 + 평균가변비용$$

한편 [표5-4]를 이용하여 [그림5-3]의 한계비용곡선과 평균비용곡선을 도출할 수 있다. [표5-4]에서 보듯이, 한계비용곡선 MC는 생산량이 3단위일 때 최저점을 지나며 생산량이 증가하면서 우상향하는 형태를 보인다. 평균비용곡선 AC는 생산량이 4단위일 때 최저점인 65를 지나면 U자형의 모습을 보인다. 한편 생산량이 3단위일 때 한계비용은 40으로 곡선상의 최저점에 이르지만, 평균비용은 66.7로서 평균비용곡선은 한계비용곡선보다 높게 위치한다. 그러나 한계비용곡선이 최저점을 통과한 후 다시 한계비용이 증가하여 점 A(65)에 다다르면 이때 평균비용곡선은 최저점에 도달하여 한계비용곡선을 위에서 아래로 통과하게 된다. 즉, 한계비용곡선 MC는 평균비용곡선 AC의 최저점 A를 통과하며, 점 A의 왼쪽 구간에서는 평균비용이 한계비용보다 높고 오른쪽 구간에서는 한계비용이 평균비용보다 높다. 다시 말해서 공장 및 시설 등과 같이 어떤 고정투입이 존재하는 단기의 상황에서는 가변투입량이 감소하고, 생산량도 적은 A의 영역(그림5-3)은 수확체증이 작용한다. 이 경우 생산량의 증가와 더불어 비용상승의 속도는 완만하기 때문에 평균비용이나 한계비용은 하락하는 경향이 있다.

그러나 생산규모가 확대됨에 따라 고정요소가 생산활동에 병목을 유발하여,

가변투입의 생산성은 하락한다. 즉, 수확체감의 법칙이 작용하여 비용의 상승은 커지게 된다. 그 결과 한계비용은 상승으로 전환된다.

[그림 5-3] 한계비용곡선과 평균비용곡선

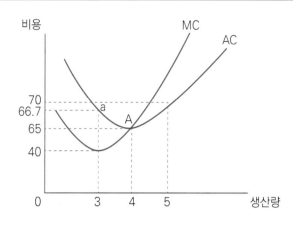

한계비용과 평균비용의 관계를 야구의 타율이라는 개념을 이용하면 이해하기 쉬울 것 같다. 예를 들어 어떤 프로야구단의 유명선수가 20게임에 출전하는 동안 100타수 30안타를 기록하고 있다고 가정하자. 이 선수의 타율은 3할(성공률 30%)이 된다. 이번에는 이 선수가 21번째 게임에 출전하여 5타수 1안타를 기록했다고 가정하면 1게임의 타율은 20%이다. 즉, 21번째의 타율이 20%로 저조하여 21번째의 게임은 통산(전체) 105(100＋5)타수에 안타는 31(30＋1)개로 통산 타율은 2할 9푼 5리(31/105)가 된다. 즉, 야구 방망이를 100번 휘둘러서 성공적인 안타는 29.5%라는 이야기가 된다. 그러나 만약 이 선수가 21번째 게임에서 5타수 4안타를 기록했다면 1게임의 추가 출전 타율은 80%이다. 21게임은 통산 105타수 34(30＋4)안타가 되며 통산 타율로 계산하면 3할 2푼 4리(34/105)가 된다. 즉, 야구 방망이를 100번 휘둘러서 성공적인 안타는 32.4%라는 이야기가 된다. 이 선수의 통산 타율(105 타율)은 경제적인 용어로 평균의 개념(30%)에 해당하며, 한 게임 더 출전(21번째 게임)하여 추가시키는 타율

(20% 혹은 80%)은 한계의 개념에 해당한다고 볼 수 있다. 즉, 한 게임 더 출전하여 한계 타율이 그때까지의 평균 타율보다 높으면 평균 타율도 높아지고 한계 타율이 낮으면 평균 타율도 낮아진다.

이제 야구의 한계 타율과 평균 타율의 개념을 이용하여 [그림5-3]을 설명해 보면, 한계비용이 평균비용의 최저점을 통과하는 점 A의 왼쪽에서는 한계비용이 평균비용보다 낮다. 따라서 이 구간에는 한계비용이 평균비용보다 낮아서 평균비용을 감소시켜 평균비용곡선이 우하향하는 형태로 나타난다. 반대로 점 A의 오른쪽에서는 한계비용이 평균비용보다 높게 나타난다. 따라서 이 구간에서는 한계비용이 평균비용을 증가시켜 평균비용곡선이 우상향하는 형태로 나타난다. 결국 점 A의 왼쪽에서는 평균비용곡선은 우하향하고 오른쪽 구간에서는 우상향하기 때문에 점 A가 최저점이 될 수밖에 없다.

생산자에게 있어서 평균비용과 한계비용의 개념은 중요하다. 왜냐하면 평균비용이란 생산량 한 단위당의 생산비를 의미하기 때문에 기업이 초과이윤을 발생시키기 위해서는 재화의 가격이 최소한 평균비용보다는 높은 수준에서 결정되어야 한다. 또한 한계비용은 재화 한 단위를 추가로 생산할 때 발생하는 비용이기 때문에 이윤극대화를 위한 기업의 생산량은 재화 한 단위를 추가로 생산함으로써 얻어지는 한계수입과 일치하는 점에서 결정되기 때문이다.

3) 한계수입(MR)

한편 한계수입(Marginal revenue: MR)이란 기업의 총수입 변화분을 산출량 변화분으로 나눈 값이다. 즉, 한계수입(MR)은 산출량의 증가에 대해 단위당 수입이 얼마나 늘어나는가를 알려준다.

[표5-5]에서 생산은 항상 1단위씩만 변하므로 우리는 한계수입의 척도로서 총수입(TR)만을 사용할 수 있다. 예를 들어 생산이 2단위에서 3단위로 바뀔 때 총수입은 180에서 240으로 증가한다. 이러한 생산변화에서 한계수입(MR)은 60이다. 통상적으로 한계치(Marginals)는 서로 다른 산출량 수준 사이에 놓이는데 그것은 한 수준에서 다른 수준으로 생산이 변함에 따라 발생하기 때문이다.

여기서 한계수입(MR)에 관해 주의해야 할 두 가지 사항이 있다. 첫째, MR이 양일 때 산출량의 증가는 총수입의 증가를 가져온다. 표에서 MR은 0에서 6단위로 생산이 증가하는 모든 구간에서 양이다. 반대로 MR이 음일 때 산출량의 증가는 총수입의 감소를 가져오는데 [표5-5]에서 보면 7단위 이상의 생산에서 그런 현상이 나타난다.

⊕ [표 5-5] MR과 AR의 관계

생산량 (Q)	가격 (P)	총수입 (TR)	한계수입 (MR)	평균수입 (AR)	한계비용 (MC)
1	100	100	100	100	–
2	90	180	80	90	60
3	80	240	60	80	40
4	70	280	40	70	60
5	60	300	20	60	90
6	50	300	0	50	112
7	40	280	-20	40	119

주: 생산량이 증가할수록 수요법칙에 따라 가격은 하락.

한계수입(MR)에 관해 주의해야 할 두 번째 것은 생산이 증가할 때마다 한계수입(MR)은 새로운 산출량 수준에서 기업이 설정한 가격보다 더 작다는 것이다. 예를 들어 산출량이 2단위에서 3단위로 증가할 때 기업이 설령 세 번째 단위를 80원의 가격에 판매한다 하더라도, 기업의 총수입은 60만큼만 증가한다. 그 이유는 기업이 더 많은 제품을 팔기 위해서는 가격을 낮추어야 한다는 수요곡선에서 그 해답을 찾을 수 있다. 즉, 산출량을 2단위에서 3단위로 증가시킬 때, 기업은 제품가격을 90원에서 80원으로 낮추어야만 한다. 게다가 새로운 가격인 80원은 기업이 판매하는 모든 단위에 적용된다.

따라서 [표5-5]에서 보듯이 2번째 재화를 90원에 팔기 위해서는 1번째 재화 100원의 가격을 90원으로 10원 인하하여 판매해야 하고, 그때 한계수입(MR)은 80(90 − 10)이 되고, 3번째 가격은 80원으로 1번째 및 2번째 재화를 각각 추가로 10원씩 인하하면 한계수입(MR)은 60(80 − 20)이 된다. 이것은 기업이 세 번째 제품을 판매함으로써 추가적으로 60원만큼의 이득을 얻는다는 것을 의미한다. 그러나 또한 기업은 제품을 추가적으로 판매했을 두 단위의 산출량 각각에 10원씩 더 낮은 가격을 받음으로써 20원에 해당하는 손실을 본다. 즉, 기업이 우하향 기울기의 수요곡선에 직면할 때, 추가로 생산된 재화에 대하여 보다 낮은 새로운 가격으로 판매함으로써 얻어지는 수입이득(revenue gain)과 이전에 생산된 모든 산출량 단위에 대해 더 낮은 판매가격을 부과함으로써 발생하는 수입손실(revenue loss)이 발생한다.

결국 한계수입(MR)이 우하향하는 이유는 수요법칙에 의해 한계수입(MR)이 감소하기 때문이다. 즉, 생산량이 증가할 때 한계수입(MR)이 감소하는 다른 설명은 수요법칙에 의해 가격이 상승할수록 구매량은 감소하고, 가격이 하락할수록 구매량은 늘어나기 때문이다. 이를 바꾸어 생각하면 구매량이 늘어날수록 가격이 하락함을 의미하기 때문에 가격이 하락하면 결국 평균수입(AR) 및 한계수입(MR)도 하락할 수밖에 없다는 것을 의미한다. 따라서 구매량에 의해 가격이 결정되면, 그 가격(P)이란 생산자 입장에선 정해진 양을 판매할 때 받을 수 있는 개당 가격(P)인 평균수입(average revenue: AR)이 되고 이것은 결국 가격(P) = 평균수입(AR)이 성립되게 된다. 또한 평균수입(AR)이 감소하기 위해서는 한계수입(MR)이 평균수익(AR)보다 빨리 감소해야 한다. 이러한 관계를 수식에 의해 설명해 보면,

$$한계수입(MR) = \frac{\triangle TR(총수익의\ 변화량)}{\triangle Q(총생산량의\ 변화량)},\ 즉$$

$$MR = \frac{\triangle TR}{\triangle Q}에서$$

$$\triangle TR = 가격(P) \times 생산변화량(\triangle Q)임으로$$

$$MR = \frac{P \times \triangle Q}{\triangle Q}$$

위의 $\triangle Q$를 삭제하면 가격 P만 남고, 결국 MR＝P, 즉 MR은 P에 의해 결정된다는 것을 알 수 있다. 또한 AR도 MR과 같은 방법으로 계산하면, AR＝ $\frac{P \times Q}{Q}$ 이기 때문에 AR＝P로 결국 AR도 P에 의해 결정된다. 따라서 가격이 일정할 경우 D＝P＝AR＝MR이 성립하게 된다.

4. 이윤극대화의 산출량 수준

그렇다면 한 기업이 주어진 예산으로 가능한 최대의 이윤을 얻게 해주는 산출량 수준은 어떻게 결정되는지에 대해 지금부터 생각해 보자.

1) 총수입과 총비용 접근법

어떤 주어진 산출량 수준에서, 우리는 앞에서 기업이 얼마의 수입을 얻는가, 또한 기업의 생산비용이 얼마인가에 대해 공부했다. 그러면 우리는 손쉽게 이윤을 계산할 수 있는데 그것은 단지 총수입(TR: total revenue)과 총비용(TC: total cost) 간의 차이이다. 총수입과 총비용 접근법에 따르면, 기업은 각 산출량 수준에서 이윤을 총수입(TR)과 총비용(TC)의 차이로 계산하고, 또 이윤이 가장 크게 되는 산출량 수준을 선택한다.

예를 들어 어떤 기업이 TV를 생산한다고 할 때 이 기업이 TV를 전혀 생산하지 않으면 총수입(TR)은 0이 될 것이다. 이때 총비용(TC)은 고정비용을 포함하여 400이라고 가정하면 총이윤은 총수입에서 총비용을 뺀 값 즉, 0－400＝ －400이 된다. 이때 우리는 기업이 매일 400만큼의 음(－)의 이윤이 발생했다고 하거나 혹은 400만큼의 손실을 겪고 있다고 말한다. 그러나 기업이 TV 생산을 점차 증가시키면 그에 따라서 점차 총수입이 총비용보다 많아지면서 이윤을 얻기 시작한다. 예를 들어 매일 TV 2대를 생산하면 총수입(TR)은 1,400이고, 총비용은 1,000이라고 하면 기업은 400만큼의 이윤을 얻게 된다.

2) 한계수입(MR)과 한계비용(MC)에 의한 이윤극대화 원리

기업이 이윤극대화 산출량 수준을 찾는 또 다른 방법은 한계개념을 이용하는 것이다. 이는 기업의 의사결정 과정에 몇 가지 중요한 정보를 제공해 준다. 앞서 설명한 것처럼, 한계비용(MC)이란 생산의 1단위 증가에 따른 총비용(TC)의 변화를 나타낸다고 설명했다. 이제 기업은 이윤극대화를 위한 산출량 결정을 한계수입(MR)과 한계비용(MC)을 이용하여 어떻게 찾아내는지 살펴보자. 결론적으로 말하면 기업의 이윤극대화를 위한 생산량 결정은 한계수입(MR)=한계비용(MC)이 같을 때 이루어진다. 다시 말해서 한계수입(MR)=한계비용(MC)이 교차하는 점에서 이윤극대화를 위한 생산량이 결정된다.

앞서 설명한 것처럼, 한계(marginal)란 기존의 상태에서 한 단위를 더 추가하였을 때 관찰되는 현상을 측정하는 개념이고, 한계수입(marginal revenue: MR)이란 제품 한 단위를 추가로 판매(생산)했을 때, 추가적으로 얻어지는 수확을 의미한다. 따라서 한계비용(marginal cost: MC)이란 제품 한 단위를 추가로 생산하였을 때, 추가적으로 소요되는 비용을 의미한다. 즉, 한계비용과 한계수입을 이용한 논리는 한계수입이 한계비용보다 크면(MR>MC), 산출량의 증가는 항상 이윤을 증가시킬 것이다.

만약 한계수입(MR)이 한계비용(MC)보다 클 경우, 즉 [그림5-4]에서 A영역일 경우, 기업은 마지막 판매된 제품으로부터 한계수입(MR)-한계비용(MC)만큼의 이윤을 얻게 된다. 한편 한계수입이 한계비용보다 작은 한(MR<MC), 산출량의 증가는 다시 말해서 B영역의 경우 기업은 마지막 판매된 제품으로 인해 한계비용(MC)-한계수입(MR)만큼의 손실을 입게 된다. 이때 기업은 마지막 제품을 판매하지 않을 것이고 손실을 최소화하기 위해 생산량을 줄이게 된다. 즉, B의 영역 내에서는 생산량 감소와 함께 한계수입률 증가(+)로 나타나게 된다. 결국 이윤극대화를 위한 산출량 수준을 찾기 위해 기업은 MR>MC일 때는 생산을 늘려야 하고, MR<MC일 경우에는 생산을 줄여야 한다.

[그림 5-4] 한계수입과 한계비용곡선

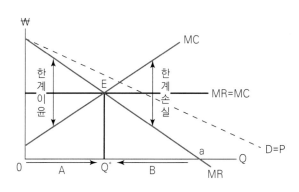

이윤을 증가시키는 각 산출량의 변화에서 Q*점을 중심으로 A영역에서 MR 곡선은 MC곡선 위에 놓일 것이다. 산출량 변화가 이윤을 감소시키는 최초의 시점인 B영역에서는 MR곡선은 MC곡선과 교차할 것이고 이후 MR곡선은 MC곡선 아래로 내려갈 것이다. 그러므로 MR곡선과 MC곡선은 항상 이윤극대화 산출량 수준과 가장 가까운 곳에서 교차할 것이다. 즉, 이윤을 극대화하기 위하여 기업은 이윤극대화 산출량 수준인 Q*는 MC곡선과 MR곡선이 교차하는 지점에서 산출량이 결정될 것이다. 결론적으로 이윤을 극대화하기 위한 기업의 생산 활동은 MR=MC인 지점에 가장 가까운 산출량, 즉 MR곡선과 MC곡선이 교차하는 점에서 산출량을 결정해야 한다.

5. 생산자잉여

우리는 생산자잉여를 이해하기 위해서 소비자 행동원리에서 학습한 소비자잉여를 생각해 보자. 소비자잉여는 재화의 가격이 하락할수록 점점 커진다. 마찬가지로 기업에도 생산자잉여가 발생한다. 생산자잉여란 정상이윤을 상회하는 경제적 이윤을 말하며, 재화의 가격이 상승할수록 점점 크게 나타난다.

[그림5-5]은 한계비용곡선(MC) 자체가 공급곡선(S)을 나타낼 경우, 최초의 재화 가격에서 재화의 가격이 상승할 때 발생하는 기업의 생산자잉여가 얼마인지를 알아보자. 먼저 재화의 가격이 P_0일 때 이 기업은 Q_0단위만큼 공급하고 총수입은 $(OP_0 \times OQ_0)$이 된다. 그러나 가격이 P_0에서 P_1으로 상승함에 따라 생산량이 Q_0에서 Q_1으로 증가하면 기업의 총수입은 $(OP_1 \times OQ_1)$이 된다. 따라서 가격상승으로 인한 기업의 총수입 증가(비용을 포함한 수입)는 면적 P_0P_1BA와 Q_0Q_1BA의 합으로 나타난다.

한편 생산량이 증가할 경우 기업의 생산비 또한 증가한다. 장기적으로 고정 비용은 존재하지 않기 때문에 단기와는 달리 한계비용의 총합은 총비용과 일치한다. [그림5-5]에서 생산량이 Q_0에서 Q_1으로 증가함에 따라 추가로 늘어난 총비용은 한계비용의 총합인 P_0P_1BA와 일치한다. 따라서 재화의 가격이 상승함에 따라 총수입의 증가분에서 총비용의 증가분을 제외한 P_0P_1BA가 기업의 이윤 증가로 나타난다. 그러므로 재화의 시장가격이 상승할 경우, 생산자잉여는 공급곡선 왼쪽의 원래 가격과 새로운 가격 사이의 면적 P_0P_1BA와 일치한다.

[그림 5-5] 생산자잉여

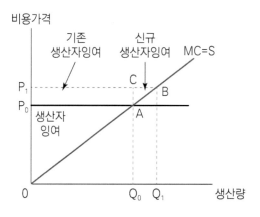

이때 기존 기업의 생산자잉여는 생산량에 따른 한계비용을 제외한 $0P_0A$의 삼각형 면적이 된다. 그러나 재화의 가격이 P_1으로 상승할 경우, 기존 기업은 공급량을 Q_0에서 가격이 P_0에서 P_1으로 상승했기 때문에 가격상승에 따른 기존 기업의 생산자잉여는 P_0P_1CA의 사각형 면적이 된다. 한편 가격이 P_0에서 P_1으로 상승함에 따라서 새로이 시장에 진입한 생산자잉여는 삼각형 ABC의 면적이 된다. 즉, 가격이 높아지면서 새로이 시장에 진입한 생산자들은 새로운 가격과 비용의 차이만큼 이익을 얻을 수 있다. 이와 반대로 재화의 가격이 P_1에서 P_0로 하락할 경우에는 동일한 면적 P_0P_1BA만큼 생산자잉여가 감소하는 것으로 나타난다.

6. 규모의 경제

한계생산체감의 법칙은 단기적으로 자본이 일정하게 고정된 상황에서 적용된다. 이는 결과적으로 한계생산이 체감한다는 것은 한계비용이 상승한다는 것을 의미한다. 이와는 대조적으로 규모의 경제는 자본을 포함한 모든 생산요소의 투입량이 동시에 증가할 수 있는 상황에서 적용된다. 규모의 경제란 모든 생산요소의 투입량을 증가시킬수록 평균생산비가 점차 감소하는 것을 말한다. 따라서 규모의 경제가 발생한다는 것은 [그림5−3]의 평균비용곡선을 따라 왼쪽으로 점 A까지 이동함으로써 평균생산비가 점차 감소하는 것을 의미한다.

이처럼 생산량이 증가함에 따라 나타나는 한계생산체감의 법칙은 비용이 상승해 가는 것을 의미하고 규모의 경제는 비용이 하락해 가는 것을 의미하지만, 내용상 서로 모순되지 않는다. 왜냐하면, 한계생산체감의 법칙은 자본이 일정하다는 가정하에 이루어지며 규모의 경제는 모든 생산요소의 투입량이 변하는 상황을 가정하고 있기 때문이다.

그리고 규모의 경제를 생산량의 개념을 이용하여 정의하기도 하는데 생산요소의 투입량 증가율보다 생산량 증가율이 더 크게 나타날 때 규모의 경제가 발생한다. 이러한 정의는 앞에서 설명한 바와 같이 생산량과 생산비 사이에 불가분의 관계가 존재하기 때문에 가능하다.

규모의 경제와 반대되는 개념으로서 규모의 불경제라는 말이 있다. 이것은 기업이 시설 규모를 지나치게 확대할 경우 평균생산비가 오히려 상승하는 것을 말한다. 그러므로 모든 기업들은 가능한 한 최저비용으로 생산할 수 있는 시설 규모에 도달하고자 노력하며, 만약 [그림5−3]에서 어떤 기업이 평균비용곡선의 최저점 A에서 생산 활동을 하고 있다면 이 기업은 최적조업도를 달성하고 있다고 말한다.

기업이 장기간에 걸쳐 생산요소들의 투입량을 증가시킬수록 평균생산비가 감소하는 이유는 다음의 4가지로 요약할 수 있다. 첫째, 노동의 분업화가 가능하다. 기업이 시설규모를 확대해 감에 따라 노동투입량이 증가하고, 고용의 증가는 일을 세분화시킴으로써 생산분야별 전문 인력을 양성할 수 있다. 즉, 생산과정에서 혼자 다양한 일을 하는 것보다 어느 한 가지 일만 할 때 시간의 절약과 숙련된 기술이 축적될 수 있기 때문에 생산성을 향상시킬 수 있다.

둘째, 경영의 전문화를 이룰 수 있다. 소규모 기업들은 비용이 많이 들기 때문에 전문 경영인들을 고용하기가 어렵다. 설사 고용한다 하더라도 혼자서 여러

분야의 일들을 처리해야 하기 때문에 그만큼 생산성이 떨어진다.

셋째, 소규모 기업들은 우수한 생산설비를 가장 효율적인 방법으로 이용하기가 어렵다. 생산과정에서 가장 우수한 기계 설비를 이용하기 위해서는 많은 비용이 소요되며, 더욱이 이러한 기계 설비를 효율적으로 이용하기 위해서는 그만큼 많은 생산량을 산출할 수 있어야 한다. 이것은 대기업만이 가장 우수한 생산설비를 효율적으로 이용할 수 있다는 것을 의미한다.

넷째, 대기업들은 소규모 기업들에 비해 원료나 중간생산물을 확보하는 데 유리한 입장에 있다. 이상과 같은 생산기술상의 이점인 노동의 분업화, 경영의 전문화, 우수한 생산설비의 효율적인 이용, 원료나 중간생산물의 안정적인 확보 등으로 기업이 시설규모를 확대시킬수록 평균생산비를 감소시키는 규모의 경제를 발생시킬 수 있다.

06

시장구조와
가격 결정

시장의 구조와 형태

우리 경제사회에서는 무수히 많은 종류의 재화와 서비스가 생산·판매되고 있지만 그 수를 정확히 알 수는 없다. 그런데 이러한 각각의 재화와 서비스들은 구매자와 판매자가 공존하는 시장에서 거래되고 이들 시장에는 몇 가지 공통된 특성이 있다는 것을 알 수 있다. 기본적으로 판매자들은 가능한 가장 높은 가격에 팔기를 원하고, 구매자들은 가능한 가장 낮은 가격에 사기를 원한다. 그리고 모든 거래는 자발적으로 이루어진다는 점이다. 또한 구매자와 판매자의 행동 양식을 보면 서로 다른 종류의 재화와 서비스가 매우 다양한 방법으로 팔리는 것을 알 수 있다. 이처럼 다양한 제품을 다양한 방법으로 생산·판매하는 시장에서 우리는 종종 단순한 임의성(randomness)으로 돌리곤 한다. 그러나 경제학은 우리가 일상적으로 겪는 경제생활의 혼돈 한복판에서 벌어지는 경제생활 속에서 규칙을 찾으려 애쓴다.

경제학자들이 거래에서 발생하는 차이로 관심을 돌릴 때 그들은 즉시 시장기구에 관해 생각한다. 시장구조(market structure)란 거래를 위하여 구매자와 판매자가 함께 모일 때 이들의 행동에 영향을 미치는 시장의 모든 특성을 의미한다. 즉, 시장구조는 거래가 어떻게 일어나는가에 영향을 미치는 시장의 특성을 말한다. 어떤 특정한 시장의 구조를 결정하기 위하여 세 가지에 대해 생각해 보아야 한다. 먼저 시장에서 ①구매자와 판매자가 시장에 얼마나 있는가? ②상이한 기업들의 제품 간에 두드러진 차이가 있는가? ③시장에 어떤 진입 혹은 탈퇴 장벽이 있는가? 결국 이러한 질문에 대한 답은 시장을 완전경쟁시장, 독점시장,

독점적 경쟁시장, 혹은 과점시장 등 네 가지 기본적인 형태 중 하나로 분류하는 데 도움을 준다.

1. 완전경쟁이란?

완전경쟁시장에서 가격이 어떻게 결정되는지 설명하는 유명한 수요공급 모형에 대해 제3장에서 간단하게 배웠다. 이제 완전경쟁시장에 대해 훨씬 더 깊게 그리고 포괄적으로 살펴보자.

먼저 경쟁(競爭)이란 단어는 둘 이상의 사람이나 집단이 무언가를 놓고 겨루는 것을 말한다. 경쟁은 구조적으로 '승패'와 관계가 될 수도 있고, '일등'과 관련된 개인의 소망일 수도 있다. 여기서 말하는 경쟁의 핵심은 '내가 성공하기 위해서 상대방이 실패해야 한다'는 것이다. 그러나 시장에서 말하는 경쟁이란 지극히 개인적인 경쟁을 의미하는 것이 아니라 '일반적인 경쟁'을 의미한다. 다시 말해서 경제학에서 말하는 '경쟁'이란 매우 많은 사람이 있는 환경에서 포괄적 개념의 비개인적인 경쟁의 상황을 말한다.

더 나아가서 경제학에서 말하는 완전경쟁이란 모든 시장 참여자의 지배력은 0이고 따라서 모든 시장 참여자는 가격 수용자가 된다. 또한 모든 재화의 품질이 같기 때문에 오직 가격만이 경쟁력을 가진다. 시장의 모든 참여자가 완전한 정보를 가지고 있기 때문에 제품의 시장 가격은 최저 가격에서 형성된다. 그리고 모든 시장 참여자들이 자유롭게 시장에 진입하고 탈퇴할 수 있는 시장구조를 말한다. 따라서 완전경쟁시장이 성립되기 위한 4가지 조건들이 필요하다. 완전 경쟁 시장의 조건들을 나열해보면 다음과 같다.

① 충분히 많은 수요자와 공급자가 존재하여 수요자, 공급자 모두 가격을 수용(가격 수용성)한다.
  - 많은 구매자와 판매자는 시장 전체수량 중 아주 작은 부분만을 구매

하거나 판매한다.

② 시장에서 거래되는 재화는 모두 동질적(제품 동질성)이다.

③ 시장 참여자(공급자와 수요자)는 모두 완전한 정보력(정보의 공유성)을 갖고 있다.

④ 시장 참여자의 시장에 대한 진입과 탈퇴(시장의 접근성)가 자유롭다.

이제 완전경쟁시장의 조건이 실제로 무엇을 의미하는지 살펴보자. 먼저 ① 완전경쟁 시장에는 많은 구매자와 판매자가 있어야 한다. 얼마나 많은 수의 구매자와 판매자가 있어야 하는지는 중요하지 않다. 여기서 중요한 것은 완전경쟁시장에서 단지 어떤 시장 참여자도 자신이 구입하거나 혹은 기업이 판매하는 수량이 제품 가격에 영향을 미칠 수 없을 만큼 많다는 것이다. 즉, 쌀의 경우를 보면 수만 명의 개별적인 쌀 재배 농부는 전체 시장 수량의 아주 작은 부분만을 생산한다. 따라서 어떤 한 농부가 쌀 생산을 늘린다 하더라도 이것이 전체 시장의 수량과 시장가격에 미치는 영향은 미미할 것이다. 또한, 수많은 구매자가 존재하기 때문에 어떠한 사람도 수요량에 변화를 주어 시장가격에 영향을 끼칠 수 없다. 따라서 공급자와 수요자는 가격 순응적인 행동을 하게 된다. 즉, 대부분의 농산물 시장은 완전경쟁의 필요조건을 만족한다.

② 시장에서 거래되는 재화는 모두 동질적(제품 동질성)이어야 한다. 즉, 판매자에 의해 공급되는 제품(차별화 되지 않은 완전 동일제품)은 표준화되어야 하고, 따라서 구매자는 완전경쟁시장에서 제품 간의 분명한 차이점을 인지하지 못해야 한다. 예를 들어 밀 구매자는 여러 다른 농부가 생산한 각각의 밀에 대해 그 차이를 정확히 인지하지 못할 것이다. 그러므로 밀과 옥수수 등과 같은 농산물은 표준화된 제품이라고 말할 수 있다. 또한 원유, 금·은과 같은 금속, 특정 기업의 주식이나 채권과 같은 금융 증서와 같은 상품들도 표준화된 상품이라고 말할 수 있다.

그러나 판매자들이 판매하는 다른 상품에 대해 구매자가 현저한 차이점을 인식하고 있다면 그 시장은 완전경쟁시장이 아니다. 예를 들어 다양한 커피브랜드 중에 소비자가 어떤 한 상품에 대해 어떤 차이점을 인지하고 그 특정 브랜드에 강한 선호를 가진다면 커피는 완전경쟁의 표준화된 제품이 아니다. 또한 개인용 컴퓨터, 자동차, 주택, 대학 및 병원 등과 같이 제품 차별화에서 나타나는 재화나 서비스도 표준화된 제품이 아니다. 따라서 이러한 제품 시장은 완전경쟁의 예가 아니다.

③ 시장 참여자(공급자와 수요자)는 모두 완전한 정보력(정보의 공유성)을 갖고 있어야 한다. 완전경쟁시장에서 완전한 정보 공유 및 소유는 쉽지 않다. 그러나 최근에는 각종 가격 및 제품 정보 사이트 등을 이용하여 공유 및 소유할 수도 있다. 따라서 많은 수요자들은 이들 상가들에 대한 정보를 완벽하게 공유 및 소유하지 못한다 하더라도 그에 준하는 정도의 가격 및 제품 정보를 업체마다 돌아다니며 알아 볼 수도 있고, 이처럼 완벽한 완전경쟁시장은 존재하지 않더라도 완전경쟁시장과 유사한 경쟁시장은 존재한다.

전자상거래는 온라인 정보 유통을 통해 전 세계시장과 연결이 가능하기 때문에 무수히 많은 생산자와 수요자의 생산 및 소비 조건을 만족시켜 줄 수 있다. 게다가 온라인 정보를 통하여 시장 가격과 제품의 차이, 그리고 운송에 관련된 정보조차도 알 수 있다. 이렇게 전자상거래를 통한 각종 정보의 공유 및 소유는 완전경쟁시장을 가능하게 할 수도 있다.

④ 시장 참여자의 시장에 대한 진입과 탈퇴(시장의 접근성)가 자유로워야 한다. ⓐ완전경쟁시장은 새로운 진입자를 가로막는 뚜렷한 장벽이 없다. 시장진입을 원하는 어떠한 기업도 이미 시장에 있는 기존 기업과 똑같은 조건으로 사업을 할 수 있다. 그러나 현실적으로 말하자면 사실 시장으로의 용이한 진입과 탈퇴는 좀처럼 자유롭지 않다. 새로운 판매자는 가게를 개업하고 생산을 시작하는 데 그리고 고객들과 계약을 체결하는 데 항상 어떤 비용을 치러야 한다. 사실 많은 시장에는 분명한 진입장벽이 존재하고, 이들은 종종 법적인 장벽이다. 예컨대 한국의 변호사 시장과 면허 택시 수는 적은 변화가 있을 뿐 대체로 고정됐다. 그리고 면허 수를 법적으로 제한하면서 사실상 시장으로의 진입은 어렵다. 또한 법률적 제한 이외에도, 새로운 진입자가 복제할 수 없는 중요한 우위를 기존의

판매자가 가지고 있으면 명백한 진입장벽이 쉽게 발생할 수 있다. ⓑ한편 완전경쟁시장의 또 하나의 특성은 용이한 이탈이다. 기업의 손실 여부에 따라 공장 설비를 아무 장애 없이 처분하여 해당 산업에서 떠날 수 있어야 한다. 일부 시장은 용이한 이탈의 조건을 충족시키고, 어떤 시장은 그렇지 못하다. 공장 폐쇄법(plant－closing law)이나 노동조합협약(union agreement)은 근로자들이 해고와 결부되어 있기에 사전 통지해야 하고, 이럴 경우 높은 해직수당(severance pay)을 지급해야 한다. 또한 자본설비는 너무나 고도로 전문화 및 고가의 장비로 구성되어 있기 때문에 기업의 이탈이 쉽지 않다. 이러한 장벽들은 실질적으로 완전경쟁의 가정과 부합되지 않는다. 즉, 시장의 진입과 이탈이 완전경쟁시장에서 중요한 의미를 갖는 이유이다.

그러나 사실 시장이 완전경쟁적이 되기 위해 충족해야 하는 네 가지 가정들은 다소 제한적이다. 현실 세계에서 완전경쟁은 현실을 추상적으로 표현한 하나의 모형이다. 또한 어떠한 모형도 현실 세계의 모든 세부사항을 다 설명할 수 없고 또 그럴 필요도 없다. 설사 완전경쟁시장이 비현실적인 가정이라 하더라도 어떤 경우에는 그 조건을 한정하면 비교적 기본모형에 잘 들어맞는 경우도 있다. 예를 들어 미국의 밀 시장은 완전경쟁시장을 위한 네 가지 조건 중 ①수많은 구매자와 판매자, ②표준화된 상품, ③용이한 진입과 탈퇴이라는 세 가지 조건은 충족한다. 대부분의 농산물시장처럼 대부분의 많은 시장에서 완전경쟁시장의 기본 조건 중에서 하나 정도는 부합하지 않는다. 이 사실은 완전경쟁모형이 제한적으로 적용될 수 있음을 시사한다.

그럼에도 불구하고, 경제학자들이 현실 세계의 시장을 분석할 때 완전경쟁모형을 다른 어떤 모형에 비해 더 많이 사용하는 이유는 첫째, 완전경쟁모형은 강력하다는 점이다. 간단한 테크닉을 이용하면 완전경쟁모형은 소비자 선호, 기술 그리고 정부 정책의 변화에 따른 시장의 반응에 대해 중요한 예측을 가능하게 한다. 둘째, 많은 시장이 완전 경쟁적이지는 않아도 상당히 비슷한 형태의 구조를 가지고 있다. 모형이 현실 세계의 시장과 비슷할수록 더 정확한 예측이 가능해질 수 있기 때문이다.

2. 완전경쟁시장의 가격과 생산량 결정

개별 기업이 경제 활동을 할 때, 개별 기업의 목표는 주어진 예산 내에서 제품을 생산하여 이윤을 극대화한다라는 기본적인 전제가 깔려있다. 그러나 개별 기업들은 현실적으로 여러가지 제약에 직면한다. 예를 들어 개별 기업은 제품을 생산하기 위하여 주어진 예산으로 자본과 노동과 같은 생산요소를 구입하고 이들을 기업이 가지고 있는 생산기술을 이용하여 제품을 생산·판매한다. 이때 기업은 생산을 위해 구입한 생산요소에 대해 일정한 가격을 지불해야 한다. 결과적으로 개별 기업은 이윤극대화를 위한 생산과정에서 필연적으로 비용제약(예산제약)에 직면한다.

완전경쟁시장을 이해하기 위한 하나의 예를 들어 보자. 사실 완전경쟁시장을 완벽하게 구현할 수 있는 조건을 갖춘 재화는 많지 않다. 그러나 금시장의 특징을 보면 다른 어떤 재화보다도 완전경쟁시장의 구조를 잘 구현하고 있다. 이제 개별적인 금 채굴 기업이 금시장을 어떻게 바라보는지 살펴보자.

첫째, 완전경쟁에서 금이라는 상품은 표준화되어 있다. 따라서 구매자는 여러 광산에서 생산된 금의 차이를 구별하지 못한다(재화의 동질성). 둘째, 개별 기업은 전체 금시장에서 차지하는 비중이 아주 작은 생산자이고, 그리고 금에 대한 수많은 수요자가 존재한다(다수의 생산자 및 수요자 존재). 즉, 금을 채굴하는 개별 기업의 생산량은 시장 공급량에 주목할 만한 변화를 초래할 수 없기 때문에 시장가격에 영향을 미칠 수 없다. 만약 어떤 금 채굴 기업이 다른 생산자들보다 금 가격을 조금이라도 높게 책정한다면 그 기업은 모든 소비자를 다 잃을 것이다. 즉, 금 채굴 시장은 수평의 수요곡선으로 완전경쟁시장의 경제 효과를 완벽하게 보여준다. 셋째, 금의 시장가격은 국제 가격에 의해 형성되고 있기 때문에 다른 재화에 비해 비교적 정보 공유가 완벽하다(완전한 정보공유). 넷째, 금 채굴은 많은 국가에서 수많은 생산자들에 의해 이루어지고, 동시에 비교적 진입과 퇴출이 자유롭다(진출입의 자유).

[그림6-1](b)에서 배웠던 공급과 수요라는 분석 도구를 이용하여 금이라는

완전경쟁시장을 설명해 보자. 일반적인 시장에서 구매자들은 재화의 가격이 하락하면 더 많은 재화를 구매하려고 한다. 즉, [그림6-1](b)처럼 수요곡선은 실제적으로 우하향의 기울기를 가진다. 그러나 이와는 다르게 금시장의 경우를 보면, 완전경쟁시장에서 금을 생산하는 개별기업은 무수히 많은 생산자 중의 하나로서 시장가격에 아무런 영향을 미칠 수 없다. 따라서 이윤극대화를 위해 개별 금 채굴 기업이 할 수 있는 유일한 행동은 "주어진 시장가격에 따라 생산량을 결정하는 것"이다. 따라서 개별 기업은 주어진 비용제약하에서 주어진 시장가격으로 공급할 수 있는 물량만을 결정할 수 있다.

또한 개별 기업은 시장가격을 단지 주어진 것으로 받아들일 뿐 상품가격에 어떠한 영향력도 발휘할 수 없음을 의미한다. 따라서 완전경쟁에서 개별 금 채굴 기업은 단지 가격 순응자(수용자: price taker)일 뿐이다. 즉, 개별 기업은 상품 가격을 주어진 시장가격으로 받아들인다. 이 경우 이들 개별 기업이 '느끼는 수요곡선(이론적인 수요곡선이 아님)'은 완전경쟁시장에서 결정된 주어진 가격(P_1)에 의해 '수평한 수요곡선'으로 나타난다. 주의할 것은 수요의 법칙에 어긋나는 이러한 현상은 단지 완전경쟁시장에서 공급자가 '느끼는 수요곡선'이라는 것이다. 이제 수요곡선이 수평선이 되면, 즉 완전경쟁시장에서 재화의 가격이 일정해지면(예를 들어 P_1) 평균수입곡선(AR)과 한계수입곡선(MR)도 가격(P)과 같아지게 된다. 즉, 완전경쟁시장에서 기업이 직면하는 수요곡선([그림6-1](b))은 다른 모든 개별 기업이 직면한 수평의 수요곡선을 의미한다.

한편 완전경쟁시장에서 형성되는 수요곡선을 다른 방법으로 설명해 보면, 한계수입(MR)이란 추가적으로 생산되는 생산물을 팔아서 기업이 얻는 추가적인 수입이다. 따라서 가격수용자인 경쟁기업에 그 추가적인 수입은 그 기업이 이미 얼마만큼을 판매했느냐와 관계없이 항상 단위당 가격이 될 것이다. 왜냐하면,

$$평균수익(AR) = \frac{총수입\,(TR)}{총수량\,(Q)}\ 이므로,\ 이는\ \frac{가격\,(P) \times 총수량\,(Q)}{총수량\,(Q)}으로\ 바$$

꿔 쓸 수 있고, 여기서 분자 분모의 총수량(Q)을 제거하면 P = AR이기 때문에 결국 평균수입(AR)은 가격(P)에 의해 결정된다고 말할 수 있다.

또한 한계수입(MR) = $\dfrac{\text{총수입의 증가분}(\triangle TR)}{\text{총수량의 증가분}(\triangle Q)}$ 으로, 이는 다시 $\dfrac{P \times \triangle Q}{\triangle Q}$

으로 변형하면서 분모 및 분자의 $\triangle Q$를 제거하면 결국 MR=P와 같게 된다. 따라서 가격(P)이 일정하면 P=AR=MR이 된다. 즉, 경쟁기업의 경우 각 수량에서의 한계수입(MR)은 시장가격(P)과 똑같다. 이러한 이유로 기업이 직면하는 한계수입곡선(MR)과 수요곡선(D)은 동일하며 그것은 시장가격(P)에서 수평선으로 나타난다. 결국 완전경쟁시장에서 기업이 직면하는 수요곡선이 수평하다는 것은 수요의 가격탄력도가 무한대라는 것을 의미한다. 이것은 금 채굴 기업이 금을 얼

[그림 6-1] 완전경쟁하에서 이윤극대화

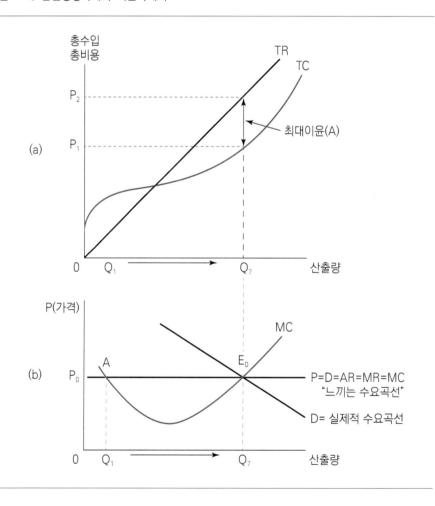

마나 생산하든지 생산된 금을 항상 온스 당 P_1가격으로 판매한다는 것을 의미한다. 즉, 여기서 의미하는 것은 가격이 일정해 지면서 수요곡선(D) = 가격(P) = 평균수입곡선(AR) = 한계수입곡선(MR)이 다 같아지게 된다는 것이다.

한편 5장에서 살펴본 것처럼 이윤을 극대화하기 위한 기업의 생산량 결정은 두 가지 방법을 사용한다. 즉, 이윤극대화를 위한 산출량 수준을 찾기 위해 ①총수입-총비용 접근법 혹은 ② 한계수입-한계비용 접근법을 사용한다. 먼저 [그림6-1](a)에서 보는 것처럼 ① 총수입(TR)과 총비용(TC) 접근법은 기업의 이윤극대화 산출량 수준을 찾는 가장 직접적인 방법이다. 즉, 각 산출량 수준에서 총이윤을 얻으려면 총수입(TR)에서 총비용(TC)을 **빼준다.**

$$총이윤 = 총수입(TR) - 총비용(TC)이다.$$

그 다음 어느 산출량 수준에서 이윤이 가장 높게 나타나는지 각각의 산출량 수준을 자세히 살펴보면 된다. 이 같은 이윤극대화에 대한 방법을 [그림 6-1](a)의 그래프를 통해 살펴 볼 수도 있다. 그래프에서 어떤 산출량 수준에서의 총이윤은 총수입(TR)과 총비용(TC)곡선 사이의 거리로 나타난다. 총수입(TR)곡선은 시장가격과 같은 기울기를 가진 직선이다. 이윤은 총수입(TR)과 총비용(TC) 간의 수직거리가 가장 큰 Q_7일 때 극대화된다. 즉 [그림6-1](a)에서 '최대이윤(A)'에 해당하는 영역이다. 이 접근법은 간단하고 직관적이긴 하지만 산출량의 변화가 어떻게 총수입(TR)과 총비용(TC)의 변화를 가져오는가에 대한 문제가 가려져 있다. 이윤극대화 산출량의 수준을 찾는 또 다른 접근법은 이러한 변화에 초점을 맞추고 있다.

② 한계수입(MR)과 한계비용(MC) 접근법은 한계수입곡선(MR)과 한계비용곡선(MC)이 같아지는 점에서 생산량을 결정하는 방법이다. 따라서 완전경쟁시장에서 이윤극대화를 위한 기업의 생산량은 MR = MC(P = AR = MR = MC)의 조건이 만족되어야 하며 그때 시장은 균형을 이룬다.

먼저 [그림6-1](b)에서 보면, 한계비용(MC)곡선은 전형적인 모양으로 처음에는 하락하고 그 다음에 상승한다. 그러므로 총비용곡선([그림6－1](a))은 처음에는 체감 비율로 상승하다가 나중에는 체증 비율로 상승한다. 이제 한계수입(MR)과 한계비용(MC) 접근법에서 기업은 한계수입(MR)이 한계비용(MC)보다 크다면 생산을 계속 증가시켜야 한다. 기업은 처음에 Q_1에서부터 Q_7의 전까지 생산하면 MR>MC이고, 따라서 더 많이 생산하는 것이 기업의 이윤을 증가시킬 것이다. 그러나 일단 기업이 Q_7단위를 넘어서서 생산하게 되면 MR<MC, 따라서 더 이상의 생산 증가는 이윤을 감소시킬 것이다.

3. 완전경쟁시장에서의 이윤과 손실

이제 [그림6－1](b)의 그래프를 참고하여 완전경쟁시장에서 어떤 경우에 기업의 이윤과 손실이 발생하는지 살펴보자. 앞서 설명한 것처럼 개별 기업의 이윤극대화를 위한 생산량 결정은 한계수입(MR)과 한계비용(MC)가 같을 때라고 말했다. 이 원리를 이용하여 먼저 완전경쟁시장에서 개별 기업이 어떻게 이윤극대화를 달성시키는지 살펴보자. [그림6－2]에서 경쟁기업은 한계비용(MC)이 한계수입(MR)과 같은 Q_7단위에서 산출량을 결정하고 제품을 생산한다.

한편 개별 기업의 평균비용곡선(AC)은 [그림6－2]에 그려져 있다. 개별 기업이 이윤극대화 산출량 수준인 7단위(Q_7)를 생산할 때 평균비용(AC)은 P_1(예컨대 3,000원)이다. 생산물 가격이 P_0(4,000원)이므로 단위당 이윤은 가격(P)－평균비용(AC)＝4,000원－3,000원＝1,000원이다. 즉, 산출량 Q_7의 단위당 이윤은 P_0－P_1로서, 단위당 수입인 4,000원－단위당 비용인 3,000원을 제외한 1,000원이 단위당 이윤이다.

[그림 6-2] 경제적 이윤의 측정

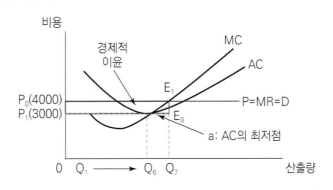

[그림6－2]에서 Q_7이라는 이윤극대화 산출량 수준에서 기업이 얻을 수 있는 이윤은 기업의 수요곡선(D)과 평균비용(AC)곡선의 최저점(a점) 사이의 수직거리, 즉, $E_0 \sim E_1$ 사이의 수직거리이다. 따라서 일단 개별 기업의 단위당 이윤을 알고 나면 총이윤이라는 것은 단지 단위당 이윤에 판매된 상품의 수를 곱하면 된다. 즉, 개별 기업은 상품 1개당 1,000원 이윤을 얻고 있고, 제품 생산량은 $0 \sim Q_7$만큼, 즉 7개를 판매하므로 총이윤은 1,000원×Q_7(7)＝7,000원이 된다. 따라서 [그림6－2]에서 보면 총이윤(붉은색의 사각형 면적)은 단위당 이윤에 팔린 단위 수를 곱한 값, 즉 1,000원×Q_7이다. [그림6－2]에서 이 직사각형(경제적 이윤)의 높이가 단위당 이윤이고 너비는 생산된 단위 수이다. 즉, 기업은 P＞AC 일 때 언제나 이윤을 얻는다. 총이윤은 최적생산 수준에서 P와 AC 사이의 거리에 해당하는 높이와 산출량 수준과 일치하는 너비를 가진 직사각형의 면적과 똑같다.

한편 시장가격이 P_0(4,000원)보다 낮다면, 다시 말해서 시장가격(P)이 극단적으로 평균비용(AC)보다 낮다면 개별기업은 어떠한 산출량 수준에서도 이윤을 얻을 수 없다. 이때 완전경쟁시장에서 개별 기업이 할 수 있는 가장 좋은 방법은 가능한 한 가장 작은 손실이 나도록 생산 방법을 선택하는 것이다. 이 경우에 대하여 잠시 살펴보자. 앞서 [그림6－2]의 기업 이윤의 경우를 설명했던 방식으로 평균비용(AC)곡선을 이용하여 기업의 총손실을 측정해 보자.

이제 완경경쟁시장에서 여러 가지 이유로 금 가격이 [그림6－2]의 P_1에 해당하는 3,000원에서 [그림6－3]의 P_0의 2,000원으로 1,000원만큼 더 하락했다고 가정하면 기업의 D＝MR곡선은 P_0(2,000원)에서 수평선이다. 여기서 가격(P_0)이 일정하기 때문에 한계수익(MR)도 수평선이고, 따라서 D＝P＝MR곡선은 P_0(2,000원)에서 수평선으로 나타난다. 이 수평선 P_0(가격곡선)는 평균비용곡선 (AC)보다 항상 아래에 있기 때문에 단위당 이윤(P－AC)은 항상 음(－)이다. 따라서 개별 기업은 어떠한 산출량 수준에서도 양(＋)의 이윤을 실현할 수 없다. 즉, 금의 시장가격이 P_0(2,000원)인 경우, MC곡선은 Q_5단위의 산출량에서 AC곡선의 아래로부터 MR곡선이 교차한다. 이때 개별 기업은 조업을 중단하지 않는다면 Q_5단위를 생산해야 한다. Q_5단위의 산출량 수준에서 평균비용 AC는 P_1(3,000원)이고, 단위당 이윤은 P－AC＝P_0－P_1(2,000원－3,000원＝－1,000원) 이기 때문에 단위당 1,000원의 손실을 본다. 따라서 총손실은 단위당 손실(단위당 음(－)의 이윤)과 생산된 단위의 수를 곱한 (－1,000원×5＝－5,000원)이 된다.

이것은 [그림6－3]에서 1,000원의 높이와 Q_5단위의 너비를 가진 표시된 직사각형의 면적(붉은 색 면적이 경제적 손실)이다. 따라서 Q_5단위의 최적산출량 수준에서 기업은 P＜AC일 때 언제나 손실을 본다. 기업의 총손실은 가격 P와

[그림 6-3] 경제적 손실의 측정

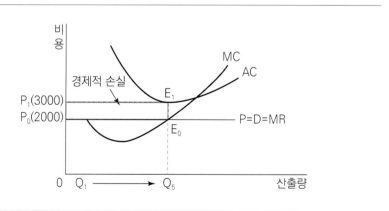

평균비용 AC 사이의 거리에 해당하는 높이와 산출량 수준과 같은 너비를 가진 직사각형의 면적과 똑같다. 즉, [그림6-3]에서 기업은 상품 1개당 P_1(3,000원)보다 낮은 시장가격에 직면한다. 이들 개별 기업은 Q_5에서 생산된 상품 1개당 1,000원의 손실을 본다. 따라서 총손실은 $Q_5 \times -1,000$원의 가격차이($P_1 - P_0 = 1,000$원)인 5,000원이 된다. 이 상황에서 개별 기업이 선택할 수 있는 방법으로는 두 가지가 있는데 하나는 하루에 Q_5를 생산하여 사각면적(ㅁ $P_1 P_0 E_0 E_1$)으로 나타나는 손실을 감수하는 것이다. 그리고 다른 하나는 기업이 평균비용 AC를 시장가격인 2,000원(P_0)까지 낮추는 것이다. 기업이 평균비용 AC를 낮추는 방법으로는 임금이나 자본비용과 같은 생산요소들을 절약하거나, 생산과정의 자동화를 통해 생산성을 높여서 평균비용 AC를 시장가격인 2,000원(P_0)까지 낮추는 것이다.

결국 완전경쟁시장에서 기업이 직면하는 수평의 수요곡선과 주어진 시장가격에서 개별 기업의 가격 순응자적 행동은 완전경쟁기업에서 나타나는 중요한 특징이다. 따라서 완전경쟁시장에서 경영자는 항상 현재 가격으로 우리가 원하는 판매량을 다 팔 수 있다. 따라서 개별 기업은 얼마만큼을 생산해야 하나라는 문제에 직면한다. 이는 장기적으로 어떠한 개별 기업도 경제적 이윤을 남기지 못한다는 것이다. 여기서 개별 기업이 결정할 수 있는 것은 최고의 기술력을 가지고 최선의 자원배분을 통해 가장 저렴한 가격(즉, 낮은 평균비용)에 많은 상품을 얼마나 생산·판매할 것인가에 관한 것이다. 즉, 완전경쟁시장에서 개별 기업의 생산·판매 활동의 결과로 사회적 복지수준은 가장 높아지는 이상적인 경제 상황이 실현될 수 있다.

• 가격 순응자(price taker): 상품의 가격에 어떠한 영향력도 갖지 못하고 그것을 단지 주어진 것으로 받아들이는 기업.

사례 연구 완전경쟁하에서 급격한
기술혁신이 일어난다면...?

농산물 시장만큼 완전경쟁시장의 형태를 구성하는 시장은 없다. 즉, 농산물 시장은 많은 구매자와 판매자가 존재하고, 시장의 진출입이 자유롭다. 그리고 재화가 동질적이면서 정보의 공유가 잘 이루어진 시장이라고 할 수 있다. 이런 농산물 시장에서 농산물 생산에 급격한 기술진보가 일어난다면 시장은 어떻게 반응할까? 미국에서는 1995년부터 2003년까지 유전자 변형을 사용한 농산물이 대거 재배 및 생산되었다. 유전자 변형에 의한 콩의 재배 면적 비율이 0%에서 80%까지 증가하였다고 한다. 이 경우에 대하여 살펴보자. [그림6-4]은 콩에 관한 시장과 기업의 생산 활동을 나타내고 있다.

먼저 유전자 조작을 통해 농부들은 곤충에 대한 저항력이 강해지고 콩의 크기가 커지면서 더 많은 콩을 수확할 수 있게 되었다. 이것은 단위 수확량을 생산하는 데 따른 총비용과 평균비용을 끌어내린다. [그림6-4(a)]에서 최초 콩의 가격은 10kg 당 3,000원인 점 a에서 시작한다. 이때 (b) 농가들은 연간 Q_1만큼 콩을 생산한다. 따라서 완전경쟁하의 콩 시장에서는 평균비용이 AC_1이고 농가의 경제적 이윤은 0이다.

[그림6-4] 콩의 시장과 기업 활동

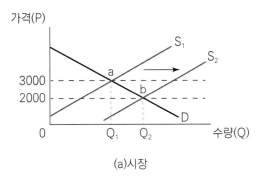

(a)시장

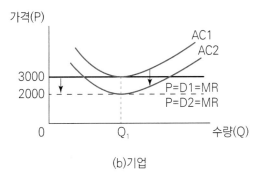

(b)기업

이제 유전자 조작에 의한 콩의 종자가 개발되면서 콩의 생산량은 단위 면적 내에서 크게 증가한다. 단위 면적당 콩의 생산이 크게 증가하면 농가의 평균비용은 AC_1에서 AC_2로 하락할 것이다. 농가의 콩 생산은 시장에서 아주 작은 부분만을 차지하고 있기 때문에 10kg 당 3,000원의 가격으로 농가가 원하는 만큼 생산·판매할 수 있다. 이때 '기술 혁신'으로 인해 P>AC 이 형성되고 농가는 경제적 이윤을 얻게 된다. 그러나 이러한 경제적 이윤은 오래가지 않는다. 왜냐하면 ①완전경쟁시장이기 때문에 다른 농가들도 새로운 콩의 씨앗들을 이용하여 콩 생산을 늘릴 것이고, 결국 새로운 시장 진입이 일어날 것이다. 따라서 다른 농가들의 평균비용도 역시 다른 AC_1에서 AC_2로 하락할 것이다. ②콩 이외의 다른 농작물을 경작하는 농가들도 새로운 기술을 이용한 콩 생산에 참여할 가능성이 높아진다. 이때 시장공급곡선은 우하향의 이동을 경험하고 시장가격은 하락할 것이다. 따라서 새로운 균형점은 점 b가 된다. 이러한 가격 하락은 새로운 기술을 이용한 농가들의 경제적 이윤이 0에 도달하는 10kg 당 2,000원에서 멈출 것이다.

완전경쟁시장에서 기술 혁신에 따른 결과는 다음과 같다. 첫째, 기술변화를 주저하는 농가는 여전히 평균비용이 3,000원에 머물러 있기 때문에 경제적 손실을 겪게 될 것이다. 따라서 기술변화를 거부하면 시장에서 퇴출될 것이고, 결국 모든 농가들은 새로운 기술을 사용해야만 생존할 수 있게 된다. 둘째, 장기적으로는 모든 농가들의 경제적 이윤이 0에 도달하기 때문에 이들을 보는 사람은 바로 콩을 소비하는 소비자가 된다. 왜냐하면 소비자는 예전보다 낮은 가격에 소비할 수 있기 때문이다.

독점시장

1. 시장구조의 다양성

지금까지는 완전경쟁모형을 시장에 관해 공부하였다. 그러나 현실 경제에 있어서 완전경쟁모형이 모든 시장을 다 설명할 수 없는 것이 현실이다. 또한 그 모형이 최선의 선택이 되지 않는 경우도 있다. 오히려 어떤 경우에는 완전경쟁시장과 다른 시장구조가 시장경제를 더 잘 설명할 수 있다.

예를 들어 이윤에 대하여 생각해보자. 다수의 큰 기업과 작은 기업들이 영업을 할수록, 그리고 해를 거듭할수록 이윤이 점점 커진다고 하자. 이런 경우 완전경쟁모형을 사용하는 것은 적절치 않다. 왜냐하면 완전경쟁모형에서는 장기적으로 경제적 이윤이 0이기 때문에 이윤이 점점 커진다는 것에 대한 설명으로는 부적절하다. 또한 가격책정에서도 한계가 있다. 예를 들어 시장에 많은 기업이 존재할 경우 기업이 상품 가격을 얼마에 설정할지 분석하는 데 수개월을 보낼지 모른다. 이와 같이 완전경쟁모형은 가격 결정을 이해하는 데 충분치 않다.

또는 완전경쟁모형으로는 설명할 수 없는 부적절한 시장들이 존재하기도 한다. 예를 들어 어느 지역의 한 케이블 텔레비전 회사의 경우, 다른 직접적인 경쟁 상대를 갖고 있지 않는 지역 시장에서 소비자들은 단 하나의 기업으로부터 텔레비전 서비스를 구매해야 한다. 이 같은 시장을 완전경쟁모형으로는 결코 분석할 수 없다. 이처럼 완전경쟁모형은 매우 광범위하게 이용할 수 있으나 모든 시장을 다 설명할 수는 없다. 이런 이유 때문에 경제학자들은 완전경쟁시장 이외의 다른 시장구조를 식별하고 또 분석할 수 있도록 모형을 개발하는 것이다.

이제 우리는 새로운 시장구조에 관해 독점과 과점, 독점적 경쟁시장을 중심으로 공부해 보자.

2. 독점이란

독점기업이란 밀접한 대체재를 가지지 않는 재화나 서비스의 유일한 판매자를 말한다. 독점기업이 활동하는 시장을 독점시장이라고 한다. 그런데 여기 말하는 독점(Monopoly)은 전통적으로 시장에서 엄청난 힘을 가진, 그리고 공정하지 못한 높은 가격 설정과 관련된 이미지를 가지고 있다. 그러나 이런 부정적인 특성과는 다르게 시장에서 독점의 힘은 굉장할 것 같지만 무제한적이지는 않다. 그리고 대부분의 경우 시장에서 독점을 피해야 하지만, 때로는 산업 및 생산조직을 형성하는 과정에서 가장 좋은 방법이기도 하다. 그러한 경우 우리는 독점을 파괴하기보다는 관리하는 것이 유익하다. 왜냐하면 우리가 구입하는 구입품들 중에 몇몇 시장에서는 다른 선택의 여지가 없는 경우가 있다.

예를 들어 우체국의 경우, 그리고 단 하나의 케이블 텔레비전 서비스의 경우, 그리고 매우 작은 마을에 단 한 명의 의사, 또는 하나의 영화관 등은 우리들로 하여금 다른 선택을 할 수 없게 만들 것이다. 이러한 것들 모두가 독점에 관한 하나의 예이다. 따라서 독점기업은 밀접한 대체재를 가지지 않는 재화나 서비스의 유일한 판매자를 말한다. 독점의 정의에 있어서 핵심개념은 대체 가능성(substitutability)이 있느냐 없느냐에 따라 독점이 결정된다. 독점기업이 활동하는 시장을 독점시장이라고 한다.

한편 대체로 욕구를 만족하는 방법에는 한 가지 이상의 방법이 있으며 만약 재화나 서비스의 유일한 판매자가 있다 하더라도 다른 기업들이 동일한 욕구를 충족하는 제품(밀접한 대체재)을 판매한다면 그는 독점으로 간주하지 않는다. 예를 들어 한 나라 안에서 단 하나의 기업인 삼성이 스마트 폰 갤럭시를 판매하는데 다른 스마트 폰 회사들이 자신의 스마트 폰 브랜드 및 다른 유사한 스마트 폰을 판매한다. 이럴 경우 삼성 갤럭시는 그 나라 안에서 독점기업으로 간주하지 않는다. 왜냐하면 삼성의 갤럭시와 다른 회사들의 유사한 스마트 폰은 매우 밀접한 대체재 관계이기 때문이다.

한편 우리가 지금 작은 시골 지역에 살고 있고 거기에는 단 하나의 진료소만이 있는 경우에 다른 밀접한 대체재가 없는 상황이 있을 수 있다. 이럴 경우 그 지역의 유일한 진료소를 독점으로 간주한다. 다시 말해서 독점의 존재는 단순한 의미로 여타 다른 기업들이 시장에 진입하게 하거나 혹은 기존의 기업과 경쟁하도록 하는 대신에 '다른 여타 기업들'을 시장 밖에 머물도록 하는 것을 말한다. 즉, 넓은 의미로 어떤 시장에 대해 진입장벽이 있어야 한다. 시장에 대한 진입장벽에는 두 가지의 일반적인 형태가 있는데, 첫째는 규모의 경제가 있고, 둘째는 법적인 장벽 등이다. 규모의 경제 입장에서 보면 규모의 경제가 나타날 때 기업의 장기평균 비용곡선이 우하향 기울기를 가진다는 사실로부터, 기업이 생산하는 생산량이 증가할수록 단위당 비용은 낮아질 것이다. 만약 한 기업이 전체시장을 커버하는 수준까지 생산에서 규모의 경제가 지속한다면 우리는 그런 시장을 자연독점(natural monopoly)이라고 한다. 자연독점은 한 기업이 규모의 경제로 인해 두 개 이상의 기업들이 생산할 때보다 더 낮은 단위당 비용으로 생산할 수 있을 때 존재한다.

예들 들면 작은 도시의 유일한 음식 시장과 주유소, 그리고 변호사 혹은 치과의사 등은 독점적 위치를 잘 설명할 수 있다. 이들 모두는 자연독점이다. 그들은 시장 전체에 공급을 커버하는 시점까지 규모의 경제를 계속 누리기 때문이다.

또한 독점은 법적인 장벽에 의해 생기기도 한다. 현실적으로 법적 장벽의 형태는 다양하다. 여기에서 우리는 독점을 유발하는 가장 중요한 두 가지 법적 장벽에 대해서 생각해 보자. 먼저 지적재산의 보호에 관해서 보면 우리가 지금 읽은 단어는 과학적인 발명뿐 아니라 문학, 예술, 음악 작품도 다 포함하는 그야말로 지적활동으로 얻어지는 재산이다. 특정한 지적재산을 사용할 권리의 유일한 판매자이기 때문이다. 이 경우 가격은 완전경쟁하에서보다 독점 하에서 더 높은 경향이 있고, 그 결과로 독점자는 경제적 이윤을 획득한다. 이것은 독점자에게는 좋지만, 그 외의 다른 사람들에게는 나쁘다.

다른 한편으로 독점 이윤에서 오는 단순한 기대는 독창적인 생산물과 아이디어의 개발을 북돋우며 그것이 많은 사람에게 편익을 준다. 구글(Google)과 같은 인터넷 검색엔진 등 첨단 제품들은 모두 상당한 비용과 위험을 부담한 혁신가들이 미래 이윤에 대한 기대를 하고 개발한 것들이다. 우리들이 읽는 모든 소설과 모든 영화 등에도 똑같은 논리가 적용된다. 이런 경우 대부분 특허를 통한 독점 이윤이 보장되게 된다. 즉, 지적재산을 다룰 때 정부는 지적재산의 발명자에게 한정된 기간 독점을 누리며 경제적 이윤을 얻도록 허용한다. 그리고 한정된 기간이 일단 끝나면, 다른 판매자들이 시장에 진입하도록 용인하고, 경쟁자들 사이의 경쟁으로 가격하락을 유도한다.

지적재산의 경우 가장 중요한 두 가지 종류의 법적 보호는 특허권(patents)과 저작권(copyright)이다. 새로운 과학적 발견과 그것에 의해 만들어지는 제품은 중앙정부로부터 주어지는 특허권에 의해 보호받는다. 특허권은 약 20년 동안 다른 누군가가 똑같은 발견이나 생산품을 판매하지 못하게 한다. 한편 문학, 음악, 미술 작품들은 저작권에 의해 보호받는데 적어도 50년간 배타적인 권리를 부여한다. 가령 우리가 읽는 책의 저작권은 어떤 다른 회사나 개인도 함부로 책을 복사하거나 출판 및 판매할 수 없고, 출판사의 승인 없이 책의 내용을 함부로 인용할 수 없다.

한편 정부가 운영하는 국영회사도 보통 독점기업이라고 생각할 수 있다. 예들 들어 상하수도 및 전기회사, 전화회사 등은 정부에 의해 독점적 지위가 부여된다. 정부 국영기업에 대한 진입장벽은 매우 간단하다. 정부가 인정하는 기업 이외의 다른 기업들은 법에 따라 진입 제한을 받는다는 것이다.

정부는 자연독점으로서의 국영 기업을 운영한다. 이 경우 규모의 경제를 가지는 단 하나의 큰 기업은 여러 작은 기업들보다 단위당 생산비가 낮을 것이다. 따라서 정부는 경쟁자가 없도록 보장해 주는 대가로써 그 국영기업이 공공의 이익을 위해 생산하도록 한다. 그리고 기업은 독점적 지위를 얻는 대가로 정부에게 소유권과 통제권을 넘겨주어야 하고, 가격과 이윤에 대해서는 정부의 규제를 받아야 한다.

---

3. 독점의 목적과 제약

독점의 목적은 어떤 다른 기업의 목적과 같이, 가능한 한 높은 이윤을 얻는 것이다. 또한 독점자는 제약들에 민감하다. 우리는 독점자가 시장에서 경쟁자를 가지고 있지 않기 때문에 어떠한 제약조건들로부터도 자유로울 것으로 생각하기 쉽다. 그러나 조금 더 생각해 보면 독점자는 자신의 행동을 제한하는 경제적 제약에 직면한다는 사실을 알게 된다.

이러한 경제적 제약은 첫째, 독점의 비용에 대한 제약이 존재한다. 독점자가 생산할 어떤 산출량 수준에서 상품을 생산하기 위해 어떤 총비용을 지불해야 한다. 이 비용의 제약은 독점자의 생산기술과 독점자가 지불해야 하는 요소가격에 따라 결정된다. 다시 말하면 독점자 비용에 관한 제약은 완전경쟁기업과 같은 다른 형태의 기업들이 직면하는 비용 제약과 똑같다.

둘째, 수요의 제약이 존재한다. 독점자의 수요곡선은 독점자가 주어진 어떤 산출량을 판매하기 위해 부과할 수 있는 최고 가격을 말해준다[1]. 즉, 독점자는

---

[1] 우리는 현재 단일가격 독점(single-price-monopoly) - 판매하는 모든 단위에 대해 동일한 가격을 부과하는 독점 - 의 행동을 분석하고 있다. 우리가 독점이라는 말 그 자체를 볼 때, 그것은 단일 가격 독점을 의미한다. 이 장의 부록에서는 동시에 서로 다른 가격을 부과할 수 있는 가격차별기업(price-discriminating firms)의 경우를 분석할 것이다.

다른 기업과 같이, 이윤을 극대화하기 위해 노력한다.

4. 독점시장의 산출량 결정과 독점 가격

이제 독점시장에서 산출량과 가격 결정이라는 관점에 관해 살펴보자. 이 경우 비경쟁적인 독점기업들은 생산량과 가격에 관해 두 개의 상반된 의사결정을 하는 것이 아니라, 어느 한 쪽을 결정함에 따라 다른 하나가 자연스럽게 결정된다. 왜냐하면 일단 독점기업이 산출량 수준을 결정하면, 그 산출량 결정으로 인해 독점가격도 역시 자연스럽게 결정되기 때문이다. 다른 측면으로 말하면 독점기업이 독점가격을 결정하게 되면 독점기업이 그 가격에 팔 수 있는 최대 산출량 수준도 역시 자연스럽게 결정된다. 물론 독점기업의 산출량에 대한 어떤 변화는 가격의 변화를 의미하며, 또한 가격의 변화는 산출량의 변화를 의미한다. 그리고 이들 변화는 독점기업의 수입과 비용의 양쪽 모두에게 영향을 미친다.

먼저 산출량과 수입에 관해서 살펴보면 독점기업이 더 많은 산출량을 판매하려고 계획했다고 하자. 그때 독점기업은 우하향 기울기의 수요곡선에 직면하기 때문에 생산량의 증가에 따라 판매 가격을 낮추어야 한다. 그런데 우하향하는 수요곡선의 기울기에 따라 새롭게 형성된 낮은 판매 가격은 독점기업이 판매하고 싶은 추가적인 새로운 생산단위에 대해서뿐만 아니라 바로 전에 높은 가격으로 판매했던 산출량 및 그 이전에 판매했던 모든 산출량 단위에 대해서도 낮은 가격을 부과해야 한다. 따라서 우하향하는 수요곡선의 기울기에 따라 낮아진 가격과 늘어난 산출량 사이에서 나타난 총수입에는 두 가지 서로 다른 효과를 가져 온다. 즉 ①제품을 더 많이 팔수록 총수입이 증가하는 경향이 있고, 다른 한편으로 ②현재 부과되는 모든 단위의 낮은 가격은 총수입을 감소시킨다는 상반된 효과가 나타난다. 따라서 기업의 한계수입(Marginal Revenue: MR)은 생산량의 증가에 따라 점차 감소하지만 그 감소는 양(+)의 영역에서 음(−)의 영역으로 감소한다. 예를 들어 [표6−1]에서 보듯이 사과의 가격이 첫 번째의 경우

100원이었지만, 2번째 사과를 90원의 가격으로 팔기 위해서는 1번째 재화(100원)를 90원으로 10원 인하하여 한계수입(MR)은 80(90-10)원이 되어야 한다. 따라서 기업이 추가로 생산물을 팔려면 바로 전에 팔던 가격을 포함하여 모든 가격을 더 낮추어야 한다. 즉, 한계수입(MR)은 한 단위의 추가 판매로 인해 발생하는 총수입의 변화를 말한다. 추가 단위를 판매하기 위해서 독점기업은 그 판매 단위에서뿐만 아니라 그 이전 판매 단위에 대해서도 가격을 인하해야 한다. 따라서 한계수입(MR)은 가격(P)보다 항상 작다. 다시 말해서 독점을 포함한 어떤 기업이 우하향하는 수요곡선에 직면할 때, 한계수입(MR)은 산출물의 가격(P)보다 작게 나타난다. 그러므로 한계수입곡선(MR)은 수요곡선(D) 아래에 놓이게 된다. 즉, [표6-1]를 이용하여 그린 그래프가 [그림6-5]이다. 이 그래프가 의미하는 것은 독점기업은 시장에서 유일한 기업이기 때문에 수요곡선은 시장수요곡선인 동시에 기업이 직면하는 수요곡선이라는 것을 말한다.

● [표 6-1] 수요와 한계수입

생산량(Q)	가격(P)	총수입(TR)	한계수입(MR)	평균수입(AR)
1	100	100	100	100
2	90	180	80	90
3	80	240	60	80
4	70	280	40	70
5	60	300	20	60
6	50	300	0	50
7	40	280	-20	40

[그림6-5]에서 수요곡선을 따라 점 a에서 수요량을 2개로 늘리면 가격은 100원에서 90원으로 하락하고 한계수입(MR)은 80원으로 10원이 낮아진다. 같은 방법으로 수요량을 6개로 늘리면 가격은 다시 50원으로 떨어지고, 한계수입(MR)은 0이 된다. 따라서 점 b와 점 c에서부터는 (-)에 도달하기 시작한다.

즉, 수요곡선에 따라 산출량이 늘어나면서 가격이 하락하면 총수입은 하락할 것이고, 따라서 한계수입곡선은 수요량이 6개에 도달할 무렵에 음(−)이 될 것이다(점 b에서 점 c). 결국 그러한 변화에서 한계수입곡선(MR)은 횡축 아래(음의 영역)에 놓이게 된다. 이 영역부터는 음(−)의 한계수입이 총수입의 감소를 의미한다. 따라서 [그림6−5]에서 보면 기업은 한계수입이 음인 영역에서 이윤이 감소하기 때문에 이 영역에서 산출량을 늘리려 하지 않을 것이다. 그리고 만약 그 영역에 있다면 역으로 산출량을 감소시켜야 이윤이 증가한다. 결국 기업은 MR이 양(+)인 영역의 어디에선가에서 생산을 할 것이다. 또한 한계수입(MR) 이론을 다음과 같이 계산될 수도 있다.

앞에서 설명한 것처럼, $MR = \dfrac{P \times \triangle Q}{\triangle Q}$에서 분모의 $\triangle Q$가 분자의 $\triangle Q$를 삭제하면 가격 P만 남게 된다. 결국 MR＝P, 즉 한계수입 MR은 가격 P에 의해 결정된다는 것을 의미한다. 따라서 가격(P)이 하락하면 한계수입(MR)도 하락할 수밖에 없고, 또한 평균수입(AR)도 가격(P)에 의해 결정되기 때문에 가격이 하락함에 따라 평균수입(AR)도 하락하지만, MR이 AR보다 더 빨리 하락한다는 점을 주의해야 한다.

[그림 6-5] 수요와 한계수입곡선

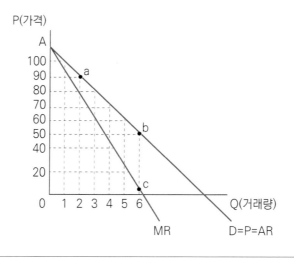

5. 이윤극대화와 산출량 수준

지금까지 우리는 독점기업은 한계수입(MR)이 양(+)의 영역에서만 생산할 것이라는 것을 학습했다. 그렇다면 독점기업은 어느 수준에서 산출량을 결정할 때 이윤극대화가 실현되는지에 대해 궁금할 것이다. 결론적으로 독점기업은 이윤극대화를 위해 MR=MC조건이 충족되면서 MC곡선이 MR곡선을 아래로부터 교차하는 지점(예를 들어 앞서 5장의 [그림5-4]의 A영역)에서 산출량을 생산해야 한다. 즉, 독점기업의 이윤극대화는 다른 기업과 같이 MR=MC의 조건이 충족된 최대 생산량에서 실현된다.

[그림6-6]은 한계비용(MC)과 평균비용(AC)을 설명한 [그림5-3]의 그래프와 수요곡선(D)과 한계수입곡선(MR)에 관한 그래프인 [그림6-5]를 합성한 그래프이다. 독점기업의 이윤극대화를 위한 생산량 결정은 MC곡선이 MR곡선을 아래로부터 교차하는 Q_1단위의 최대산출량 수준에서 실현된다. 즉, Q_1의 산출량에서 MR=MC인 이 산출량 수준을 판매하기 위해 독점기업은 수요 의지(수요곡선: D)가 최대한 존재하는 P_1의 가격(수요곡선의 점 E_1에 위치)을 부과할 것이다. MR=MC에 의해 생산량이 결정되면 독점기업은 추가적인 단위당 생산비 이

[그림 6-6] 독점시장의 생산량 결정과 이윤

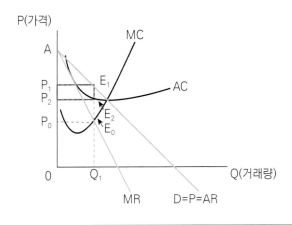

상의 가격(예컨대 P_0)을 부과함으로써 독점기업은 Q_1의 생산량에서 이윤극대화를 위한 독점 가격인 P_1을 결정하는 셈이 된다. 이 가격은 독점기업이 Q_1 수준의 산출량을 판매하여 얻을 수 있는 가장 높은 가격이다. 결국 독점기업의 가격은 생산량 Q_1에서 형성된 가격 P_0보다 높은 $P_1 > MR = MC$을 형성하게 된다.

6. 독점기업의 이윤과 손실

[그림6-6]에서 우리는 독점기업이 $MR = MC$에 의해 최대산출량 수준과 가격을 결정할 수 있었다. 하지만 $MR = MC$에 의해 최대산출량 수준과 가격이 결정되었다 해서 거기에서 기업이 경제적 이윤을 내는지 혹은 손실은 내는지는 알 수 없다. 이 문제는 [그림6-6]에서 평균비용곡선(AC)을 하나 더 추가해야 해답을 얻을 수 있다. 이때 어떤 산출량 수준에서 가격 P는 수요곡선에서 읽어낸다. 그때 단위당 이윤은 단지 기업의 수요곡선(D)과 AC곡선 간의 거리이다. 즉, 단위당 이윤이 존재하기 위해서는 그래프에서 생산에 관련한 단위당 평균비용(AC)은 상품의 개당 가격, 즉 수요곡선(D)보다 낮아야 한다. 독점기업의 단위당 이윤은 상품의 개당 가격(P)에서 상품의 단위당 평균가격(AC)의 차액이 바로 독점기업의 이윤이다. 다시 말해서 독점기업의 단위당 이윤은 P−AC이다.

독점기업의 이윤에 관한 그래프가 [그림6-6]이다. 그래프에서 이윤극대화 산출량 수준인 Q_1단위에서 가격은 P_1이고 평균비용은 P_2이다. 따라서 단위당 이윤은 $P_1 - P_2$가 된다. 즉, 그림의 직사각형의 높이는 단위당 이윤이고, 폭은 생산된 단위의 수이다. 붉은색 직사각형의 면적(□$P_1 P_2 E_1 E_2$)은 독점기업의 총이윤과 같다. 따라서 독점기업은 P > AC의 상태라면 언제나 이윤을 얻는다. 최적산출량 수준에서 총이윤은 붉은색의 사각형 면적(□$P_1 P_2 E_1 E_2$)과 같은데 그때 사각형의 높이는 P와 AC의 거리와 같고 폭은 산출량 수준과 같다. 이는 독점하에서 수요곡선이 우하향임에 반하여 완전경쟁하에서 그것은 수평이기 때문이다.

한편 [그림6-7]은 독점기업이 손실을 보는 경우를 나타내고 있다. 독점기업의 손실에 대해서 살펴보면, MR＝MC를 만족하는 산출량 수준에서 AC는 가격 (즉, 수요곡선)을 초과하고 있다. 붉은색의 사각형 면적이 손실분을 가리키고 있 다. 즉, 독점이 반드시 경제적 이윤을 획득하는 것은 아니다. [그림6-7]은 독점 기업이 손실을 보고 있는 경우를 예시하고 있는데 여기에서 평균비용(AC)은 [그림6-6]의 평균비용(AC)보다 높다. 따라서 AC곡선이 수요곡선(D) 위의 어 딘가에 놓여 독점기업은 어떠한 산출량 수준에서도 손실을 겪을 것이다.

[그림6-7]에서 보면 최적 산출량 수준(Q_1단위)에서 AC는 P_2이고, 따라서 단위당 손실은 P_2-P_1이다. 총손실은 붉은색의 직사각형(□$P_1P_2E_1E_2$) 면적인데 그것의 높이는 단위당 손실(P_2-P_1)이고 폭은 최적 산출량 수준($0~Q_1$)이다. 독 점기업이 된다는 것이 이윤을 보증한다는 것은 아니다. 만약 비용이 너무 높거 나 혹은 수요가 충분하지 않다면 독점기업이라 하더라도 손실을 볼 수 있고 심 지어 파산할 수 있다. 따라서 독점기업은 P＜AC이면 언제나 손해를 본다. 최적 산출량 수준에서 총손실은 사각형의 면적과 같으며 그때 높이는 AC와 P 간의 거리와 같고 폭은 산출량 수준과 같다.

한편 독점시장에서 독점기업이 단기에 손실이 나타나면 독점기업은 다른 기 업들과 똑같은 결정을 해야 할 것이다. 즉, 기업은 한계수입(MR)과 한계비용

[그림 6-7] 독점기업의 손실

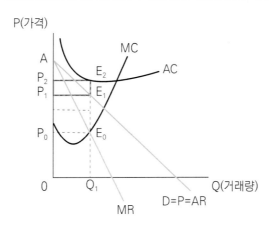

(MC)이 같은 산출량 수준이면 조업을 중단한다는 것이 독점기업을 포함한 모든 기업에 적용되는 기본적인 이론이다. 따라서 독점을 포함한 어떤 기업이든 MR=MC인 산출량 수준에서 P<AC이면 조업을 중단해야 한다. 즉, 기업의 단위당 가격이 MR=MC를 만족하는 최적의 산출량에서 기업의 가변비용(인건비) 혹은 운영비용을 커버할 수 없다면 그 기업은 조업을 중단해야 한다.

[그림6-7]에서 독점기업은 손실을 겪고 있다. 그러나 만일 [그림6-6]처럼, Q_1단위의 산출량에서 평균비용(AC)이 P_1보다 낮을 경우에 시장가격(P)이 평균비용(AC)보다 높기 때문에, P>AC이 된다. 따라서 그 기업은 P-AC만큼의 이윤이 존재하기 때문에 생산 활동을 계속해야 한다. 즉, [그림6-7]에서 독점기업이 조업을 중단하는 AC곡선을 그려 보면 AC곡선은 기존([그림6-6])의 AC곡선보다 더 높은 곳에 있게 될 것이다([그림6-7]의 E_2점).

조업을 중단하는 원칙은 독점기업이 단기에 언제 조업을 중단할지를 정확하게 그리고 현실적으로 예측한다. 많은 독점기업들은 운송 혹은 통신과 같은 중요한 서비스를 생산하며 이들은 전통적으로 정부의 규제하에 운영되고 있다. 그런 독점기업의 AC곡선이 가령, 가변요소 가격의 상승으로 일시적으로 상향 이동했다고 하자. 아니면 가계소득의 감소 때문에 독점기업의 수요곡선이 일시적으로 좌측 이동했다고 하자. 두 경우 중 어느 경우에서도 독점기업이 갑자기 P<AC를 알았다 하더라도 정부는 독점기업이 조업을 중단하도록 허용하지 않을 수 있으며 대신에 기업의 손실을 보전하기 위해 조세수입을 사용할 것이다.

한편 장기에서의 독점기업의 상황은 완전경쟁기업들과 다르게 독점기업은 장기에서도 경제적 이윤을 누릴 수 있다. 만약 독점기업이 정부주도로 만들어진 공기업이고, 또한 그 기업이 장기적으로 손실을 입거나 혹은 입을 것이 예상된다면 정부는 독점기업의 존속을 위해 보조금 지급을 결정할 수 있다. 특히 독점기업이 대중교통, 전력과 우편배달과 같은 공공 서비스 성격을 가지고 있다면 더욱 그렇다. 그러나 독점기업이 개인소유이고 개인 통제하에 있다면 그 기업은 장기적인 손실을 견디지 못할 것이다. 즉, 장기적으로 경제적 손실을 겪고 있는 사적 소유의 독점기업은 다른 기업들처럼 시장에서 퇴출될 것이다. 따라서 장기적으로 경제적 손실을 겪고 있는 사적인 독점기업은 시장에서 찾을 수 없다.

7. 독점적 경쟁시장

완전경쟁시장에서는 동일한 제품을 판매하는 기업들이 무수히 많이 존재한다. 그리고 어느 한 기업도 시장가격에 영향을 미칠 수 없다. 그러나 독점시장에는 단 하나의 판매자에 의해 독점가격이 책정될 수 있다. 그런데 현실 경제에서는 대부분의 상품과 서비스 시장이 완전한 경쟁시장도 아니고 순수 독점시장도 아니다. 오히려 이들 두 시장의 양 극단 사이의 어디에 위치하게 된다. 따라서 기업이 하나 이상 존재하지만 그렇다고 완전경쟁이라고 말할 만큼의 무수히 많은 기업이 존재하는 것도 아니다. 즉, 독점시장과 완전경쟁시장의 어느 위치에 형성된 이런 시장을 우리는 불완전 경쟁이라 부른다. 다시 말해서 불완전 경쟁시장은 완전경쟁과 독점사이에 있는 시장구조를 말한다. 게다가 불완전 경쟁시장은 제품의 동질화 혹은 자유로운 진입/탈퇴와 같은 완전경쟁시장의 조건들을 종종 위반한다. 불완전 경쟁에는 두 가지 다른 형태가 있다. 그것은 독점적 경쟁(monopolistic competition)과 과점(oligopoly)이다.

독점적 경쟁은 다음과 같은 세 가지 기본적인 특징을 가지는 시장형태이다.

1. 많은 판매자와 구입자가 존재한다.
2. 판매자는 차별화된 제품(differentiated product)을 판매한다.
3. 판매자는 시장진입과 이탈을 쉽게 할 수 있다.

따라서 독점적 경쟁은 완전경쟁과 독점의 특성을 모두 가지고 있다. 즉, 완전경쟁처럼 많은 구매자와 판매자가 있고, 시장의 진출입이 자유롭다. 레스토랑, 분식집 등은 전형적인 독점적 경쟁의 형태들이다. 이들은 시장에 많은 판매자가 있으며 사업을 시작하기도 쉽고 또한 문도 쉽게 닫을 수 있다. 그러나 완전경쟁과 달리 각 판매자는 다른 상점과는 약간 다른 맛의 특성이 있는 상품을 생산 및 취급한다. 그러므로 독점적 경쟁자는 우하향하는 수요곡선에 직면하고 이러한 점에서 완전 경쟁자보다는 독점자에 훨씬 가깝다. 즉, 독점적 경쟁자는 차별화된 제품을 생산하기 때문에 우하향하는 수요곡선에 직면한다(독점적 경쟁자가 상품의 가격을 조금 올릴 때 수요량은 감소할 것이다).

독점적 경쟁은 주로 제품의 차별화를 통해 이루어지고 대체로 상품의 질이 여기에 해당한다. 예를 들어 호텔의 우수한 방이 차별화일 수도 있고, 레스토랑의 요리의 질적 차이가 차별화일 수도 있기 때문에 차별화는 품질보다는 기호의 문제일 수 있다. 또 다른 형태의 차별화는 위치의 차이에 의해 나타날 수도 있다. 예를 들어 두 개의 서점이 책 종류, 분위기, 서비스 등의 모든 면에서 같다 하더라도 사람들은 집이나 학교에서 더 가까운 서점을 선호할 수도 있다.

이처럼 제품의 차별화는 다양하면서도 지극히 판매자 입장에서 주관적인 문제이다. 그러므로 한 기업이 우하향하는 수요곡선에 직면할 때마다 우리는 기업이 차별화된 제품을 생산한다고 가정할 수 있다. 따라서 기업은 생산량의 변동에 따라 나타나는 사업 이익을 잃지 않고도 가격을 올릴 수 있다. 즉, 독점적 경쟁자는 가격 순응자가 아니라 가격 결정자이다.

경제용어

- 독점적 경쟁: 차별화된 그러나 여전히 밀접한 대체재를 갖고 있는 제품을 판매하는 기업들이 다수 존재하고 또 시장의 진입과 이탈이 자유로운 시장구조
- 불완전 경쟁: 하나 이상의 기업이 존재하고 또 완전경쟁 조건 중 하나 혹은 그 이상이 위배되는 시장구조.

8. 과점시장

독점적 경쟁기업은 가격이나 생산량 측면에서 어느 정도 만큼의 독립성을 유지한 채 다른 기업들을 신경 쓰지 않고 자신의 차별화된 상품을 통해 가격과 수량에 대해 결정할 수 있다. 그러나 어떤 시장들에서는 대부분의 상품들이 소수의 기업들에 의해서 생산·공급되는 경우도 있다. 이처럼 독점도 아니고(판매자가 하나 이상 존재하므로) 독점적 경쟁도 아닌 시장이 있다. 어떤 한 기업의 행동이 다른 기업들에 큰 영향을 미쳐 다른 반응을 유발할 만큼의 소수 기업들이 존재하는 경우이다. 한국에서 팔리는 자동차의 경우 약 70% 정도가 현대기아자동차, GM대우 및 삼성 르노, 쌍용자동차들에 의해 생산된다. 그런데 만약 현대기아자동차가 산출량을 증가시키기 위해 가격을 인하한다면 GM대우 및 다른 자동차회사 역시 가격 인하로 대응할 것이다. 그때 현대기아 자동차의 산출량은 그 세 기업의 가격인하에 의해 다시 영향을 받을 것이다.

단지 몇 개의 큰 기업들이 시장을 지배하여 각 기업의 행동이 다른 기업들에게 중요한 영향을 미칠 때 각 기업은 다른 기업들과의 전략적 상호의존성 (strategic interdependence)을 인식한다. 즉, 어느 한 기업의 가격 및 생산량 결정의 행동이 다른 경쟁기업의 가격 및 생산량에 영향을 주어 이들 기업의 생산활동에 수정을 가하고, 그 반응이 다시 우리 기업을 포함한 다른 기업의 연쇄적인 행동으로 반응하는 이런 종류의 시장을 과점이라고 한다. 따라서 과점은 전략적으로 상호의존 관계를 갖는 소수의 기업들이 지배하는 시장을 말한다.

과점에는 다양한 형태들이 있다. 과점시장은 노트북 컴퓨터와 같이 차별화될 수도 있고, 자동차 타이어 시장처럼 국제적이 될 수 있다. 그리고 라면처럼 국내적이 될 수도 있다. 또한 어떤 지역 일간지 신문시장과 같이 지역적이 될 수도 있다. 그리고 과점시장에는 다른 기업들에 비해 훨씬 큰 시장 점유를 가진 지배적인 한 기업이 존재할 수도 있다. 또한 과점시장에는 대략 유사한 크기의 두 개 이상의 큰 기업들이 존재할 수도 있다. 국내시장을 상대로 스마트 폰을 생산하는 삼성과 LG가 대표적인 사례이다.

과점이 존재하는 이유는 규모의 경제 때문이다. 즉, 규모의 경제는 시장에서 살아남을 수 있는 기업의 수를 제한할 수 있기 때문이다. 기업의 규모가 상대적으로 시장의 큰 비중을 차지할 때, 시장거래량의 상당 부분을 공급하는 큰 기업은 작은 기업에 비해 단위당 더 낮은 비용을 가질 것이다. 따라서 작은 기업들은 퇴출되고 단지 몇 개의 기업만이 살아남게 되어 시장은 과점이 된다. 이런 시장은 정부개입이 없는 상태에서 발생하기 때문에 우리는 이를 종종 자연과점(natural oligopoly)이라고 부르며 그것은 자연독점과 유사하다. 항공사, 대학교재 출판사, 여객기 제조사들이 규모의 경제가 큰 역할을 하는 과점의 예들이다.

따라서 시장의 왼쪽에 완전경쟁시장이 존재한다면 맨 오른쪽에는 독점시장이, 그들 중간에 각각 경쟁적 독점과 과점이 존재하게 된다. 즉, 불완전 경쟁에는 경쟁적 독점과 과점, 그리고 독점시장이 존재한다.

경제용어

- 과점: 소수의 기업들이 전략적으로 상호의존관계를 맺고 있는 시장구조.
- 복점: 단지 두 판매자만 존재하는 과점시장.

[그림 6-8] 시장구조의 구분

PART

02

거시경제

07

국민총생산

국민소득의 개념

국민경제의 순환과정에서 특별히 관심의 대상이 되는 것은 가계부문이 기업부문으로부터 생산요소 서비스를 제공한 대가로 받는 돈, 즉 소득 규모와 기업부문이 가계부문에 재화를 판매한 대가로 받는 판매수입이다. 가계부문이 기업부문으로부터 상품을 구매한 대가로 지급하는 지출은 기업부문에서 보면 국내의 모든 기업들이 생산하여 판매한 재화의 가치인 판매수입인데, 이는 생산량을 화폐가치로 표시한 것이므로 국민총생산(gross national product: GNP)이라 한다. 그래서 국민총생산은 일정 기간 동안 기업부문과 가계부문 사이의 거래규모를 보여주는 두 부문 간 생산량의 흐름으로 측정할 수 있다.

그러나 국민소득을 이해할 때 유의할 사항이 있다. 먼저 첫째, 국민소득은 일정 기간 동안 발생한 소득의 크기를 측정한 것이기 때문에 '유량(Flow)'의 개념이 적용되는 경우도 있다. 즉, 일정 기간에 걸쳐 그 크기를 측정하는 방법이다. 예를 들어 한 달 혹은 1년 등의 기간을 설정한 경우로 생산, 소비, 저축, 투자 등의 통계자료가 여기에 해당한다. 한편 '저량(Stock)'의 개념을 사용하는 경우도 있는데 이는 일정 시점에 그 크기를 측정하는 방법으로 예를 들어 2020년 12월 말 현재까지의 누적 크기를 말한다. 주로 인구, 통화량, 외채 등의 통계 자료에 사용된다.

둘째, 국민소득은 측정기간에 따라 그 크기가 다르다. 즉, 월 단위의 크기와 년 단위의 크기가 다르다. 따라서 유량의 크기로 측정된 경우에는 반드시 '측정기간을 명시'해야 한다.

셋째, 국민소득은 측정기간 내의 창조된 부가가치만을 산정한다. 부가가치란 생산과정에서 늘어난 생산물의 가치를 말한다. 예를 들어 1,000원짜리 빵 중에서 500원의 재료비를 제외한 500원이 부가가치이다. 따라서 500원의 부가가치만을 국민소득에 포함한다.

넷째, 국민소득은 시장에서 거래된 경제활동의 크기만을 집계한 것이다. 따라서 전업주부의 가사노동과 같이 비거래 대상의 활동은 제외한다. 그러나 가사도우미에게 지급하는 보수는 국민소득의 집계에 포함한다. 왜냐하면 가사도우미에 대한 보수는 노동시장에서 해당 노동이 거래되기 때문이다.

다섯째, 거래 행위가 비공개적 및 불법적으로 이루어지는 시장 거래는 국민소득에 포함하지 않는다. 따라서 사채시장, 마약시장, 암달러시장 등의 지하경제에서 발생하는 경제 가치는 제외한다. 그리고 합법적이지 않은 경제활동을 지하경제라고 하고, 지하경제에서 형성된 시장을 암시장(black market)이라고 한다. 따라서 암시장의 규모가 클수록 해당국가의 국민소득은 실제보다 낮게 평가되는 경우가 많다.

1. 국민총생산(GNP)과 국내총생산(GDP)

① 국민총생산: 국민총생산(gross national product: GNP)을 보다 정확하게 정의하면 일정 기간 동안 그 나라 국민(內國人)에 의해 새로이 생산된 최종생산물(재화와 서비스)의 화폐적 시장가치의 총액이다. 여기서 주의할 점은 첫째, 국민총생산은 '일정 기간'을 단위로 측정한다는 점이다. 따라서 기간은 연간일 수도 있고 분기일 수도 있다. 그래서 연간 또는 분기별 국민총생산 개념이 있다.

둘째, '새로이 생산한 재화와 서비스'라는 것은 부가가치를 의미한다. 그것은 한 공장에서 만든 물건의 판매수입에서 원자재 가격을 뺀 나머지만을 포함한다. 원자재는 이미 다른 공장에서 만들어진 것이기 때문이다. 그러므로 국민총생산은 한 나라의 모든 생산단계에서 창출된 부가가치의 합과 같다.

셋째, 국민총생산은 내국인, 즉 우리나라 국민들이 생산한 결과이다. 따라서 어디까지나 국민을 기준으로 하기 때문에, 우리나라 국민들이 미국이나 중동 등 외국에 가서 생산 활동으로 얻은 생산요소소득(해외수취 요소소득)도 우리나라 국민총생산에 포함한다.

넷째, 주식이나 채권을 매매하는 금융거래는 국민총생산에 포함하지 않는다. 새로운 자산이 생산된 것도 아니고 단순히 채권이나 주식을 현금으로 교환한 것이거나 주인이 바뀐 것에 불과하기 때문이다. 중고품 매매도 국민총생산 계상에서 제외된다. 중고품이 원래 생산되었던 해의 국민총생산에 이미 계상되었을 것이고 단순히 주인이 바뀐 것뿐이기 때문이다2). 또한 정부가 지급하는 각종 공무원 연금 등 이전지출도 국민총생산에 포함하지 않는다. 당해 연도의 생산 활동에 대한 대가가 아니기 때문이다.

다섯째, 금년에 생산되었지만, 판매되지 않은 상품은 금년도 국민총생산에 포함한다. 예를 들어, 어느 자동차 회사가 금년도에 100만대를 생산해서 90만대를 판매하고 10만대를 판매하지 못했다면 10만대분의 재고를 기업이 스스로 구매한 것으로 보아 '재고투자(inventory investment)'로 지칭하여 금년도 국민총생산에 포함한다. 그래서 국민총생산에 계상하는 투자는 새로이 생산한 국산설비의 구입을 뜻하는 신규투자와 재고투자를 포함한다. 물론 전년도 재고자동차가 금년도에 판매될 경우 금년도 국민총생산에 포함하지 않는다. 전년도 국민총생산에 이미 계상되었고 또 논리적으로도 당해 연도 생산물이 아니기 때문이다.

② 국내총생산: 국내총생산(gross domestic product: GDP)은 한 나라 안에서 경제활동을 하고 있는 사람들이 일정 기간 동안 새로이 생산한 최종생산물의 화폐적 시장가치의 총합이다(국적 불문). 즉, 외국인이 우리나라에서 생산에 참여하여 얻은 소득은 포함시키고, 대신에 외국인이 우리나라 국내에서 생산 활동을 한 것은 우리나라 국민총생산(GNP)에서 제외한다. 따라서 우리나라에서 외국인의 경제활동이 얼마나 활발하게 이루어지는가는 국내생산과 고용 규모에 큰 영

---

2) 만약 중고품을 매매하더라도 매각하기 전에 약간의 수리나 페인트를 칠해서 부가가치를 증대시켰다면 그만큼은 생산활동의 결과이기 때문에 GNP에 계상된다.

향을 미친다. 그래서 내외국인을 막론하고 국내에서 생산활동이 얼마나 활발하게 이루어졌는가를 측정하는 지표가 바로 국내총생산(gross domestic product: GDP)이라는 개념이다. 이는 국민총생산에서 우리 국민들이 외국에 가서 생산활동에 참여한 결과인 해외수취 요소소득을 빼고, 우리나라 국토 안에서 생산활동에 참여한 외국인의 생산활동에 대한 대가로 우리가 그들에게 지급한 해외지급 요소소득을 합하면, 우리나라 국토 안에서 일어난 생산활동의 규모를 나타내는 국내총생산 규모를 파악할 수 있다. 즉,

$$GDP = GNP - 해외수취\ 요소소득\ +\ 해외지급요소소득$$
$$= GNP - 해외순수취\ 요소소득$$

과거 우리나라 사람들의 해외 진출도 부진하고 외국인들의 우리나라 진출도 적었던 시절에는 GNP와 GDP의 구별이 별 의미를 갖지 못했다. 하지만 국내 임금 상승으로 동남아 등 점차 해외로 진출하는 우리나라 기업들도 많고, 또 수입자유화와 자본자유화 등으로 국내에 진출하는 외국기업도 많아진 지금은 이 두 개념의 구별이 매우 중요하다. 일반적으로 내국인들의 소득이 어떻게 증감하고 있는가를 파악하고자 할 때에는 국민총생산(GNP)이라는 지표를, 그리고 국내에서 경제활동이 얼마나 활발하게 이루어졌는가를 파악하고자 할 때는 국내총생산(GDP)이라는 지표를 이용한다.

➕ [표 7-1] GNP와 GDP의 개념 정리

	자국민	외국인	결합
국내거주	A	B	(A+B)=GDP
해외거주	C	D	
결합	(A+C)=GNP		

한편 [표7-1]에서 보면, 국내거주 자국민(A) + 해외거주 자국민(C) = GNP이고, 국내거주 자국민(A) + 국내거주 외국인(B) = GDP이다. 따라서 GNP는 국적 중심의 개념이고, GDP는 거주지 중심의 개념이라고 말할 수 있다.

미국은 국내 경제활동 성과를 보다 정확하게 파악하기 위해 GDP로 성장률을 측정하고 있다. 이처럼 미 상무부가 경제활동 지표를 소득지표인 GNP로부터 생산지표인 GDP로 변경한 것은, GDP가 산업생산 등 국내 경제활동 수준에 초점을 맞춘 지표이므로 GNP에 비해 경기 동향 분석에 더 유용하기 때문이다. 또한 해외수취 요소소득이 포함되지 않으므로 GNP에 비해 추계가 신속하게 이루어질 수 있기 때문이다. 따라서 OECD국가들 및 우리나라도 GDP를 발표하고 있다.

2. 명목(nominal) GNP와 실질(real) GNP의 개념

우리가 GNP(국민총생산) 규모에 대하여 관심을 갖는 것은 그것이 국민생활 수준과 관계가 있기 때문이다. GNP 규모를 측정할 때 생산된 재화와 서비스를 해당 기간의 시장가격인 화폐가치를 기준으로 한다. 그러다 보니 생산량이 일정해도 만약 해당 기간 동안 상품가격이 급등하면 GNP 규모는 급증한다. 이 경우 비록 수치상으로는 GNP가 증가했어도, 생산량의 증가 없이 상품가격만 상승하여 화폐로 표시한 생산 금액만 증가한 것이기 때문에, 국민들의 생활수준에는 아무런 영향이 없다. 따라서 화폐로 표시한 GNP는 물가변동과 생산량 변동을 동시에 포함하는 개념이기 때문에, 국민의 생활수준 개선에 기여하는 실질적 총생산의 변동, 즉 우리의 생활을 풍족하게 해주는 재화와 서비스의 생산량 규모가 얼마나 증가했는지를 나타내는 GNP 개념이 필요하다.

왜냐하면 GNP = 가격(P) × 수량(Q)인데 가격의 변화율인 인플레이션이나 디플레이션은 GNP를 비교할 때 어렵게 만든다. 예를 들어 2000년의 GNP가 각각 천만 원(귤10,000개 × 1,000원)과 이천만 원(귤10,000개 × 2,000원)이라고 하자.

가격이 두 배로 올라서 GNP는 2배가 되었지만, 실제 생산량은 똑같고 따라서 국민들이 소비할 수 있는 실제 소비량도 같다. 이때의 GNP는 확실한 경제지표가 되지 못한다. 따라서 가격의 변화가 아니라 단지 생산량의 변화만을 반영할 수 있도록 명목 GNP를 조정할 필요가 있다. 그래서 해당 기간의 가격을 의미하는 경상가격(current price)으로 나타낸 '명목 GNP'와, 그 가운데서 가격 상승분을 차감한 나머지, 즉 생산량의 증가분만을 반영하는 불변가격(constant price) GNP, 즉 '실질 GNP'를 구별해야 한다.

불변가격이란 어느 특정연도를 기준연도로 하고, 당해 연도의 생산량을 기준연도의 가격으로 평가한 재화와 서비스의 가치를 의미한다. 다시 말해서 경상가격 GNP를 명목(名目, nominal) GNP, 그리고 불변가격 GNP를 실질(實質, real) GNP라고도 한다. 그리고 명목 GNP와 실질 GNP와의 비율을 GNP디플레이터라고 한다. 그리고 이 GNP디플레이터(deflator)의 증가율은 물가상승률 또는 인플레이션의 측정지표로 이용하기도 한다. 즉,

$$\frac{\text{비교년차의 수량} \times \text{비교년차의 가격}}{\text{비교년차의 수량} \times \text{기준년차의 가격}} = \text{GNP디플레이터}$$

$$\text{조정GNP계산} = \frac{\text{GNP}}{\text{GNP 디플레이터}} \times 100$$

$$\text{예)} \ \frac{3402(\text{GNP 생산액})}{104(\text{물가지수})} = 32.71 \times 100 = 3\text{조}2,710\text{원}(10\text{억 단위})$$

우리가 알아야 할 GNP 규모는 불변가격 GNP(실질GNP)이며, 이의 연간 증가율을 경제성장률이라고도 부른다. 즉, 경제성장률 = 불변가격 GNP증가율이며, 예를 들면

$$\text{2015년 경제성장률} = \frac{\text{2015년 불변가격 GNP} - \text{2014년 불변가격 GNP}}{\text{2014년 불변가격 GNP}} \text{이다.}$$

국민소득의 활용

1. 국민소득의 내용

① 국민순생산(net national product: NNP)

기업이 생산활동을 할 때 기계 등 자본시설이 마모되기 마련이다. 이때 해당 연도의 총생산 가운데 기계의 내구연수(耐久年數) 또는 내용 연수가 끝날 때 이 기계를 대체할 자금을 마련하는 데 사용하는 비용을 감가상각 충당금(減價償却 充當金)이라고 한다. 이 자금을 제외한 생산량이 순수하게 해당 연도의 신규 생산량이다. 따라서 국민총생산 가운데 감가상각 충당금을 제외한 생산물의 가치를 국민순생산(國民純生産, net national product: NNP)이라고 부른다.

국민순생산 = 국민총생산 – 감가상각 충당금

② 국민소득(national income)

국민소득은 해당 기간 동안 생산활동에 참여한 경제주체가 받은 모든 소득을 의미한다. 기업은 매년 판매수입에서 임금이나 이자 등, 비용을 지급한 후 나머지인 이윤 가운데 감가상각 충당금을 제외하고 배당한다. 따라서 감가상각 충당금은 국민소득에 포함하지 않는다. 또한 간접세는 기업이 정부에 납부하고 요소소득으로 분배하지 않으므로 역시 국민소득에 포함하지 않는다. 한편 기업의 경우 정부로부터 받는 각종 보조금은 당기 생산활동이 아니기 때문에 국민총생산에는 포함되지는 않지만 기업에 입장에서는 소득이기 때문에 국민소득에는 포함된다. 그래서 국민소득은 국민순생산에서 간접세를 뺀 나머지에 정부의 보조금을 더한 값으로 계산한다.

$$국민소득 = 국민순생산 - 간접세 + 정부의 기업보조금$$
$$(-감가상각비)$$

③ 개인소득(personal income)

국민소득의 일부인 임금소득 가운데 국민연금기금과 같은 출연금 등은 사회보장기금을 마련하기 위한 사실상의 세금으로 기업주가 원천징수하여 정부에 납부하는 지출이다. 또한 기업이윤 중에서 일부는 법인(소득)세 등 이윤세금 (profit tax)으로 정부에 납부하고, 일부는 기업이 불황에 대비하거나 혹은 재투자를 위해 회사가 이윤을 가지고 있는데, 이를 사내유보(社內留保, retained earning)라고 한다. 따라서 이 자금도 개인소득에서 제외한다. 그리고 정부는 영세민구호금 지출 등 무상으로 개인에 대한 이전지출(transfer payment)을 실시하는데, 이는 비록 생산활동에 참여한 대가는 아니지만 개인소득에는 포함된다. 그러므로 국민소득 가운데 이렇게 개인에게 소득으로 배분되지 않는 부분을 제외하고 이전지출을 더하면 개인소득(personal income)이 된다.

$$개인소득 = 국민소득 - 사회보장금 - 법인세 - 사내보유 + 정부의 이전지출$$

④ 가처분소득(disposable income)

개인소득이라고 해서 개인 마음대로 모두 처분할 수 있는 것은 아니다. 개인소득 가운데 소득세 부분은 정부에 납부해야 하고, 나머지가 개인이 마음대로 처분할 수 있는 가처분소득(disposable income)이다. 이는 기업들이 상품에 대한 수요를 예측할 때 매우 유용하게 이용될 수 있는 개념이기도 하다. 물론 개인은 가처분소득 중 일부는 저축하고 나머지는 소비할 것이다.

$$가처분소득 = 개인소득 - 개인소득세$$
$$= 저축 + 소비$$

2. 분배국민소득과 노동소득분배율

국민소득은 소득을 얻는 경제주체를 기준으로, 개인소득, 법인소득 및 정부소득으로 구분하는데, 이러한 개념을 분배국민소득이라고 한다. 개인소득은 개인과 비공인 기업이 피고용인에게 지급하는 급료와 임금을 의미하는 피용자보수(被傭者報酬), 개인재산을 활용해서 얻은 임대료, 이자 및 배당소득 등 재산소득을 포함한다. 법인소득은 기업이 생산활동을 통해 얻은 수입 가운데 각 생산요소에 대한 대가로 지급하고 남은 각종 적립금, 준비금 등 사내유보금을 의미하는 법인저축과 법인이 부담하는 법인세로 구성되어 있다. 그리고 정부 소득은 정부재산 및 정부기업의 활동에서 발생하는 재산소득 및 공기업 소득에서 정부가 발행한 국공채에 대한 이자지급을 차감한 나머지이다. 국민소득 통계 가운데 요소소득 통계는 국민소득을 임금소득(피고용자보수), 영업 잉여소득, 이자, 배당금, 및 토지나 건물 등의 임대를 통한 재산소득 등 소득의 원천이기 때문에, 각 경제주체의 생산요소소득을 합한 분배국민소득 개념은 국민소득의 발생 원천을 파악하는 데 유용하게 이용한다.

한편 분배국민소득 가운데 가장 중요한 지표는 노동소득분배율인데, 이는 국민소득 가운데 이용자 소득이 차지하는 비율이다. 이 비율은 각 나라의 산업구조, 소득수준, 및 사회제도 등에 따라 나라별로 크게 차이가 있다. 대체로 1차산업 비중이 낮을수록, 그리고 노동집약적 산업 비중이 크고, 경제발전 정도가 높은 선진국일수록 높다. 또한 이 비율이 연차적으로 어떤 추세를 보이는지 파악해 국민소득 가운데 노동자들이 차지하는 몫이 어떻게 변화하는지, 또한 소득의 공평한 분배를 위해 어떤 부문에 관심을 가져야 하는지 알 수 있다. 예를 들면 이 비율이 90%라면 재산소득이 감소한다 해서 소득분배가 균등하게 되기에는 한계가 있다. 우리나라의 생산요소별 소득점유율을 보면, 임금소득에 해당하는 피고용자 소득의 비율이 1965년 30% 수준에서 1980년대 말에는 약 40%에 이르렀고, 1990년대 말에서야 60%를 약간 상회하였다. 1990년대 초에 일본은 70%에 이르렀고 미국은 76% 수준이었다.

3. 국민소득 추계방법

국내총생산은 "국내에서 각 생산주체의 부가가치의 총계"라고 정의한다. 그러나 기업이나 그 외의 생산주체가 만드는 부가가치는 한 나라의 경제 속에서 어떻게 분배·소비될까? 모든 경제활동은 궁극적으로는 반드시 누군가의 경제적 후생을 끌어올리기 위해 행해지고 있고, 그 성과는 반드시 누군가에게 귀속된다고 생각할 수 있기 때문이다.

3면 등가(3面等價)의 법칙

예를 들어 어느 농가가 20조원, 제분소가 15조원, 제빵회사가 30조원 소득을 얻었다고 하자. 그러나 농가에서도 소작농이라면 지주에게 지대(地代)를 얼마정도 지불해야 할 필요가 있을 것이다. 다른 한편으로는 제분소 역시도 종업원을 고용하고 있다면 임금을 지불해야 할 필요가 있을 것이다. 그리고 제빵회사가 주식회사라면 종업원에게 임금을 지불하는 것 이외에 주주에게 배당 지급도 필요하고 차입금이 있다면 이자를 내지 않으면 안 된다. 그 외에 이사직에 해당하는 직원들의 보수나 세금 지불도 있고, 기업의 유보이윤으로서 회사에 남는 부분도 있다. 물론 자본마모분에 관해서도 적절한 금액을 계상해야 할 필요가 있다.

따라서 중요한 것은 부가가치 합계로서 계산된 GDP는 반드시 정부, 가계, 기업 중 어느 한 경제주체에 분배된다는 점이다. 다시 말해서

GDP＝가계의 수입＋기업의 수입＋정부의 수입으로 구성된다.

생산된 GDP는 가계, 기업, 정부 중 어느 한 부분에 분배되어 소득으로 구성된다. 다시 말해서 생산 측면에서 보면,

GDP＝분배 면(또는 소득 측면)에서 본 GDP라는 항등식이 성립된다.

더욱이 논의를 한층 높여 보면, 이 분배된 국내총생산이 어떻게 사용되는가라는 '지출 측면'의 문제로 연결된다. 국민소득총계에서 국내총생산의 지출 측면을 '국내총지출(Gross Domestic Expenditure: GDE)'이라고 말하고, 민간소비, 정부소비, 국내투자, 무역 및 서비스수지의 여러 항목의 합계로 정의한다.

국민소득총계에 있어서 국내총생산을 생산 면에서 보거나 분배 면(소득 면), 또는 지출 면에서 봐도 모두 같다. 즉, 등가(等價)라고 정의할 수 있다. 다시 말해서 생산 측면, 요소소득 측면, 지출 측면 등 3가지 면에서 측정할 수 있다. 생산 측면은 자동차, 컴퓨터 생산금액 등 품목별 최종생산물의 가치 또는 생산단계별 부가가치를 통해 파악하고, 요소소득 측면은 임금소득, 이윤소득 등 생산에 참여한 생산요소에 대한 대가를 합친 것이고, 지출 측면은 소비, 투자 등 지출형태별 지출금액으로 측정한다. 이처럼 3가지 면에서 측정한 국민소득은 서로 일치해야 한다는 의미에서 이를 「삼면등가(三面等價)의 원칙」이라고 한다.

4. 국가 간의 생활수준 비교

국가 간 경제활동 규모를 서로 비교할 때는 주로 불변가격 또는 실질 GNP의 증가율인 경제성장률과, GNP디플레이터(deflator)의 증가율인 물가상승률 등을 비교한다. 국가 간 생활수준은 GNP를 이용하여 비교하는데 이 경우 각 나라의 GNP 절대 규모로 비교하면 면적의 크기와 인구의 차이 때문에 비교하기가 어렵다. 따라서 각 나라의 생활수준을 비교할 때 우리는 일인당 국민총생산 또는 일인당 국민소득을 가지고 비교한다. 그런데 각 나라의 GNP는 각 나라의 화폐단위로 표시되어 있기 때문에, 이를 국제적으로 공통된 통화 단위인 달러로 표

시한다. 그래서 일인당 국민소득은 명목국민소득을 환율과 인구로 나누어서 계산한다.

$$\text{일인당 국민소득} = \frac{\text{명목 GNP}}{\text{환율} \times \text{인구}}$$

이 경우 만약 환율이 물가상승률만큼 상승한다면, 물가상승에 따른 명목 국민소득의 증가로 일인당 국민소득의 왜곡은 방지할 수 있다. 그러나 물가상승에 대비하여 환율이 변동하지 않는 고정환율제도에서는 물가상승이 일인당 국민소득을 증가시킨다. 따라서 국가 간에 일인당 국민소득을 비교할 때 일인당 국민소득은 명목국민소득을 이용하여 계산한다. 1997년도 말 환율이 한 달 사이에 900원대에서 2,000원대로 폭등한 적이 있었다. 그 결과 일인당 소득도 급감했다. 이는 달러로 측정한 우리나라 국민총생산 규모가 감소했다는 뜻이다.

한편 국민소득의 증가와는 별도로 생활수준의 향상은 노동자들의 생산성 증대를 통해서 이루어지기도 한다. 개별 기업의 생산성(生産性, productivity) 또는 노동생산성은 노동자들의 생산금액을 노동자 수로 나눈 값이다.

$$\text{생산성} = \frac{\text{생산금액}}{\text{노동자수}}$$

또한 한 나라의 생산성은 그 나라 국민이 생산한 금액, 즉 국민총생산을 국민 수로 나눈 값이 일인당 국민총생산이다.

$$\text{일인당 국민총생산} = \frac{\text{실질국민총생산}}{\text{인구}}$$

08

균형국민소득 이론: 단순경제모형

국민경제의 기본 개념

1. 총수요와 총공급의 구성

한 나라에서 거시경제 문제가 발생하는 가장 근본적인 원인은 총수요과 총공급이 일치하지 않기 때문이다. 총수요(aggregate demand)는 한 나라의 경제 전체의 모든 수요를 의미하는데, 이것은 기업이 생산한 재화에 대한 모든 경제주체들의 수요를 합한 것이다. 이론을 단순화하기 위해 현재 상정하고 있는 경제에서 경제주체는 가계와 기업만으로 한정할 때, 가계의 소비지출(consumption: C)과 기업의 투자지출(investment: I)을 합한 것이 총수요(C+I)이다. 한편 총공급(aggregate supply)은 기업이 가계부분에 지급한 생산요소에 대한 비용으로 총생산비와 같다. 따라서 생산요소를 공여한 가계부분의 입장에서 보면 총소득 또는 국민소득과 같다.

$$\text{총수요} = \text{소비수요} + \text{투자수요} = \text{총판매 수입}$$
$$\text{총공급} = \text{총생산비} = \text{국민소득}$$

만약 총수요와 총공급이 일치하지 않으면 경제에 어떤 문제가 발생하는지에 관해 두 가지 예를 들어보면,

총수요 > 총공급 ⇨ 투자 > 저축 ⇨ 재고 감소 ⇨ 생산 증대 ⇨ 국민소득 증

대로 나타날 것이고, 반대로,

총수요<총공급 ⇨ 투자<저축 ⇨ 재고 증가 ⇨ 생산 감소 ⇨ 국민소득 감소로 나타날 것이다.

이론적으로 총수요와 총공급이 일치하면 경제문제는 일어나지 않는다. 그러나 총수요와 총공급이 일치하지 않는 이유는 총공급을 결정하는 경제주체인 기업과 총수요를 결정하는 경제주체인 소비자는 각자 소비와 투자를 결정하는 총수요의 동기와 총공급의 동기가 서로 다르기 때문이다. 만약 다른 조건이 변하지 않는다는 조건에서 어떤 기간에 총수요와 총공급이 일치한다면 국민소득 수준도 변하지 않고 동일한 수준에 머무를 것이다.

즉, 총수요＝총공급 ⇨ 투자＝저축 ⇨ 재고불변 ⇨ 생산규모 불변 ⇨ 국민소득 불변으로 나타난다.

따라서 총수요와 총공급이 일치된 상태에서 기업들이 계속 동일한 생산수준을 유지한다면 그 나라 경제가 균형(均衡: equilibrium)상태에 있다고 말하고 이때의 국민소득을 균형국민소득(equilibrium national income)이라고 말한다. 따라서 이때 국민경제의 균형 조건은

$$총수요 \ = \ 총공급$$

총공급은 기업부문에서 보면 총생산비와 같고, 생산요소를 공급하는 가계의 입장에서 보면 국민소득(national income: Y)이라고 말할 수 있다. 또한 총수요는 가계부문의 소비지출(C)과 기업부문의 투자지출(I)를 합한 것과 같다. 따라서 총수요＝총공급이라는 것은 국민소득(Y)＝소비지출(C)＋투자지출(I)과 같이 구조화할 수 있다.

이제 논리를 단순화하기 위해서 국민경제 균형조건은 Y＝C＋I로 구성된다고

가정한다. 봉쇄경제를 가정하여 국민총생산(GNP)를 Y로, 총수요를 구성하는 소비수요 중에서 소비를 C, 투자는 I로 약술하면 총수요와 총공급의 균형조건은 아래와 같이 영자로 간략하게 쓸 수 있다.

$$Y = C + I \cdots\cdots\cdots\cdots\cdots\cdots\cdots\cdots\cdots\cdots\cdots\cdots\cdots\cdots\cdots ①$$

여기서 논리의 단순화를 위해 정부와 해외거래는 존재하지 않는다는 가정이기 때문에 국민소득 중 일부를 소비하고 남은 것은 저축의 형태로 처분한다. 저축(saving)을 S로 약술하면 총공급 Y를 아래의 ②번처럼 쓸 수 있고, 총수요를 D라 하면 아래의 ③처럼 쓸 수 있다. 즉,

$$Y = C + S \cdots\cdots\cdots\cdots\cdots\cdots\cdots\cdots\cdots\cdots\cdots\cdots\cdots\cdots ②$$
$$D = C + I \cdots\cdots\cdots\cdots\cdots\cdots\cdots\cdots\cdots\cdots\cdots\cdots\cdots\cdots ③$$

따라서 균형국민소득의 조건은 총공급(Y) = 총수요(D)일 때로 ①식으로 표시한 국민소득의 균형조건은 다음과 같이 변형하여 쓸 수 있다. 즉, Y(D) = C + I는 곧 C + S = C + I이기 때문에 이는 곧

$$S = I \cdots\cdots\cdots\cdots\cdots\cdots\cdots\cdots\cdots\cdots\cdots\cdots\cdots\cdots\cdots\cdots ④$$
이기도 하다.

그러므로 국민소득 결정 관계는 Y = C + I를 기준, 즉 총수요를 기준으로 설명할 수도 있고, S = I 기준으로도 설명할 수 있다. 즉, 균형국민소득의 결정은 저축(S)과 투자(I)의 균형으로부터 설명할 수 있다. 다시 말해서 저축(貯蓄: saving)이라고 하는 것은 소득 중의 일부가 소비되지 않았기 때문에 발생하는 것으로서, 다른 측면에서 보면 저축의 발생은 그만큼의 수요가 감소하는 것을 의미한다. 이에 반하여 투자(投資: investment)는 수요의 증가를 의미한다. 여기

서 저축이 발생한다 하더라도 그만큼 투자로 돌아올 수 있다면 그 경제는 수요와 공급의 균형을 유지하면서 생산을 확대해 나갈 수가 있다.

한편 기업의 투자는 여러 요인들에 의해 영향을 받는다. 기업들이 가지는 경제활동의 공통의 목적은 이윤극대화이다. 그리고 기업이 생산활동을 위해 구입 및 지출하는 행위를 투자지출(investment: I)이라고 한다. 여기서 말하는 기업의 투자란 새로운 건물, 공장, 기계시설 등 생산시설을 구입하고 재고가 증가하는 것을 뜻하는데, 새로이 구입한 생산시설을 자본(資本: capital)이라고 한다. 기존에 소유하고 있던 자본재를 구입하는 것은 투자로 계산하지 않는다. 기존 자본재에 대한 소유권은 주식이나 채권을 구입함으로써 이전되는데, 이를 금융투자(金融投資: financial investment)라고 한다. 그런데 기업이 투자를 경정하는 데는 여러 가지 요인에 의해 결정된다. 그중에서도 다음 3가지가 기업의 투자지출을 결정하는 주요 요인으로 거론되고 있다. 그것은 이자율과 환율, 그리고 예상 수익률이다.

먼저 이론을 간단히 하기 위해서 투자(I)는 오직 이자율(r)만에 의해 결정된다고 가정하면, 투자는 이자율에 의존하게 된다. 그리고 당분간 이자율은 변하지 않기 때문에 투자액도 일정불변의 수치로 고정되어 있다고 하면 투자(I)를 I = I(r) 로 표현할 수 있다. 따라서 이자율(r)이 일정할 때 투자(I)도 일정하게 된다. 즉,

① 이자율(r) ⇨ 투자지출(I)
  • 이자율↑ ⇨ 투자지출↓
  • 이자율↓ ⇨ 투자지출↑

[그림 8-1] 이자율과 투자량

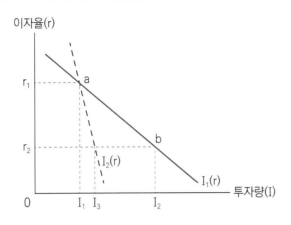

단, 최근에는 투자가 이자율에 대하여 반응도가 매우 낮다(I_2). 따라서 투자 곡선은 경직적이다.

한편 환율의 변화도 투자지출에 영향을 주는데 일반적으로 환율의 상승은 원 자재 및 자본재 수입 비용의 증가로 투지지출(I)은 감소한다. 즉,

② 환율(E) ⇨ 투자지출(I)

환율(E)↑⇨ 투자지출↓(수입품 가격 상승), 환율(E)↓⇨ 투자지출↑ (수입품 가격 하락).

예) 1\$＝1,000원 ⇨ 1\$＝1,300원〜 1\$짜리 미국의 볼펜심 수입가격 상승 (투자 지출 감소).

또한, 기업의 예상 수익률도 투자지출(I)에 영향을 준다. 즉,

③ 예상수익률 ⇨ 투자지출(I)

예상수익률↑⇨ 투자지출↑

한편 저축(saving: S)은 어떻게 결정되는가에 대해 생각해 보자. 고전파의 경우, 저축은 주로 이자율(r)에 의존해서 결정된다고 가정한다. 예금금리가 높아지면 저축하는 것이 유리해지고, 보다 많은 저축이 계획되지만, 예금금리가 낮아지면 소비의 증대(저축 감소)를 유발하는 것으로 생각한다. 그러나 저축(반대로 소비)에 대한 케인즈의 생각은 저축(또는 소비)은 주로 소득수준에 의존한다고 보았다. 여기서 '소득'이란 총공급 또는 GNP를 말한다. 저축이 오로지 GNP에 의존한다고 가정할 때 저축을 S로, GNP를 Y로 표현하면,

$$S = S(Y) \text{ 로 쓸 수 있다.}$$

GNP의 정의로부터 소비를 C로 쓰면, Y=C+S가 되기 때문에

$$C = Y - S(Y) = C(Y)\text{가 된다.}$$

따라서 저축이 Y에 의존하면 소비도 역시 Y에 의존하게 된다.

2. 정부와 정부지출의 개념

정부의 경제활동의 공통의 목적은 공익극대화이고, 정부가 가계나 기업을 대신(정부만의 일)하여 구입하는 행위를 정부지출(government: G)이라고 한다. 정부지출의 범위에는 유상거래와 이전거래가 있다. 유상거래는 대가를 받고 돈을 지출하는 경우이고, 이전거래는 대가 없이 돈을 지출하는 경우를 말한다. 단, 정부지출은 유상거래만을 계산한다. 정부에 의한 지출 행위는 경기변동을 완화시켜주는 역할을 하므로 이를 정부의 안정화정책이라고 말한다. 즉, 불경기일 때 재정지출을 증가시켜서 생산, 고용, 소득 등의 증가를 통하여 경기를 회복시키고, 물가가 폭등하는 경기상황의 경우에는 재정지출을 감소시켜 생산, 고용, 소득 감소를 통하여 경기 둔화를 유도해서 결과적으로 경기의 지나친 확장과 수축을 완화해 주는 역할을 한다.

3. 개방경제와 순수출

세계의 경제는 일반적으로 폐쇄경제와 개방경제로 구분되는데 폐쇄경제는 외국과의 물적 및 인적 교류가 없는 경우를 말하고, 개방경제는 외국과의 물적 및 인적 교류가 있는 경우를 말한다.

한편 수출이란 국내 상품을 외국 거주자에게 판매하는 행위를, 수입이란 외국 상품을 내국 거주자가 사 오는 행위를 말한다. 수출－수입＝순수출이라고 하고, 순수출(＋)일 때는 수출＞수입을 의미하며, 이는 무역수지 흑자로서 상품 및 서비스수지에 계산한다. 이것은 외국의 채권이 증가한다는 것을 의미한다. 즉, 순수출 증가 ⇨ 생산증가 ⇨ 고용증가 ⇨ 소득증가 ⇨ 경기활성화로 나타난다. 한편 순수출(－)일 때는 수출＜수입을 의미하며 무역수지 적자로 나타나고, 상품 및 서비스수지에 기입하며 외화 차입 및 외채 증가의 경제 문제가 발생한다. 순수출 감소는 국내 동종기업 생산 감소 ⇨ 고용 감소 ⇨ 소득 감소 ⇨ 경기 위축을 초래한다.

국민경제의 균형조건

1. 총수요 이론

1) 소비함수와 저축함수

① 소비함수

소비수준을 결정하는 요인과 소비와의 인과관계를 수식으로 표현한 것이 소비함수(consumption function)이다. 앞서 설명한 것처럼, 소비에 영향을 미치는 경제적 요인으로는 제일 먼저 소득(GNP: Y)을 상정할 수 있다. 다른 조건이 일정하다면 소득 증가는 소비를 증가시킨다. 소득 이외에 소비에 영향을 미치는 요인은 이자율과 환율 등을 말할 수 있다. 이 외에도 예상수익률 등이 있다. 장래 물가가 상승할 것으로, 장래소득이 증가할 것으로, 그리고 장래 구입하고자 하는 재화의 물량이 부족할 것으로 예상한다면 현재 소비는 증가할 수도 있을 것이다. 또한 소비와 저축에 대한 사회 관습도 소비에 영향을 미칠 수가 있다. 일본 사회처럼 저축을 미덕으로 삼는 사회와 과소비 열풍이 불어 닥치는 사회 사이에는 소비수준과 저축수준에 차이가 있다.

이처럼 소비에 영향을 미치는 요인들이 여러 가지 있지만 가장 결정적 요인은 소득이라고 본다. 그런데 케인즈(Keynes)에 의하면, 사람들이 가지는 소비행태(consumption behavior)에는 다음과 같은 세 가지 특징이 있다고 한다. 첫째, 어느 기간 소득이 없더라도 그 첫 달에는 과거의 저축을 이용하여 최소한의 생활을 유지하기 위해 소비지출을 하는데, 이때의 소비를 기초소비라 부른다. 둘째, 소득이 증가하면 소비도 증가한다. 셋째, 소득이 증가할 때 소비가 증가하지만, 소비 증가의 규모는 소득 증가의 규모보다 작다는 특징이 있다.

이러한 소비행태를 설명해 주는 소비와 그 결정요인의 인과관계를 밝혀주는 것이 소비이론인데, 그 수식이 바로 수식 ①의 소비함수이다(여기에서 주어진 수치는 임의로 상정한 것이다).

지금 가정해서 소비함수의 선형을

$$C = C + c_1 Y \quad \text{\dotfill} \quad ①$$

로 표현하고, 소득(Y)에서 소비(C)하고 남은 것을 저축(S)이라고 한다면, $S = Y - C$에서 C값에 $C = C + c_1 Y$를 대입하여 정리할 수 있고, 다시 말해서

$$S = Y - C$$

위 식에 $C = C + c_1 Y$를 대입하여 정리하면, $(Y - c_1 Y) - C$이고, 이는 $(1 - c_1) Y - C$로 쓸 수 있다.

이 소비함수가 가지는 소비행태의 특성을 다시 한 번 확인해 보면, 먼저 소득이 0일 때 소비는 C로서 첫 번째 기초소비의 특성을 반영하고 있다. 그리고 두 번째 특징으로는 소득(Y)이 1단위 증가하면(예를 들어 1원 증가하면), 소비는 c_1원만큼 증가하고 저축은 $(1 - c_1)$원만큼 증가한다. 즉, 소득이 한계적으로 1원 증가할 경우 소비는 c_1만큼, 저축은 $(1 - c_1)$원 만큼 증가한다. 또한 소득변수의 계수(계수, coefficient)부호가 플러스(+)인 것은 소득이 증가할 때 소비가 증가하는, 즉 소득과 소비가 정(正, positive)의 관계에 있다는 것을 의미한다.

이에 따라 우리는 c_1를 한계소비성향(marginal propensity to consume: MPC, 限界消費性向)이라 하고, $(1 - c_1)$를 한계저축성향(marginal propensity to save: MPS, 限界貯蓄性向)이라 말한다. 그런데 소득증가($\triangle Y$)에 대한 소비증가($\triangle C$) 비율($\frac{\triangle C}{\triangle Y}$)인 한계소비성향(MPC)은 그 크기에 따라 재정정책과 통화정책의 효율성을 가늠하는 매우 중요한 경제변수이기에 국민소득 결정이론에서 중요한

위치를 차지하고 있다(한계저축성향(MPS)의 측면에서 생각할 수도 있다).

또한, C/Y, S/Y는 각각 평균소비성향(average propensity to consume: APC)과 평균저축성향(average propensity to save: APS)이라고 말한다. 마지막 특징은 소비자가 가지는 한계소비성향(MPC)은 통상적으로 0보다는 크고 1보다는 작게 나타난다. 물론 한계저축성향(MPS)도 0과 1사이의 값을 갖는다. 즉, 소득이 증가할 때 사람들의 소비도 증가하지만 소득의 증가분만큼 모두, 또는 그 이상으로 소비하는 경우는 일반적으로 생각할 수 없다. 이 경우, 소득 증가분의 일부는 저축의 증가로 돌아가게 된다.

이 같은 내용을 [그림8-2]처럼, 그래프로 설명할 수 있다. 단 [그림8-2]은 $c_1 = 0.8$, C=100으로 임의 설정하여 그려져 있다. 그래프 중에서 C선이 소비함수, S선이 저축함수로, 각각 소득(Y)이 증가함에 따라 증가하는 관계로 나타나 있다. 그리고 [그림8-2]의 소비함수는 ②로 나타나 있다.

$$C \;=\; 100 \;+\; 0.8Y \;\cdots\cdots\cdots\cdots\cdots\cdots\cdots\cdots\cdots\cdots\cdots\cdots\cdots\cdots\cdots\cdots ②$$

[그림 8-2] 소비곡선과 저축곡선

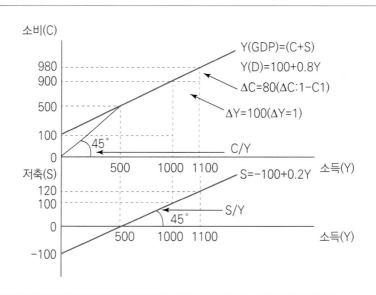

여기에서 소비함수가 가지는 의미는 앞서 설명한 것처럼, 소득이 1,000에서 1,100으로 증가할 때 소비는 900(C = 100 + 0.8 × 1,000)에서 980(C = 100 + 0.8 × 1,100)으로 증가하는데, 소득이 100 증가할 때 소비는 80만큼 증가하므로 한계계소비성향(MPC)은 0.8, 한계저축성향(MPS)은 0.2로 소득(Y)의 수준과는 독립적으로 나타나 있다. 그리고 평균소비성향(C/Y)은 소득(Y)이 증가하면 낮아지게 된다. 예를 들어 Y = 500일 때 평균소비성향은(C/Y) = 1이 되지만, Y = 1000으로 증가하면 0.9가 되고, Y = 1100으로 증가하면 0.89가 된다. 반대로 평균저축성향(S/Y)은 소득 Y가 증가함에 따라 각각 0, 0.1, 0.11로 증가한다.

② 저축함수

소득(Y)에서 소비(C)를 뺀 나머지를 모두 저축(saving)으로 정의하므로 저축함수(saving function: S)는 소비함수를 이용하여 식 ③과 같이 쓸 수 있다.

$$
\begin{aligned}
\text{저축함수: } S &= Y - C \\
&= Y - (100 + 0.8Y) \\
&= -100 + 0.2Y \quad\cdots\cdots\cdots\cdots\cdots\cdots\cdots\cdots\cdots\cdots\cdots\cdots\cdots\cdots ③
\end{aligned}
$$

이 저축함수에서 소득이 100증가하면 저축은 20이 증가한다. 이때 앞에서 설명한 것처럼, 소득의 증가에 대한 저축의 증가비율($\frac{\triangle S}{\triangle Y} = 0.2$)을 한계저축성향(marginal propensity to save: MPS)이라 말한다. 그런데 소득의 증가는 소비증가와 저축증가를 합친 것과 항상 같으므로 한계소비성향과 한계저축성향을 합치면 1이다. 이를 수식으로 표시해서, 저축함수를 그리면 [그림8 - 2]에서와 같은 저축곡선을 얻을 수 있다.

$$
\frac{\triangle Y}{\triangle Y} = \frac{\triangle C}{\triangle Y} + \frac{\triangle S}{\triangle Y} = 0.8 + 0.2 = 1
$$

$$
1 = MPC + MPS
$$

③ 투자함수

단순화된 거시경제 모델에서 소비수요 외에 총수요를 구성하는 요소는 투자
수요이다. 투자는 공장이나 기계 등의 생산설비를 구입하는 행위를 말한다. 기
업은 생산을 확대하기 위해 자본스톡의 증가, 즉 투자행위를 한다. 투자는 이자
율, 국민소득 수준, 예상수익률 등의 여러 가지 요인들에 의해서 결정되지만 앞
서 가정한 것처럼, 논의를 단순화하기 위해서 투자는 이자율, 국민소득 수준 등
과는 관계없이 일정수준으로 주어지는 것으로 한다. 즉, 투자는 독립투자로 한
정한다. 따라서 투자지출(I)는 일정수준에서 주어진다고 가정함으로 투자함수는

$$I = I^* 로 \ 표현 \ 할 \ 수 \ 있다.$$

즉, 투자함수에 의해 만들어진 것이 [그림8-3]의 그래프이다. 투자함수
(investment function)란 투자를 결정짓는 경제적 요인과 투자와의 인과관계
이다.

또한 투자는 독립투자와 유발투자가 있다. 유발투자는 국민소득의 증가에 따
라 증대되는 투자를 의미한다. 소득이 증가하면 가계부문은 소비재를 구입하는
데, 이는 기업의 판매수입을 증대시켜 이윤을 얻을 수 있기 때문에 생산시설을
확장하게 한다. 유발투자는 경기의 호황과 불황이 발생하는 현상을 설명해 주기
때문에 매우 중요한 개념이다. 독립투자(autonomous investment)는 기업들의
미래에 대한 예상이 호전되었거나 해외로부터 상품에 대한 수입 붐이 불거나 인
구증가, 투자에 대한 조세정책, 기술혁신 등 국민소득의 증가와 관계없이 증가
하는 투자를 뜻한다. 단지 이 책에서는 독립투자만을 상정한다.

[그림 8-3] 투자곡선과 이자율

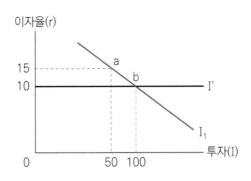

한편 투자는 국민소득 수준과 관계없이 일정한 것으로 가정하므로 투자함수는 횡축에 대하여 평행한 직선으로 그려진다. 이상에서 다룬 일국의 단순경제모델에서 전체 소비수요와 투자수요의 합계가 총수요인데, 이 수요를 D=C+I로 표현한다. 이것은 실제로 국민소득에 의해 뒷받침된 총수요이고 케인즈는 이를 유효수효라고 했다. 여기서 소비가 국민소득의 증가함수이고 투자는 어떤 일정 수준(I*)에서 일정하다고 가정하였으므로 총수요(D=C+I)도 국민소득수준의 증가함수가 된다. 그러나 한계소비성향(MPC)이 1보다 작으므로 국민소득 증가분만큼은 총수요가 증가하지 않는다.

기업이 투자하는 것은 이윤을 얻기 위해서이다. 그러므로 투자를 결정짓는 중요한 요인은 새로 구입한 자본재를 이용해서 생산품을 생산 판매할 때 얻을 수 있는 예상수입으로부터 예상 생산비용을 제외한 기대수익률과 자본재 구입에 필요한 자금을 차입하는 데 지출한 이자율이다. 일반적으로 이자율이 낮을수록 기업의 투자규모는 증가한다. 그것은 금융비용이 낮아지기 때문이다. 실제 투자규모는 이자율 수준에 따라 결정된다. 이자율이 15%라면 투자규모는 50일 것이고, 10%로 하락하면 투자규모는 100으로 증가한다.

2) 균형국민소득

소득결정모형

[그림 8-4]의 그래프를 이용하여 균형소득을 파악해 보면, 종축은 총수요
(C+I), 횡축은 총공급인 소득(Y)를 나타내고 있다. 이 관계는 45도 곡선의 특징
을 이용하여 설명할 수 있다. 총공급은 45°선에 의해 설명할 수 있지만, 총수요
는 소비(C)와 투자(I)의 합으로 계산할 수 있기 때문에 그것을 Y에 대해서 구하
면 총수요를 나타내는 종축의 직선을 구할 수 있다. 즉, 45도 선상에서 총수요와
총공급(GDP)은 균형 상태에 있게 된다. 따라서 경제의 균형조건은
Y(GDP)=C+I이므로 총공급 Y의 길이(원점에서의 거리)와 총수요 C+I의 길
이(횡축으로부터의 높이의 길이)가 같은 소득수준이 균형소득이다. 한편 [그림
8-4]의 총수요곡선(C=100+0.8Y+200)은 소비함수(C=100+0.8Y)에 투자(I)
200을 수직 방향으로 더한 것으로부터 얻을 수 있다(C+I).

따라서 45도 곡선의 종축의 높이와 횡축인 밑변의 길이가 항상 같으므로 경제
는 총수요와 총공급이 일치할 때 생산물에 대해서 전체적으로 남지도 부족하지
도 않기 때문에 안정적이다. 즉, 기업은 계획한 대로 생산·판매하고, 가계는 계획
한 대로 상품을 살 수 있어 경제는 균형 상태에 놓이게 된다. [그림8-4]에서 설

[그림 8-4] 균형 국민소득의 도출

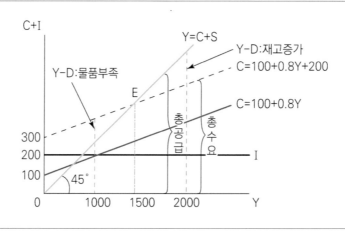

명하자면, 45도 곡선 상의 E점은 총공급인 종축의 높이(C+I)와 총수요인 횡축의 밑변(Y) 길이가 동일하기 때문에 그 소득수준이 균형소득임을 알 수 있다.[3]

이제 소비함수와 투자함수를 이용하여 균형국민소득 수준이 얼마인가를 알아보자. 균형식과 소비함수 및 투자함수를 함께 나타낸 것을 소득결정모형이라고 부른다. 이 모형은 단순한 소득결정 모형이기 때문에 정부지출(G)과 해외부문(수출−수입)은 제외하고 단순히 총소득(Y)에 대하여 소비지출(C)과 기업의 투자지출(I)만이 있다고 가정을 단순화한다.

$$Y = C + I \cdots\cdots ①$$
$$C = 100 + 0.8Y \cdots\cdots ②$$
$$I = 200 \cdots\cdots ③$$

이제 식 ②와 ③을 ①에 대입하여 소득(Y)에 대해 정리하면,

$$Y = (100 + 0.8Y) + 200$$
$$(1 - 0.8)Y = 100 + 200$$
$$= \frac{1}{1-0.8}(100 + 200)$$
$$Y^* = 1,500$$

또한 산출된 균형국민소득 $Y^* = 1,500$이 균형조건을 충족시키는지 여부를 살펴보면,

---

3) 45°선은 가로축과 세로축의 크기가 같은 수준을 의미한다. 즉, E 점에서는 소득과 소비가 일치하며, 그래프의 45°선 위에서도 소득과 소비가 항상 같다. 또한, 만약 소득이 1000이면 소득이 소비보다 크므로 소득의 일부는 저축이 된다. 따라서 소득의 처분 측면에서 보면 45°선의 높이는 소비+저축으로 나타낼 수 있다.

$$② \curvearrowright \; C \; = \; 100 \; + \; 0.8\,Y^* \; = \; 100 \; + \; 0.8 \times 1500 \; = \; 1300$$

$$I \; = \; 200$$

$$C \; + \; I \; = \; 1{,}500$$

따라서 총판매 수입(C+I)과 총생산비, 즉 국민소득(Y) 수준이 일치함으로써 균형조건을 충족시키고 있다. [그림8-4]에서처럼, 총수요와 총공급이 GNP가 2000에서 균형 상태에 있다면, 이것은 총공급이 총수요를 초과하고 있다. 이것은 재화와 서비스의 과잉생산을 의미하기 때문에 기업은 생산수준을 낮출 필요가 있다. 그렇게 하지 않으면 재고가 누적적으로 증가하거나 서비스업 등의 경우에는 일이 없는데 사람들을 고용 상태로 유지하거나 하여 기업의 이윤이 크게 떨어지게 될 위험성이 발생하기 때문이다. 즉, 국민소득이 Y=2,000이라면 이 소득은 균형국민소득이 되지 못하며, 경제가 불균형 상태에 놓이게 된다. 이 경우 기업의 총생산비는 2,000인데 소비지출(C=100+0.8×2,000)과 투자지출(I=200)의 합인 기업의 총판매 수입은 1,900이어서 총생산비에 미달하기 때문에 재고가 100만큼 누적되어 기업은 생산을 감축하고 따라서 소득도 감소한다.

따라서 경제는 총수요와 총공급이 일치할 때 생산물에 대해 과부족(전체적으로)이 일어나지 않기 때문에 안정적으로 된다. 즉, 기업은 공급 계획대로 생산하고, 그것을 계획대로 판매하고, 가계도 계획대로 상품을 구입할 수 있게 된다. 요컨대 다른 조건이 변하지 않는 한 기업과 가계는 그 이상의 계획을 변경할 필요가 없다는 것을 의미하는 것으로 경제는 균형 상태에 있게 된다고 볼 수 있다. 그래프에서 국민소득 수준이 1500일 때 경제는 균형 상태에 놓이게 된다.

반대로 국민소득이 1000에서 형성하게 되면, 예를 들어 기업이 1000만큼의 재화와 서비스밖에 공급하지 않을 경우에 총수요는 1100(C+I=100+0.8× 1000+200=1100)이기 때문에 -100만큼의 물품 부족의 상태에 놓이게 된다. 따라서 기업은 당연히 계획에 오차가 있음을 알고 생산 확대로 전환할 것이다. 이처럼 총수요의 크기와 정확히 총공급이 일치하도록 하는 조정이 이루어질 수 있도록 생각하는 것이 케인즈(Keynes)의 '유효수효의 원리'이다. 고전파의 '세이의 법칙'이 "공급은 스스로 그 자신의 수요를 창출한다"는 주장과 정반대의 생각을 제시한 것으로 케인즈의 혁신성이 있었다.

아울러 균형소득수준에서 Y＝C＋I는 곧 C＋S＝C＋I 또는 S＝I이기도 하다. 그러므로 국민소득 결정 관계는 S＝I 기준으로도 설명할 수도 있다.

2. 저축-투자 이론

1) 독립투자와 국민소득

투자에 대해 논의할 때 가장 기본적으로 경제활동의 규모와 관계없이 결정하는 독립(autonomous)투자만을 가정한다. 또한 저축－투자의 균형조건은 앞에서 말한 균형조건과 같다. 즉,

$$S \ = \ I$$

여기서 저축함수는 앞 절의 소비함수를 이용하여 구한다.

$$S \ = \ -100 \ + \ 0.2Y$$

그리고 다음 해에 기업들의 독립투자 규모가 200이라고 가정하면, 다음 해의 균형국민소득 수준은 아래의 모형처럼 구할 수 있다.

$$S \ = \ I$$
$$S \ = \ -100 \ + \ 0.2Y$$
$$I \ = \ 200$$
$$-100 \ + \ 0.2Y \ = \ 200$$
$$Y \ = \ (\frac{1}{0.2})[100 \ + \ 200]$$
$$Y^* \ = \ 1,500$$

[그림 8-5] 저축과 투자곡선

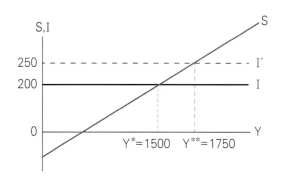

그림을 이용하여 균형국민소득 수준을 구하면, [그림8−5]에서 보는 바와 같이 저축곡선과 투자곡선을 한 면에 같이 그려 투자수준(횡축으로부터의 높이)과 저축수준이 일치되는 소득수준을 구한다.

2) 유발투자와 국민소득

그런데 현실적으로 기업들은 독립(autonomous)투자만을 하지 않고 국민총생산의 증가에 따라 투자를 증대하는 유발투자(induces investment)도 한다. 즉, 유발투자(induces investment)는 총소득(국민총생산) 또는 총산출량의 단기적인 변화에 따라 유발되는 투자를 말하고, 이는 독립투자(獨立投資)와 대비된다. 현실적으로 호황기에 재고투자(재고감소)나 소비수요의 증대 등에 의해 유발되는 설비투자를 말한다. 예를 들어 국민총소득이 100만큼 증가할 때 소득 증가에 따른 유발투자가 10만큼 발생한다고 하면, 투자함수는 $I = 200 + 0.1Y$이다($200 + \dfrac{\Delta I}{\Delta Y}$). 그러므로 이때 균형국민소득은 아래 모형에서와 같다.

$$S \ = \ I$$
$$S \ = \ -100 \ + \ 0.2Y$$
$$I \ = \ 200 \ + \ 0.1Y$$
$$S \ = \ I$$

$$S \ = \ I$$
$$S \ = \ -100 \ + \ 0.2Y$$
$$I \ = \ 250 \ + \ 0.1Y$$
$$S \ = \ I$$

$$-100 + 0.2Y \ = \ 200 + 0.1Y$$
$$0.2Y - 0.1Y \ = \ 200 + 100$$
$$Y \ = \ \frac{300}{0.1}$$
$$Y^* \ = \ 3,000$$

$$-100 + 0.2Y \ = \ 250 + 0.1Y$$
$$0.2Y - 0.1Y \ = \ 250 + 100$$
$$Y \ = \ \frac{350}{0.1}$$
$$Y^{**} \ = \ 3,500$$

다른 조건이 일정하다고 가정하면 독립투자가 50만큼 더 증가할 때 국민소득은 그 10배인 500만큼 증가한다는 것을 위의 오른편 수식에서 볼 수 있다. 유발투자가 있는 경우의 투자곡선은 [그림8-6]에서 보는 바와 같이 우상향 곡선이며 균형국민소득(Y^*)은 저축곡선과 투자곡선이 교차하는 곳에서 결정된다. [그림 8-6]에서도 50만큼의 투자증가에 대한 소득효과($Y^* \rightarrow Y^{**}$)를 확인할 수 있다.

[그림 8-6] 유발투자와 국민소득

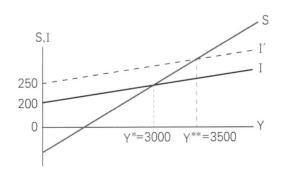

여기서 중요한 점은 유발투자가 있는 경우가 유발투자가 없는 경우에 비해 국민소득이 10배 증가(투자승수)한 것을 알 수 있다. 일반적으로 기업들의 투자 규모는 국민소득의 변화에 따른 경기변동에 크게 영향을 받는다. 따라서 기업들이 국민소득의 변화에 민감하게 반응하는 경우, 즉 유발투자가 큰 경우 투자승수 효과도 커지고 국민소득도 더욱 증가할 것이다. 따라서 경기가 침체에서 회복 국면으로 전환될 때 기업들이 유발투자를 확대하면 경기회복이 빨라질 것이라는 점을 시사한다.

3. 투자증가와 승수효과

1) 승수효과의 원리와 의의

지금까지의 가정은 기업이 독립투자를 100만큼 했을 때 균형국민소득은 얼마인가에 대해 논의했다. 이번에는 기업이 미래 산업에 대해 독립투자를 200만큼 한다고 가정하면 균형국민소득은 얼마가 되는지 알아보자. 먼저 모형 I 은 독립투자(I)가 100일 때의 균형국민소득이고, 모형 II의 소비함수는 모형 I 과 동일하다. 다만 독립투자 규모가 100에서 200으로 증가했다는 것이 다르다.

모형 I   모형 II

$$Y = C + I$$

$$C = 100 + 0.8Y$$

$$I = 100$$

$$Y^* = 1{,}000$$

$$Y = C + I$$

$$C = 100 + 0.8Y$$

$$I = 200$$

$$Y^{**} = 1{,}500$$

모형 I과 모형 II를 비교해 보면 투자 규모만이 100에서 200으로 100만큼 증가했는데 균형국민소득 수준은 1,000에서 1,500으로 500만큼 증가한 것을 알 수 있다. 기업이 투자를 100만큼 증대시키면 한 나라 전체의 국민소득은 투자의 5배에 해당하는 500만큼 증가한다는 놀라운 경제 현상이 일어난다. 즉, 기업이 생산 활동에 필요한 기계나 건물과 같은 투자를 100만큼 구입한다면 이 기업의 투자활동에 의해 실제로 한 나라의 국민소득이 투자의 5배에 해당하는 500만큼 증가한다는 것을 의미한다. 이 이론의 핵심은 기업의 설비투자든 정부에 의한 투자든지 간에 투자의 증가는 국민소득 수준을 증가시킬 수 있는 이론적 근거의 하나를 제공하고 있다는 것이다.

이처럼 투자가 증가할 때 국민소득이 그 몇 배 이상으로 증가하는 효과를 승수효과라 한다. 그런데 투자 주체에 따라 승수효과에는 여러 가지가 있기 때문에 이를 구별하기 위해 일반적으로 투자증대로 인한 승수효과를 투자승수효과(投資乘數效果: investment multiplier effect)라 부른다. 이때 투자증가와 비교하여 국민소득이 증가하는 배수를 투자승수(投資乘數)라고 한다. 투자승수를 수식으로 정의한다면 소득증가($\triangle Y$)규모를 투자증가($\triangle I$)규모로 나눈 값이다. 따라서 모형 I과 모형 II에서 나타난 투자승수는 5이다.

$$
\begin{aligned}
&\text{투자(I): } 100 \rightarrow 200 \qquad\qquad \triangle I = 100 \\
&\text{국민소득(Y): } 1,000 \rightarrow 1,500 \qquad \triangle Y = 500 \\
&\text{투자승수} = \frac{\triangle Y}{\triangle I} = \frac{500}{100} = 5
\end{aligned}
$$

승수효과(投資乘數) 이론에 따르면, 매년 각종 투자규모의 변동에 따라 연간 국민소득 수준이 그 몇 배만큼 변동한다는 것을 의미하기 때문에 이 이론은 정책당국에게 국민소득을 증대시킬 수 있는 하나의 정책 방안을 제공하고 있다. 투자에 의한 승수효과는 국민소득의 증가 효과가 즉시 나타나는 경향이 있기 때문에 많은 나라에서 주로 사용하는 정책 중 하나이다. 반면에 기업투자에 대한 세제상의 특혜를 부여하거나, 기업에 대한 자금조달 해결 및 금리부담 경감과 같은, 즉 투자를 진작시킬 수 있는 정책은 소득증대에 효과적일 수 있지만 그 같은 투자 부양정책에 따른 승수효과가 즉시 나타나기보다는 상당한 기간에 걸쳐서 나타나기 때문에 경제상황의 경중(輕重)을 고려한 정책의 선후(先後) 선택이 중요하다. 아무리 이론적 근거가 확실하다고 하더라도 경제가 엄중한 상황하에서 승수효과가 나타나기까지 시간이 걸리는 '투자 부양책'과 같은 정책 방안은 단기간 내에 국민들의 경제적인 욕구를 충족시키기 어렵다.

사례 연구　　정책기업에 대한 고전학파와 케인즈의 시각

　　경제문제가 발생하는 가장 근본 원인은 총수요와 총공급이 불일치하기 때문이다. 인플레이션은 총수요가 총공급을 계속해서 상회하기 때문에 발생하고, 경기 침체와 실업은 총공급이 총수요를 계속해서 상회하기 때문에 발생한다. 그런데 과연 경제에서 총수요와 총공급이 자동적으로 일치하게 될 것인지에 대해서는 역사적으로 고전학파와 케인즈 사이에 두 가지 대립된 견해가 있었다.

　　결론적으로 고전학파는 이자율의 신축성과 저축과 투자의 이자 탄력성이 높다는 것을 전제하여 투자와 저축, 따라서 총수요와 총공급이 항상 일치할 것이라고 보았다. 그것은 장기적으로 과잉생산이나 초과수요가 없을 것을 뜻한다. 그래서 경제의 자동조정(self-regulating)으로 장기적으로는 경기침체나 인플레이션과 같은 경제문제가 발생하지 않을 것이라고 보아서, 고전학파는 경제는 자율 규제되는 것이므로 인위적인 정책 개입은 불필요하며 자유방임하는 것이 가장 바람직하다고 보았다.

　　케인즈는 저축과 투자가 이자율보다는 주로 다른 경제적 요인에 의해서 영향을 받는 것으로 보았다. 즉, 투자는 이자율보다는 경기 전망, 기술혁신 등에 더 많이 영향을 받는다. 이는 비록 이자율이 신축적이라고 해도 총수요와 총공급이 자동으로 일치하리라는 보장이 없으며 그것을 일치시키는 경제 내부의 어떤 힘도 발생하지 않는다는 것을 뜻한다. 다시 말해, 경제가 자

동 조정될 수 없어 장기적인 경기 침체나 인플레이션이 가능하다는 것을 뜻한다. 그래서 케인즈는 정부가 인위적으로 총수요를 조절해서 총공급과 일치시켜 주어야 한다면서 강력한 총수요 관리정책을 제시하였다.

09

화폐와 금융

화폐의 개념

화폐를 정의하기란 쉽지 않기 때문에 경제적 정의로 접근해 본다. 화폐는 경제적 기능으로서 교환의 매개수단, 회계단위(계산단위), 가치저장 수단, 장래지불표준 등으로 구분할 수 있다.

1. 화폐의 기능

1) 교환의 매개수단

화폐의 가장 중요한 기능은 교환의 매개수단으로 재화와 서비스를 사고파는데 화폐가 사용된다는 것이다. 마트의 종업원은 급여를 20가마니의 쌀로 받고 싶지 않을 것이다. 마트의 사장도 쌀을 팔고 사과로 받고 싶지 않을 것이다. 그런데 종업원에게 화폐로 급여를 지급하고 마트의 사장에게 화폐로 대가를 지급하면 이를 기꺼이 받아준다. 화폐는 사회적 발명품으로 모든 사람이 이를 거래의 대가로 인정하고 있기 때문에 화폐를 가지고 시장의 어떤 품목이라도 구매할 수 있다. 즉, 화폐가 교환의 매개수단으로 정착되기 위한 전제 조건은 일반적 수용성의 확보가 필수적이다. 화폐가 매개수단으로 교환을 원활하게 하기 때문에 물물교환의 어려움을 피할 수 있다. 즉, 물물교환은 거래에 따른 불편함이 발생하기 때문에 이 같은 거래비용을 해결하는 차원에서 자연스럽게 화폐가 개발되었다. 또한, 화폐가 교환을 원활하게 하기 때문에 지리적 전문화나 인적 전문화의 이익이 실현될 수 있다.

2) 회계 단위(계산 단위)

화폐는 회계의 단위로 사용되고 다양한 재화나 서비스의 상대가치를 측정하는 척도로 이용된다. 사물의 거리가 킬로미터나 마일로 측정되듯이 재화의 가치는 화폐로 측정된다. 화폐가 회계의 단위로 인정되면 모든 재화의 가격은 화폐로만 표시해도 충분하다. 예를 들어, 소의 가격을 쌀이나 컴퓨터, 금의 수량으로 표시할 필요가 없다는 것이다. 모든 상품의 가격이 화폐로 표시되면 구매자나 판매자는 재화나 서비스의 가격을 쉽게 비교할 수 있어서 합리적인 의사결정을 내릴 수 있다. 그리고 채무나 조세납부금을 비롯하여 GDP를 화폐로 표시할 수 있게 된다.

3) 가치의 저장

화폐는 가치저장의 수단으로 사용된다. 그래서 사람들은 화폐를 통해 현재의 구매력을 미래로 이전할 수 있다. 사람들은 보통 오늘의 소득을 그날 다 쓰지 않는다. 소득 일부를 나중에 쓰려고 이를 화폐로 저장해 둔다. 화폐를 금고나 예금에 넣어 놓고 몇 주 혹은 몇 달 후 필요할 때 언제든지 이를 꺼내 사용할 수 있다.

인플레이션이 없거나 완만한 때 부를 화폐로 저장하는 것은 비교적 안전하게 가치를 저장하는 방법이다. 화폐는 창고 비용이 절감되지만, 가치저장수단의 역할이 성공하기 위해서는 물가안정이 필수 조건이다.

경제용어

- 가치저장: 현재의 구매력을 미래로 이전하는 것.
---

4) 장래의 지불수단

옆집으로부터 쌀을 한 말 꾸었다고 가정하면 미래에 그것을 갚을 때 쌀로 갚을 수도 있지만, 돈으로 갚을 수도 있다. 그런데 돈으로 갚는다는 것이 더 편리할 경우가 많다. 또는 가게에서 외상으로 물건을 샀다고 할 때 미래에 그 외상값을 갚을 때는 물건이 아니라 돈으로 지불할 수도 있다. 이처럼 남으로부터 물건이나 돈을 꾸었을 때 또는 외상으로 상품을 샀을 경우, 미래에 그 대가를 지불하는 수단으로 화폐가 사용된다. 장래에 꾼 돈이나 외상값을 지불할 때 그 크기를 화폐단위로 표시하는 기능을 장래지불의 표준이라고 한다.

사람들은 자신의 부를 화폐가 아닌 다른 형태의 자산으로 보유할 수 있다. 부동산, 주식, 채권, 금과 같은 귀금속을 비롯하여 예술품과 같은 수집품으로 보유할 수도 있다. 그런데 화폐의 장점은 다른 자산에 비해 유동성이 가장 크다는 점이다. 화폐는 언제든지 다른 자산을 구매하는 데 쉽게 사용할 수 있다.

자산의 유동성이란 자산의 구매력이 하락하지 않고 얼마나 빨리 현금(가장 널리 통용되는 화폐)으로 전환될 수 있는가를 나타낸다. 유동성이 클수록 자산은 신속하게 현금으로 전환되어 재화나 서비스를 비롯한 다른 자산의 구매에 사용될 수 있다.

자산에 따라 유동성은 천차만별이다. 정의상 현금의 유동성은 완전하다. 이에 비해 주택의 유동성은 매우 낮다. 첫째, 구매자를 찾아 계약을 체결하는 데 몇 달을 보내야만 주택을 현금화할 수 있다. 그래야 그 현금으로 재화나 서비스 그리고 다른 자산을 구입할 수 있다. 둘째, 주택을 팔 때 구매력의 손실이 발생한다. 거래를 성사시키기 위해 부동산 중개인을 비롯하여 여러 사람에게 적지 않은 수수료를 지불해야 하기 때문이다.

경제에는 다양한 형태의 화폐가 존재한다. 한국은행권, 주화, 요구불예금, 저축성 예금을 비롯하여 머니마켓 펀드 같은 특이한 것도 화폐에 속한다. 이러한 다양한 화폐의 유동성을 주식, 회사채, 부동산 등 다른 자산의 유동성과 비교해 보기 바란다. 현금의 유동성만이 완전하며 다른 화폐의 유동성은 높기는 하지만 현금보다는 덜하다.

┌─── 경제용어 ───┐
│   │
│ • 유동성: 구매력이 하락하지 않고 얼마나 빨리 현금으로 전환될 수 있는가를 나 │
│   타내는 것.   │
│   │
└──┘

2. 화폐의 발달과정

화폐는 거래비용을 최소화하고자 하는 노력 속에서 자연 발생적인 산출물이다. 화폐의 발달 과정을 간단히 살펴보면 다음과 같다.

화폐의 발달은 물품화폐 ⇨ 금속화폐 ⇨ 지폐 ⇨ 신용화폐 ⇨ 전자화폐 순으로 진행되었다. 그러나 무조건 필요하다고 화폐를 만든다 해서 다 화폐가 되는 것은 아니다. 화폐가 화폐로서 시장에서 기능을 충분히 발휘하기 위해서는 다음과 같은 기본적인 화폐의 구성 요건이 충족되어야 한다.

1) 화폐의 구성 요건

- 운반성: 운반 및 휴대의 편이성 확보되어야 한다.
- 내구성: 무게 및 형태의 보존이 필수적이다.
- 분할성: 상품 가치에 따라 적정액으로 분할 및 지불 가능이 필수적이다.
- 동질성: 화폐의 재질 및 형태가 같아야 한다.

2) 화폐구성의 조건

- 물품화폐: 조개껍질, 곡물, 가축, 소금, 담배 등...(희소성이 전제, 상품화폐라고도 한다).
- 금속화폐: 금, 은 동(희소성이 전제) ⇨ 무게를 달아서 거래: 칭량화폐(모양은 중요하지 않음, 사용가치도 존재한다).
- 주조화폐: 일정한 모양을 갖춘 화폐 ⇨ 금화, 은화 등(무게의 문제는 해결되었으나 운반성에 문제 발생).
- 지폐: 종이에다 일정한 금액의 액면 가치를 인쇄하여 사용하는 화폐 ⇨ 운반성 양호 ⇨ 교환가치는 있고 사용가치는 없음(희소성 없음) ⇨ 교환가치를 강제로 법에 의해 부여한 법화. 그러나 법화의 통용력은 해당 국가의 법적 영향권 안으로 한정된다.

3) 신용화폐

- 개인의 신용을 담보로 하는 수표 및 신용카드가 화폐로 사용되는 것이다.
- 휴대성 및 운반성이 크게 개선 ⇨ 은행예금이 전제(예금화폐)되어야 한다.

4) 전자화폐

- 반도체 칩에 디지털 정보 형태로 화폐가치를 입력 후 지불수단으로 사용한 화폐이다.
- 전자화폐: 돈을 미리 지불하고 전자정보를 입력 받기 때문에 선불카드와 유사하다.
- 신용카드: 물건 구입 후 결제함으로써 전자화폐(선불카드)와 다르다.

통화량의 구성요소

1. 통화량과 통화량 지표

화폐는 소득과 같은 유량(flow) 변수가 아니라 저량(stock) 변수이다. 앞에서 설명한 것처럼, 교환의 매개수단으로 널리 통용되는 것은 무엇이든지 화폐라고 할 수 있다. 화폐의 역할을 하는 것은 현금만이 아니다. 정부나 금융기관의 부채도 화폐로 사용될 수 있다.

우리는 먼저 한국은행 통화지표 중에서 본원통화에 대해 알아보자. 본원통화란 한국은행이 발행한 화폐발행액(민간이 보유한 화폐와 금융기관의 시재금)＋예금은행이 예치한(중앙은행) 지급준비 예치금의 합계를 말한다. 중앙은행인 한국은행이 지폐 및 동전 등 화폐발행의 독점적 권한을 통하여 공급한 통화. 즉, 화폐발행액과 예금은행이 중앙은행에 예치한 지급준비 예치금의 합계로 측정한다.

┌─ **경제용어** ─────────────────────────────────┐
│   │
│ • 시재금: 예금자의 예금 인출 요구 시 대비 자금.   │
│   │
└──┘

1) M1(협의의 통화)

통화량을 가장 좁게 정의한 것이 M1(협의의 통화)이다. M1은 다음과 같이 구성된다.

협의의 통화(M1) = 민간보유 현금통화 + 요구불예금 + 수시입출식 저축성예금
+ 머니마켓 펀드

- 현금통화(한국 은행권과 주화)
- 요구불예금(은행이나 저축금융기관의 예금으로 예금주가 지급을 원하면 언제든지 인출이 가능한 예금)
- 수시입출식 저축성예금
- 머니마켓 펀드(MMF)

한국은행이 한국은행권과 주화를 공급하며 은행을 비롯한 금융기관들이 요구불예금을 비롯한 수시입출식 저축성예금, 머니마켓 펀드 등의 화폐를 공급한다.

경제용어

- M1: 협의의 통화로 현금통화, 요구불예금, 수시입출식 저축성예금, 머니마켓 펀드의 합으로 정의되는 화폐 개념.

■ 현금통화

한국은행권과 주화 현금통화는 한국은행권과 금속주화로 이루어져 있다. 이러한 현금통화는 한국은행법 제47조에 의해 한국은행에서만 발행할 수 있다. 현금통화의 제조는 한국조폐공사에서 이루어지며 한국은행은 이를 구입하여 금고에 보관하고 있다가 사용한다. 모든 나라가 현금을 중앙은행에서 발행하는 것은 아니다. 미국에서 금속주화는 재무부에서 발행하며 지폐는 중앙은행인 연방준비

제도에서 발생한다. 즉, 미국의 금속주화나 지폐는 미국 재무부의 산하 기관에서 제조한다.

다른 나라와 마찬가지로 한국의 현금통화는 명목화폐다. 명목화폐의 액면가는 이를 제조하는 데 들어간 금속, 종이, 잉크와 같은 물질의 가치, 즉 소재가치보다 크다. 예를 들어, 2014년에 조폐공사가 한국은행에 공급한 5만원짜리 지폐의 가격은 120원에 지나지 않는다.

■ 요구불예금

요구불예금이란 예금자가 언제든지 인출할 수 있는 예금을 말한다. 요구불예금은 결제수단으로 쓰일 수 있다는 점에서 통화량에 포함된다. 현금통화는 사용하기에 편리하지만, 분실의 우려가 있을 뿐 아니라 거액의 거래에 불편하다. 그래서 현금을 은행에 요구불예금으로 예치하고 이를 기초로 수표발행, 체크카드결제, 인터넷뱅킹을 통한 계좌이체 등을 할 수 있다.

요구불예금은 통화로 여긴다. 교환의 매개 수단으로 사용되는 것이 화폐라는 점을 고려하면 이 같은 개념은 쉽게 이해할 수 있다. 요구불예금은 언제든지 현금으로 인출되어 결제수단으로 사용될 수 있다. 또한, 요구불예금을 기초로 수표, 체크카드, 인터넷뱅킹 등을 통해 결제하면 요구불예금의 소유권을 다른 사람에게 이전하는 형태로 결제가 이루어진다. 따라서 요구불예금은 사실상 현금과 동일한 것이다.

은행의 당좌예금이나 보통예금, 별단예금 등이 요구불예금에 속한다. 당좌예금이란 기업이 당좌수표를 발행할 때 이를 결제하기 위해 개설하는 예금을 말한다. 당좌수표가 은행에 제시되면 수표 발행자의 당좌예금에서 예금이 인출된다. 별단예금이란 은행에서 예금을 자기앞수표로 인출할 때 해당금액을 임시로 보관하는 예금으로 자기앞수표를 은행에 제시하면 예금에서 현금이 인출된다.

수표는 교환의 매개수단으로 널리 통용되고 있으며 특히 기업 간의 거래나 고액거래에서는 지불수단으로 널리 쓰이고 있다. 고액의 거래에서는 수표가 많이 쓰인다. 거액의 현금을 가지고 가서 이를 일일이 세어 지불하는 것보다 한

장의 수표로 지불하는 것이 훨씬 편리하기 때문이다. 또한, 수표는 분실되거나 도난당하더라도 분실신고를 하면 현금으로 인출되는 것을 막을 수 있다. 이러한 요구불예금은 M1의 상당한 부분을 차지하고 있다. 일반적으로 M1의 22%는 요구불예금이 차지하고 있다.

■ 수시입출식 저축성예금

수시입출식 저축성예금이란 예금의 인출이 자유롭고 각종 이체와 결제가 가능하지만 요구불예금보다 높은 금리가 적용되는 저축성예금을 말한다. 이러한 예금에는 은행의 저축예금과 머니마켓 예금계정(Money Market Depository Account) 등이 있다. 은행의 저축예금은 가계의 저축을 증대시킬 목적으로 도입된 것으로 수시로 입출금이 가능하면서도 요구불예금보다 높은 금리를 제공한다. 이에 비해 은행의 머니마켓 예금예정(MMDA)은 1997년 7월부터 도입되었는데 수시로 예금을 하고 찾을 수 있다는 점에서 요구불예금과 크게 다르지 않지만, 시장금리를 주는 게 특징이다. 이러한 금리는 금액별로 차등화되어 있으며 예금액이 클수록 고금리를 받는다. 가입 기간과 한도에는 제한이 없고 개인이든 법인이든 누구나 가입할 수 있다.

경제용어

- 수시입출식 저축성예금: 예금의 인출이 자유롭고 각종 이체와 결제가 가능하지만 요구불예금보다 높은 금리가 적용되는 저축성예금.

■ 머니마켓 펀드(Money Market Fund)

머니마켓 펀드는 투자신탁회사가 취급하는 금융상품으로 가입금액에 제한이 없으며 언제든지 입출금이 가능하다. 투자신탁회사는 고객의 예금을 모아 기업어음이나 양도성 예금증서 등 단기금융상품에 투자하여 이에 따른 이익을 배당하기 때문에 요구불예금보다 높은 수익을 얻을 수 있다.

경제용어

• 머니마켓 펀드: 투자신탁회사가 취급하는 금융상품으로 기업어음이나 양도예금 증서 등 단기 금융상품에 투자하여 이에 따른 이익을 배낭하는 상품.

여기서 2가지를 특히 주의해야 한다. 첫째, 중앙은행을 비롯하여 은행 등 금융기관이 보유한 현금은 M1을 비롯한 통화량 지표에서 제외된다는 것이다. 예를 들어 지갑 속에 있는 1,000원은 통화량에 포함된다. 지갑 속의 1,000원을 요구불예금으로 은행에 예금하였다고 할 때 은행의 현금을 통화량에 포함하면 통화량은 이중 계산이 된다. 왜냐하면 보유한 요구불예금 1,000원이 통화량에 포함될 뿐 아니라 은행의 금고에 있는 1,000원도 통화량으로 계산되기 때문이다. 통화량을 계산할 때 은행이 보유한 현금을 제외하여야 통화량의 이중 계산을 피할 수 있다.

둘째, 요구불예금이라도 정부나 중앙은행이 은행이나 저축금융기관에 예치한 것은 협의의 통화량에 포함되지 않는다. 그렇게 하는 것은 민간부문이 지출에 사용할 수 있는 통화량을 정확히 측정하기 위해서다. 가계나 기업이 사용할 수 있는 통화량이야말로 중앙은행이 통화정책을 수행할 때 가장 관심을 갖는 사항이다.

▶ 매개수단 및 지불수단의 기능을 중시한 지표(단기 경기변동 파악 지표).

2) M2(광의의 통화)

통화량은 넓게 정의될 수 있는데 이것은 M1에 여러 형태의 준화폐를 더한 것이다. 준화폐란 M1보다 유동성이 낮지만 언제든지 현금으로 인출이 가능한 금융자산을 말한다. 이것은 교환의 매개수단으로 직접 기능하지는 않지만 언제나 현금이나 요구불예금으로 전환될 수 있는 상품이다. 이러한 광의의 통화량이 M2이다. M2에 포함되는 주요 금융상품은 다음과 같다.

M2(광의의 통화) = M1+ 정기예·적금 및 부금(2년 미만) + 양도성 예금증서
+수익증권 + 금전신탁(2년 미만) + 기타

경제용어

- 준화폐: M1보다 유동성이 낮지만 언제든지 현금으로 인출이 가능한 금융자산.
- M2: M1에 비해 보다 광의의 통화개념으로 M1에 정기예·적금 부금(2년 미만), 양도성 예금증서, 수익증권, 금전신탁(2년 미만) 등을 포함한 화폐 개념.

■ 정기예금과 적금·부금(2년 미만)

은행이나 저축금융기관의 정기예금은 일정 기간 예금을 유지하여야 약정한 이자를 받게 된다. 그리고 적금이나 부금은 일정 기간 지속적으로 내야 이자를 받게 된다. 이러한 정기예금과 적금·부금은 높은 이자를 받기 위한 저축의 성격이 강하여 직접 결제수단으로 쓰이지는 않는다. 하지만 예금자가 높은 이자를 포기하면 언제든지 현금으로 찾을 수 있다. 그런 점에서 정기 예금과 적금·부금은 광의의 통화량에 포함된다. 다만 2년 이상의 정기예금이나 적금·부금은 저축수단의 성격이 강하므로 여기에서 제외한다.

■ 양도성 예금증서(Certificate of Deposite: CD)

양도성 예금증서(CD)란 정기예금의 소유자에게 발행되는 증서로 예금자는 이 증서를 금융시장에서 매각할 수 있다. 예금은 중도에 해지가 불가능하지만, 예금자는 만기 전에라도 이를 양도하여 현금화할 수 있다는 점에서 유동성이 높다. 예금은 예금자의 요구 때문에 인출되지만, 양도성 예금증서는 무기명으로 발행되기 때문에 최종보유자가 만기일에 은행에 인출을 요구할 수 있다. 양도성 예금증서는 최소 30일부터 1년까지를 만기로 하여 발행된다.

■ 수익증권

수익증권이란, 예를 들어 투자신탁회사 등 자산운용사가 여러 고객이 맡긴 자금을 모아 3년간 운용하는 100억 원의 펀드를 구성하였다고 할 때 이러한 펀드를 이용하여 자산운용사는 주식, 회사채, 국채 등에 투자하여 이익을 얻게 된다. 그리고 이러한 수익은 펀드투자자에게 펀드지분에 따라 배분된다. 펀드지분에 따라 수익을 배분받을 수 있는 권리가 표시된 증서가 수익증권이다.

펀드투자자는 수익증권을 중도에 해지하여 현금으로 인출할 수 있다. 이때 펀드투자자는 환매수수료를 지불해야 한다. 중도인출이 발생하면 펀드를 운용하는 자산운용사는 펀드에 편입된 주식이나 채권을 매각하여 현금을 지불하거나 새로운 펀드투자자가 맡긴 자금으로 현금을 지불하게 된다. 펀드에 대한 중도인출이 급격하게 증가하면 펀드에 편입된 채권 매각이 증가하여 채권가격의 급락을 초래할 수 있다. 그렇게 되면 자산운용사는 펀드에 대한 중도인출 요구에 응할 수 없게 될 수 있다. 이러한 것을 펀드의 채무불이행이라고 한다. 수익증권은 환매수수료를 지불하면 언제든지 현금화할 수 있다는 점에서 이를 M2에 포함시키고 있다.

■ 금전신탁(2년 미만)

금전신탁이란 은행이나 증권사들이 고객의 자금을 신탁 받아 이를 대출이나 회사채 등에 투자하여 수익을 올린 다음 일정 기간 후에 원금과 수익을 고객에게 내주는 것을 말한다. 고객이 자금의 운용방법을 미리 정해주는가에 따라 특정 금전신탁과 불특정 금전신탁으로 구분된다. 예를 들어, 투자자가 증권사에 돈을 맡기면서 회사채나 기업어음 등에 투자하여 수익을 얻게 되면 이를 투자자에게 돌려주게 된다.

금전신탁도 만기가 되기 전에 중도해지가 가능하다. 이때에는 낮은 금리를 받거나 중도해지 수수료를 지급해야 한다. 금전신탁도 언제든지 현금으로 인출할 수 있다는 점에서 M2에 포함된다. 그러나 2년 이상의 금전신탁은 저축의 의미가 크기 때문에 제외된다. M2에 포함된 금융상품은 비교적 유동성이 크다.

사실 M1이나 M2에 포함되지 않은 자산도 어느 정도 유동성, 즉 '현금으로서의 성질'을 조금씩 가지고 있다. 그래서 통화량을 M2보다 넓게 정의하는 경우도 있다. 그러나 경제학자들이 흔히 통화량을 말할 때는 M1만을 의미하며, 목적에 따라 경기 선행지표의 하나로 통화량을 사용할 때는 M2를 쓰기도 한다. M1은 교환의 매개수단으로 직접 사용될 수 있는 금융자산만 포함하고 있기 때문이다. 이제부터는 달리 언급하지 않는 한 통화량으로 M1을 사용한다.

▶ 유동성의 크기를 측정하는 일반적 지표로 사용(투기 선호 심리를 반영).

3) 금융기관 유동성(Lf)

광의의 유동성(Lf)은 광의통화(M2) + 만기 2년 이상 정기 예·적금과 금융채, 증권 금융예수금, 생명보험회사(우체국 보험 포함) 보험계약 준비금 및 환매조건부채권, 농협국민생명 공제예수금 등이 포함된다. 여기에는 만기 2년 이상 정기 예·적금과 금융채, 증권 금융예수금, 생명보험회사의 준 결제성 예금까지도 포함한다. 이 통화 지표는 한 나라 전체 금융기관의 유동성 수준을 파악할 목적의 지표이다[시장 위험 선호 심리(투기 심리)반영].

2. 화폐의 가치 보증

화폐의 가치는 정부가 이를 얼마나 안정적으로 유지할 수 있느냐에 따라 달라진다. 다른 어떤 것도 화폐의 가치를 보증하지는 못한다. 5만원짜리 소재(素材)의 가치는 종이쪽지에 불과하며 실제 제조원가는 120원에 지나지 않는다. 그리고 요구불예금은 통장에 기록된 숫자에 불과하다.

많은 사람은 현금의 가치를 담보하는 것이 없다는 사실 때문에 불안해 한다. 만약 금을 담보로 현금이 발행되면 금의 양에 따라 통화량이 제한된다. 이러한 제약을 벗어나려면 화폐는 담보 없이 발행되어야 하며 그래야 재량껏 통화가 발행된다. 즉, 화폐의 가치를 유지하고 경제에 필요한 만큼의 통화를 공급하려면 통화발행의 재량권이 주어져야 한다. 담보 없이 통화를 발행할 수 있어서 정부는 통화량을 자유롭게 관리할 수 있다. 그래야 중앙은행이 완전고용, 물가수준의 안정, 경제성장을 달성하고자 경제활동에 필요한 만큼의 통화를 공급하게 된다.

오늘날 대부분의 경제학자가 동의하는 것은 중앙은행이 통화량을 관리하는 제도가 합리적이라는 것이다. 통화량을 금이나 다른 상품에 연계해 놓으면 통화량이 변덕스럽게 마음대로 변하기 때문이다. 한때 금을 담보로 통화를 발행해서 돈을 가져오면 금을 내주었다. 그런데 새로운 금광이 발견되면 금의 양이 많이 늘어나 통화량이 급격히 증가하게 되고 이에 따라 극심한 인플레이션이 일어나곤 하였다. 금의 생산이 지속해서 감소했을 때는 통화량이 줄어들어 경기침체와 실업이 나타났다. 그리고 중앙은행이 통화량을 관리하는 제도에서는 중앙은행에 가서 지폐를 일정량의 금이나 상품으로 바꾸어달라고 해도 이를 바꾸어주지 않는다.

1) 화폐의 가치

현금과 요구불예금은 화폐이고 인터넷사이트의 게임머니는 왜 화폐가 아닌가? 5만원짜리와 지폐와 10만원의 예금은 무엇 때문에 가치를 갖는가? 이 질문에 대한 답은 3가지이다.

■ 인정가능성

현금과 요구불예금이 화폐인 까닭은 사람들이 이를 화폐로 인정해주기 때문이다. 오랜 상거래 관습으로 굳어지면서 현금과 요구불예금은 화폐의 기능을 수행한다. 즉, 교환의 매개수단으로 인정받고 있다. 지폐가 교환의 대가로 받아들여지는 이유는 이렇게 얻은 지폐로 다음에 재화나 서비스를 구입할 수 있다는 믿음이 있기 때문이다.

■ 법화

정부가 한국은행권을 법화로 지정하면 지폐가 화폐로 인정될 것이라는 믿음은 더욱 커진다. 구체적으로 한국은행법 제48조에 따르면 '한국은행이 발행하는 한국은행권은 법화로서 모든 거래의 유효하고 합법적인 지불수단'이라는 것이다. 물론 민간 기업이나 정부가 거래의 대가를 반드시 한국은행권으로 받아야 하는 것은 아니다. 지불수단을 당좌수표, 자기앞수표, 우편환, 신용카드 등 다른 형태로 정하더라도 불법은 아니다.

경제용어

• 법화: 한 국가의 공식적인 통화로, 법률에 따라 합법적인 지불수단으로 인정되고 있는 화폐.

그러나 한국은행권이 일상의 거래에서 화폐로 인정받는 것이 법화로 지정되는 것보다 중요하다. 사실 정부는 수표를 법화로 지정한 적이 없지만, 수표는 재

화나 서비스를 비롯한 생산요소의 거래에서 대부분 법화처럼 쓰이고 있다. 예금보험공사는 은행과 저축금융기관의 예금에 대해 5천만원까지 보증해주고 있다. 이 때문에 재화, 서비스, 생산요소를 사고자 할 때 기꺼이 화폐를 요구불예금에 넣어두고 수표를 발행하거나 계좌이체 등에 이용하고 있다.

■ 상대적 희소성

화폐의 가치도 다른 상품과 마찬가지로 수요와 공급에 의해 결정된다. 화폐의 가치는 화폐의 효용(수요)과 희소성(공급)의 상대적 크기에 따라 달라진다. 화폐의 효용은 현재나 미래에 재화의 서비스를 얼마나 구입할 수 있느냐에 달려 있다. 따라서 화폐 수요는 현재의 총거래 규모뿐만 아니라 미래의 거래를 위해 기업이나 개인이 보유하려는 화폐량에 따라 결정된다. 이러한 화폐 수요는 결국 중앙은행이 공급하는 통화량에 의해 결정된다.

2) 화폐와 물가

화폐의 구매력이란 화폐 1단위로 구매할 수 있는 재화와 서비스의 양을 의미한다. 화폐의 구매력이 빠르게 사라지면 화폐의 기능을 상실한다.

■ 화폐의 구매력

화폐 1단위로 구매할 수 있는 재화와 서비스의 양은 물가수준에 반비례한다. 즉, 물가수준과 화폐의 구매력은 역의 관계에 있다. 소비자 물가지수, 즉 생계비 지수가 상승하면 화폐의 구매력은 하락한다. 물가수준이 높아질 때 화폐의 구매력이 낮아지는 이유는 예전과 같은 양의 재화나 서비스를 구매하더라도 더 많은 화폐를 지출해야 하기 때문이다. 예를 들어, 물가수준이 2배로 상승하면 화폐의 구매력은 절반으로 떨어진다. 반면에 물가수준이 낮아지면 화폐의 구매력은 상승한다. 예전과 같은 양의 재화나 서비스를 구매할 때 더 적은 화폐를 지출하기 때문이다. 예를 들어, 물가수준이 절반으로 하락하면 화폐의 구매력은 2배가 된다.

■ 인플레이션과 화폐의 인정 가능성

현금의 가치가 사라져 현금이 화폐로 인정받지 못하는 하이퍼인플레이션 (higher inflation)의 사례를 보자. 하이퍼인플레이션이 발생하는 것은 정부가 통화를 너무 많이 발행하여 화폐의 구매력이 거의 사라지기 때문이다. 1차 세계대전 후 독일에서 발생한 액면 높은 하이퍼인플레이션이 좋은 예이다. 1919년에 유통되던 통화는 약 500억 마르크였다. 하지만 4년 후 유통되던 통화는 무려 496,585,346조 9천억 마르크에 이르렀다. 그 결과 1923년 마르크화의 가치는 1919년에 비하여 크게 폭락하여 화폐로서 거의 인정받지 못하였다.

하이퍼인플레이션이 발생하면 그사이에 화폐의 구매력이 크게 줄어든다. 화폐의 구매력이 급격히 줄어들면 화폐는 더는 교환의 매개수단으로 쓰일 수 없다. 정부가 현금을 법화로 지정하였더라도 가계나 기업은 교환의 대가로 더는 화폐를 받지 않는다. 화폐로 받으면 화폐의 가치하락으로 손실을 보기 때문이다. 교환의 매개수단이 사라지면 경제는 물물교환으로 돌아가게 된다. 또는 가치가 안정된 다른 나라의 화폐를 거래에 쓰게 된다.

동일한 이유로 화폐가 가치의 저장수단으로 사용되려면 인플레이션으로 화폐의 가치가 크게 줄어들지 않아야 한다. 그리고 화폐가 회계의 단위로 사용되려면 화폐의 구매력이 어느 정도 안정되어 있어야 한다. 구매력의 크기를 화폐로 측정할 수 없게 되면 구매자나 판매자는 거래조건을 정확히 정할 수가 없다. 화폐의 가치가 급격히 하락하는 상황에서 판매자는 얼마를 받아야 할지 그리고 구매자는 얼마에 사야 할지 모르기 때문이다.

금융기관과 금리

1. 중앙은행

중앙은행은 은행제도의 중심적 지위를 차지하고 있다. 한국의 중앙은행은 한국은행이다. 한국은행은 화폐발행의 독점적 권한을 가지고 있다. 한국은행은 '은행의 은행'이다. 은행이나 저축금융기관이 일반대중을 상대하듯이 한국은행은 이들 기관을 상대한다. 은행과 저축금융기관이 일반대중의 예금을 받고 일반대중에게 대출해 주듯이 한국은행은 은행과 저축금융기관의 예금을 받고 이들에게 대출해 준다. 금융기관이 일시적으로 자금 부족에 빠지면 하루짜리 대출을 해주기도 하며 금융기관의 여유자금을 하루짜리 예금으로 받아준다. 그러나 유사시에 한국은행은 은행제도에 대한 '최종 대부자'가 되어 은행과 저축금융기관에 대한 현금인출요구가 보장될 수 있도록 충분한 자금을 대출해 준다. 즉, 금융기관의 유동성이 악화하는 등 긴급한 사유가 발생하면 이들 기관에 특별대출을 하기도 하는 것이다. 그리고 한국은행은 은행이나 저축금융기관에는 없는 기능을 수행한다. 즉, 현금통화를 발행한다.

1) 중앙은행의 기능과 통화량

중앙은행은 여러 가지 기능을 수행한다. 앞에서 언급한 몇 가지를 포함하여 모든 기능을 정리하면 다음과 같다.

- 발권기능: 중앙은행은 중앙은행권을 발행하는데 이것은 은행제도에서 현금으로 사용된다. 한국은행이 발행한 지폐에는 한국은행 총재의 인장이 찍혀 있으며 미국의 달러에는 재무부 장관과 재무부 출납 담당 국장의 서명이 들어있다.

- 법정지불준비금의 설정과 예치: 중앙은행은 법정지불준비율을 설정한다. 법정지불준비율이란 요구불예금에 대한 은행 보유 현금의 비율을 말한다. 은행이나 저축금융기관은 법정지불준비금의 일부를 중앙은행에 예치할 수 있다.

- 금융기관에 대한 대출: 평상시에도 중앙은행은 은행과 저축금융기관에 자금을 대출해 준다. 그러나 금융위기 때는 중앙은행은 최종대부자로서 은행이나 저축금융기관뿐 아니라 금융 산업의 주요기업에도 자금을 대출해 준다.

- 수표의 결제: 중앙은행은 은행제도에 수표의 결제수단을 제공한다. 예를 들어 A라는 사람이 B라는 사람에게 국민은행의 수표를 보내주었는데 B는 이 수표를 자신의 거래은행인 우리은행에 예금했다고 하자. 그러면 우리은행은 어떻게 국민은행으로부터 돈을 회수할 수 있을까? 이것은 중앙은행에 예치된 두 은행의 지급준비금이 서로 조정되는 방식으로 이루어진다.

- 정부의 은행: 중앙은행은 정부의 은행으로 정부의 각종 재정 관련 업무를 대행한다. 정부는 과세를 통해 막대한 자금을 수납하고 이를 지출한다. 그리고 정부 국채를 발행하거나 상환한다. 정부는 이러한 업무를 수행하면서 중앙은행을 자신의 은행으로 이용한다.

- 은행감독: 중앙은행은 은행의 업무를 감독한다. 중앙은행은 금융감독원과 더불어 금융기관을 검사하여 은행의 수익성을 평가하고 규정의 준수 여부를 살피며 미심쩍은 금융거래나 금융사기를 적발한다.

- 통화량의 조절: 중앙은행의 마지막 주요 업무는 경제 상황에 맞추어 통화량을 조절하여 이자율을 간접적으로 설정하는 것이다. 총산출과 고용수준이 높은 수준을 유지하면서 계속 증가하고 동시에 물가수준이 안정될 수 있도록 통화량을 조절한다. 앞에서 살펴본 중앙은행의 업무가 대부분 일상적이

거나 서비스를 제공하는 것이라면 통화량의 관리는 중앙은행의 기본적이면 서도 독특한 정책 결정에 의해 이루어진다.

2) 중앙은행의 독립성

한국은행법 제3조는 한국은행의 중립성을 보장하고 있다. 한국은행의 통화신용정책은 중립적으로 수립되고 자율적으로 집행되어야 하며 한국은행의 자주성은 존중되어야 한다는 것이다. 이처럼 한국은행의 중립성·자율성·자주성을 보장한 것은 중앙은행이 정치적 압력으로부터 독립되어야 통화량과 이자율이 효율적으로 조절되어 물가안정이 달성될 수 있기 때문이다.

이익집단이 국회와 행정부에 정치적 압력을 가해 조세 인하를 비롯하여 다양한 지출증가를 요구할 수 있다. 그래서 재정정책은 때에 따라 인플레이션을 유발하게 된다. 통화정책이 국회와 행정부의 통제를 받게 되면 시민단체나 로비단체들은 통화정책에 압력을 가할 수도 있다. 즉, 중앙은행이 이러한 정치적 압력으로부터 독립되어 있어야 인플레이션을 잡기 위해 이자율 인상이 필요할 때 필요한 조치를 취할 수 있다. 연구에 따르면 중앙은행이 독립된 국가들의 인플레이션율이 그렇지 않은 국가들에 비해 평균적으로 낮은 것으로 나타난다.

3) 미국의 중앙은행

대부분 국가에서 중앙은행은 하나다. 한국의 한국은행, 영국의 영란은행, 일본의 일본은행처럼 하나의 중앙은행만이 있다. 그러나 미국의 중앙은행은 12개의 지역 연방준비은행들로 구성되어 있다. 이들의 정책은 연방준비제도 이사회에 의해 조정된다. 이러한 미국 중앙은행제도를 연방준비제도(Federal Reserve System, 약칭 연준)라고 한다.

연방준비제도 이사회(the Board of Governors)는 12곳의 연방준비은행의 활동을 감독한다. 그리고 연방준비은행이 은행과 저축금융기관의 대출활동을 조절한다. 12개의 연방준비은행의 위치는 지역의 지리적 크기, 경제력의 차이, 은행과 저축금융기관의 수효 등을 고려하여 정해졌다. 이들 은행이 연방준비제도 이 사회의 기본 정책을 집행한다.

또한, 미국에서 통화 및 은행제도를 책임지는 핵심부서는 연방준비제도 이사 회이다. 미국의 대통령이 상원의 인준을 받아 7명의 이사를 임명한다. 이들의 임기는 14년이며 2년마다 한 명씩 교체된다. 이사가 사임하면 새로운 이사가 임 명되기도 한다. 대통령이 이사들 가운데 의장과 부의장을 임명하며 이들의 임기 는 4년으로 연임할 수 있다. 이사들의 임기가 14년으로 긴 것은 연속성, 전문성, 독립성을 보장하기 위한 것이다. 정치적 압력으로 인플레이션이 발생할 수 있기 때문에 독립성이 보장되어야 정치적 압력을 배제할 수 있다.

경제용어

- 연방준비제도(연준): 연방준비제도 이사회와 12개의 지역 연방준비은행으로 구 성된 미국의 중앙은행 시스템.

---

4) 한국의 금융통화 위원회

금융통화 위원회는 한국은행의 통화신용정책에 관한 주요 사항을 심의·의결 하는 정책 결정기구로서 한국은행 총재 및 부총재를 포함하여 총 7인의 위원으 로 구성된다. 한국은행 총재는 금융통화 위원회 의장을 겸임하며 국무회의 심의 를 거쳐 대통령이 임명한다. 부총재는 총재의 추천에 의해 대통령이 임명하며, 다른 5인의 위원은 각각 기획재정부 장관, 한국은행 총재, 금융위원회 위원장, 대한상공회의소 회장, 전국은행연합회 회장 등의 추천을 받아 대통령이 임명한 다. 총재의 임기는 4년이고 부총재는 3년으로 각각 1차에 한하여 연임할 수 있 으며, 나머지 금통위원의 임기는 4년으로 연임할 수 있다.

금융통화 위원회는 의장이 필요하다고 인정하는 때 또는 위원 2인 이상의 요 구가 있을 때 의장이 소집할 수 있는데 현재는 매월 둘째 주와 넷째 주 목요일에 정기회의를 열고 있다. 금융통화 위원회가 안건을 심의·의결하기 위해서는 통상 7인의 금융통화위원 중 5인 이상의 출석과 출석위원 과반수의 찬성이 필요하다. 금융통화 위원회는 통화신용정책에 관한 논의 사항을 외부에 공개하고 있다.

경제용어

• 금융통화 위원회: 한국은행의 통화신용정책에 관한 주요 사항을 심의·의결하는 정책 결정기구.

---

2. 한국의 금융기관

1) 금융이란

한국의 금융기관은 13개이다. 그리고 특수은행 등을 포함하면 18곳이다. 한국의 금융기관 수에서 가장 큰 비중을 차지하는 것은 상호저축은행과 신용협동기구이다. 이들은 2011년 약 4천 곳 정도 되었다.

그렇다면 금융이란 무엇인가? 금융이란 자금의 융통 행위를 말한다. 이를 정리하면 다음과 같다.

• 돈이 남는 집단 ⇨ 흑자 경제단위(가계).
• 돈이 부족한 집단 ⇨ 적자 경제단위(기업).
• 흑자 경제단위(가계) ⟶ 적자 경제단위(기업).
　　　　　　　　　(자금 이동)
• 흑자 경제단위(가계) ⟵ 원금과 이자 지급(기업).

■ 최근의 금융 거래 현상:
- 적자 경제단위(가계) ◄─────── 흑자 경제단위(기업: 사내 유보금[저축: 340조 원]).
- 적자 경제단위(가계) ───────► 원급과 이자 지급(기업)

금융은 몸의 혈액순환과 같은 역할을 한다. 따라서 금융이 부실해지면 자금이 부족해지고, 이는 투자 감소 및 운영 자금의 부족으로 이어져 기업도산을 유발하면서 실업이 급증하고 경기침체로 나타난다. 또한, 금융은 이자율을 매개로 운영된다. 즉, 이자율이 높아지면 자금 공급자가 증가하고, 이자율이 낮아지면 자금 수요자는 감소한다. 한편 금융은 직접금융과 간접금융으로 구분할 수 있다.

- 직접금융: 자금의 수요자와 공급자 간의 거래가 직접 행하여지는 금융거래 (회사채, 주식, 어음: ▶자금의 수요자 확인이 가능)이다.
- 간접금융: 자금의 수요자와 공급자 간에 중개기관(금융기관)이 개입하여 자금 거래가 행하여지는 금융거래(예금은행의 일반 금융 상품: ▶자금의 수요자 확인이 불가능)를 말한다.
- 금융실명제: 모든 금융 거래 시 실명 사용을 원칙으로 하는 거래(1993년)

2) 금융시장과 금융상품

자금의 주체는 돈을 꾸는 행위의 주체를 자금의 수요자라고 하고, 돈을 빌려주는 행위의 주체를 자금의 공급자라고 한다. 자금의 수요자와 자금의 공급자가 만나서 자금의 융통이 발생하는 시장을 우리는 금융시장이라고 한다. 자금의 수요와 자금의 공급이 일치하여 각각의 자금 주체자의 의지가 합치될 때, 자금시장의 균형이 발생하고 이때 균형 이자율이 형성된다. 금융시장은 직접금융과 간접금융으로 구분한다.

■ 금융시장은 기간에 따라 구분
장기금융시장 ⇨ 금융거래가 이루어지는 기간이 1년 이상인 장기 금융상품 거래 시장(국채 등).

단기금융시장 ⇨ 금융거래가 이루어지는 기간이 1년 이하의 단기 금융상품 거래 시장(단기 회사채 등).

■ 금융상품

금융상품이란 금융시장에서 거래가 이루어질 때 그 대상이 되는 목적물을 말한다. 따라서 금융상품을 선택할 때 유의할 점은 수익성, 안정성, 환금성을 충분히 고려해야 한다.

- 수익성 ⇨ 이자율에 의거(이자율↑⇨ 투자에 대한 보상이 높음을 의미: 만기가 긴 장기금융 상품).
- 안정성 ⇨ 투자자금의 원리금 보전 여부(예금자 보호법 적용 금융상품).
  ▶ 실적 배당형 금융상품은 운용실적에 따라 투자원금 보전이 불확실(손실).
- 환금성 ⇨ 금융상품 매각에 의한 현금화할 수 있는 정도(호황기: 환금성↑, 불황기: 환금성↓).

■ 3자 간의 상관성.

- 수익성↑⇨ 안정성↓, 수익성↓⇨ 안정성↑.
- 수익성이 동일할 때 안정성이 높은 금융상품을, 안정성이 동일할 때 수익성이 높은 금융상품을 선택하는 것이 바람직하다.

3) 금융기관

금융기관이란 금융자산을 창조하고 자금의 수요자와 공급자 사이에 직·간접적으로 자금을 중개하는 기관을 말한다. 2002년 IMF 통화금융통계 메뉴얼에 의거 M2 통화의 취급 여부에 따라 ①예금 취급기관과 ②기타 금융기관로 분류한다.

(1) 금융기관의 분류

① 예금취급기관
- 광의통화(M2)에 포함되는 금융자산을 발행하는 기관을 포괄 ⇨ 중앙은행, 기타 예금취급기관(기타 <u>금융</u>기관과 다름).

② 기타 금융기관
- 기타 금융기관은 광의통화(M2)에는 포함되지 않지만 금융기관유동성(Lf)이나 광의 유동성(L)에 포함되는 금융자산을 발행하는 금융기관을 포함한다.
- 보험회사, 연기금, 금융보조기관.
- 금융권의 일반적 호칭: 예금취급기관 ⇨ 제1금융권, 기타 금융기관 ⇨ 제2금융권.

①−1 중앙은행: 금융통할권 행사, 화폐 발행, 외환 보유관리, 국제금융기관이나 다른 나라의 중앙은행과의 거래, 기타 예금취급기관에 대한 신용공급 기능을 수행 ⇨ 통화당국.

①−2 기타 <u>예금</u> 취급기관: 금융 중개 기능을 수행하면서 광의통화(M2)에는 포함되는 단기성 예금, 금융채 등 유동성 부채를 발행하는 금융기관.

- ①−2 예금은행: 일반은행과 특수은행으로 구분.
  - 일반은행: 은행법에 적용을 받는 시중은행, 지방은행, 외국은행 국내지점.
    ⇨ 요구불예금, 수시입출식 예금, 기간물 정기 예·적금 취급기관.
    ⇨ 금융채를 통한 자금 조달로 장, 단기 대출 운영하는 상업금융 업무 기관.

  - 특수은행: 특수목적으로 각각의 특별법에 의거 설립한 은행.
    ⇨ 한국산업은행, 중소기업은행, 농협 및 수산업협동조합.

⇨ 일반은행이 재원이나 채산성 문제로 필요한 자금 공급이 어려운 특
정 부문에 자금을 공급.

- 수출입은행: 수출입금융을 전문으로 취급하기 위해 특별법으로 설치된
은행.
⇨ 예금 취급은 하지 않고(예금은행이 아님), 소요 자금은 정부나 해외
의 차입이나 채권 발행으로 조달.

- 종합금융 및 투자신탁회사: 단기금융시장과 주식 및 채권시장 등 직접 금
융 시장에서 자금중개 기능을 수행.
⇨ 은행신탁은 금전 및 재산을 신탁을 받아 유가증권, 대출금과 같은 곳
에 자금을 운용.

- 상호저축은행: 지역의 서민과 소규모 기업을 대상으로 한 여·수신업무를
전문적으로 수행.

- 신용협동조합: 조합원(상호저축은행과의 차이)에 대한 여·수신업무를 통
해 조합원 상호 간의 상부상조를 목적으로 운용되고 있는 농협, 수협 및
새마을 금고, 신용협동조합 등.

- 우체국 예금: 전국 우체국 취급 예금.

즉, 다양한 금융기관들이 요구불예금을 취급하고 있다. 은행은 대표적인 금
융기관이다. 은행은 가계와 기업의 예금을 수납하고 언제든지 인출을 요구하면
안전하게 보관된 예금을 지급한다. 은행은 예금이 인출되기 전까지 이를 다양한
대출에 이용한다. 은행은 기업에 단기 금융자금을 대출해줄 뿐 아니라 소비자에
게 자동차나 내구재 구매에 필요한 금융을 제공한다.

상호저축은행이나 신용금고, 신용협동조합 등은 은행의 보완적 기능을 수행하는데 모두 저축금융기관이라고 부른다. 상호저축은행은 가계와 기업의 예금을 받아서 이를 주택담보대출을 비롯한 여러 형태의 대출에 이용한다. 신용협동조합은 조합원의 예금을 받아 조합원에게 대출해준다. 조합원은 대부분 같은 회사에 근무하는 사람들이다.

은행과 저축금융기관은 다양한 명칭의 요구불예금을 제공한다. 은행은 보통예금뿐 아니라 급여 이체예금, 스마트폰 전용예금 등을 제공하고 있다. 상호저축은행은 법인이나 개인 사업자에게 입출금이 자유로우며 결제자금으로 이용할 수 있는 기업자유예금 등을 제공하고 있다. 이들의 공통점은 예금자들이 언제든지 필요한 액수만큼 계좌이체를 할 수 있다는 점이다.

경제용어

- 은행: 예금과 대출을 취급하는 대표적인 금융기관.
- 저축금융기관: 은행의 보완적 기능을 수행하는 금융기관.

---

② 기타 금융 중개기관: 광의통화(M2)에는 포함되지 않는 장기성 예금, 차입 채권 및 지불증권 발행과 같이 다양한 방법을 통해 자금을 조달하고, 특정 고객에 대한 대출이나 독특한 대출 수단을 사용하는 광범위한 형태의 금융기관들.

②-1 증권기관, 증권투자회사, 여신전문금융기관, 공적 금융기관, 부실 정리 금융 기관.

②-2 보험회사 및 연금기금: 보험회사와 자율적 연금기금이 포함.

- 보험회사: 생명, 사고, 건강, 화재 관련 문제가 발생 시 보험을 제공하는 금융기관. ⇨ 생명보험회사, 우체국 보험, 손해보험회사.
- 연금기금: 특정 피고용자 그룹에게 은퇴 후 살아갈 수 있는 급여를 제공하기 위해 설립된 기관. ⇨ 기관 자신이 자산과 부채를 보유하며 자기 계정으로 시장에서 금융 거래를 함.

②-3 금융보조기관: 일반 금융 중개 활동이 아닌 금융 중개와 밀접한 관련이 있는 활동을 주로 하는 금융기관.
  ⇨ 자기계정이 부채를 발생시키지 않는다는 점이 일반금융기관과 다르다.
  ⇨ 신용보증기관. 금융결제원, 증권 및 선물거래소, 금융감독원 등.

(2) 금융감독

과거 은행감독원, 증권감독원, 보험감독원, 신용관리기금의 4대 금융감독 기관들이 세계화 및 세계화 속에서 효율적인 활동을 위해 금융감독을 통합 운영의 필요성이 증가함에 따라 금융감독위원회와 금융감독원으로 통합되었다.
- 금융감독위원회: 금융감독과 관련된 주요 사항을 심의·의결한다.
- 금융감독원: 금융감독위원회 또는 증권선물위원회 지시에 따라 금융기관에 대한 검사·감독업무를 수행한다.

3. 화폐와 이자율

1) 이자율의 결정과 채권 가격

중앙은행인 한국은행이 기준금리를 2.2%에서 2.5%로 올리겠다고 한다면, 어떻게 한국은행은 목표 달성을 할 수 있을까? 좀 더 정확하게 한국은행은 어떻게 이자율에 영향을 미칠 수 있을까?

이자율이 어떻게 달성되는지를 이해하기 위해 이자율에 대한 유동성 선호 모형(liquidity preference model of the interest rate)[4]을 통해서 알아보자. 이 모형은 이자율이 화폐시장에서 화폐에 대한 공급과 수요에 의해 결정된다고 주장한다. 즉, [그림9-1]은 명목 화폐수요곡선 mD와 명목 화폐공급곡선 mS의 결합 상태를 보여준다. 이 그래프에서 화폐공급곡선은 한국은행이 공급하는 명목 통화량이 이자율에 따라서 어떻게 변하는지를 보여주고 있다.

[그림 9-1] 화폐시장의 균형

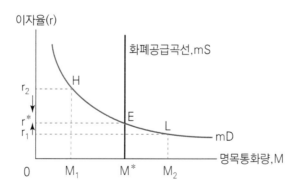

논리를 단순화하기 위해서 한국은행이 단순히 목표 이자율을 달성할 수 있는 화폐공급 수준을 선택한다고 가정하자. 이때 화폐공급곡선은 [그림9-1]처럼 수

---

4) 유동성 선호 모형과는 별개로 대부자금 모형도 있다.

직선이 되며, 그 수평축이 한국은행이 선택하는 화폐공급량 M*에 해당한다. 화폐시장의 균형은 mS와 mD가 교차하는 E점에서 달성된다. 이 점은 화폐의 수요량이 화폐의 공급량 M*와 같으며, 균형 이자율은 r*가 된다. 먼저, 화폐시장에서 균형이자율이 어떻게 r*가 될까를 생각해보자. 우선 r_1의 이자율에서는 사람들이 실제 한국은행이 공급한 화폐공급량 M*보다 많은 M_2만큼의 통화량을 보유하려고 한다(화폐의 초과수요). 즉, 이것이 의미하는 바는 화폐의 수요량이 화폐의 공급량보다 크다는 것이다. 이 경우 L점에서는 사람들이 자신의 재산 중 일부인 '주식이나 채권'과 같은 비화폐성 이자지급 금융자산을 매각하여 화폐자산으로 전환하려 할 것이다. 따라서 주식이나 채권과 같은 이자지급 자산을 팔고자 하는 사람들은 주식이나 채권에 대해 구매자가 생기도록 더 높은 이자율을 제시해야 할 것이다. 그 결과 주식이나 채권 가격은 하락하고, 화폐수요의 증가에 따라 이자율은 r_1보다 높게 상승하기 시작한다. 이 같은 이자율 상승은 사람들이 실제로 공급된 통화량만을 보유하기 원할 때까지 계속될 것이다. 즉, 이자율은 r*에 도달할 때까지 상승할 것이다.

이번에는 화폐시장이 [그림9-1]의 r_1보다 높은 H점의 이자율을 가진 r_2점이 있다면 어떤 일이 벌어질까 생각해 보자. 이 경우 화폐의 수요량 M_1은 화폐의 공급량인 M*보다 작다(화폐의 초과공급). 이에 대응하여 비화폐성 이자지급 금융자산에 대한 수요량이 공급량보다 클 것이다. 이때 이자지급 금융자산(채권)을 사고자 하는 사람들은 더 높은 채권가격을 제시하더라도 채권 판매자를 찾을 수 없을 것이다. 그 결과 주식이나 채권 가격은 상승하고, 화폐의 초과공급으로 이자율은 r_2로부터 하락할 것이다. 이자율의 하락은 사람들이 실제로 공급된 통화량인 M*를 보유하기 원할 때까지 계속될 것이고 결국 이자율은 r*가 될 것이다.

이제 중앙은행인 한국은행이 화폐공급의 변화를 통해 어떻게 이자율을 변화시키는지 알아보자. [그림9-2]에처럼 화폐공급을 M_1에서 M_2로 증가시킬 경우를 보면, 경제는 처음에 E_1점에서 균형을 이루고 있으며 균형 이자율은 r_1이고 화폐공급은 M_1이다. 한국은행에 의한 화폐공급이 M_2로 증가하면 화폐공급곡선이 mS_1에서 mS_2로 오른쪽으로 이동하면서 균형 이자율이 r_2로 하락하게 된다. 이는 사람들이 실제 화폐공급량인 M_2만큼을 보유하기를 원하는 이자율 수준이 r_2이기 때문이다. 따라서 화폐공급의 증가는 이자율을 하락시킨다. 마찬가지로 화폐공급의 감소는 이자율을 상승시킨다. 즉, 중앙은행인 한국은행은 화폐공급의 증감을 통해서 이자율을 설정할 수 있다.

현실에서는 중앙은행인 한국은행은 국채의 매입과 매각을 통해서 이자율을 설정할 수 있다. 예를 들어([그림9−2]), 처음의 화폐공급곡선은 M_1의 통화량에 해당하는 mS_1이고 이때의 이자율 r_1은 목표한 금리보다 높다고 할 때, 이자율을 r_2로 낮추기 위해 한국은행은 공개시장에서 채권을 매입한다. 그 결과 화폐공급이 증가하고, [그림9−3]에서 보듯이 화폐공급곡선은 mS_1에서 mS_2로 오른쪽으로 이동하여 명목통화량은 M_1에서 M_2로 증가한다(즉, 일반은행이 한국은행의 국채를 매입을 통해 시중에 통화량을 증가시킨다). 화폐공급의 증가는 균형이자율을 목표 금리인 r_2로 하락시킨다. 물론 반대의 경우에도 원리는 같다. 즉, M_2의 통화량에 해당하는 화폐공급곡선 mS_2의 경우 균형이자율 r_2이 한국은행이 생각한 목표 금리인 r_1보다 낮다. 이 경우 한국은행은 채권을 공개시장에서 매각함으로써 화폐공급을 M_1로 감소시키고, 그 결과 화폐공급곡선은 mS_2에서 mS_1로 왼쪽으로 이동하여 균형이자율은 r_1로 상승한다.

[그림 9-2] 화폐공급의 증가와 이자율 결정

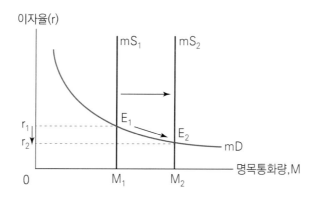

[그림 9-3] 중앙은행의 금리 설정

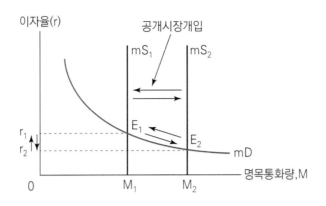

2) 은행의 대출금리

이제는 우리가 은행에서 돈을 실제로 빌렸을 경우를 생각하고 금리를 계산해 보자. 현실에서 주로 거론되는 이자율 산출방식은 두 가지이다. 첫째는 단리 산출방식이고, 둘째는 복리 산출방식이며, 예금 및 대출에 모두 적용된다. 대부분 은행에서는 복리 산출방식을 사용한다. 우리가 필요한 대출을 최대한 합리적이고 경제적인 방법으로 이용하는 방법은 원금 및 이자를 갚아나가는 방식에 따라 달라질 수 있다.

먼저 단리 및 복리의 산출방식을 살펴보자. 단리는 최초 원금에 대하여 이자를 계산하는 방법으로 처음에 빌리거나 빌려준 원금에 대해서 기간에 이자율을 곱하여 계산하는 방법이다. 반면에 복리는 일정 기간 동안 발생한 이자를 처음 원금에 합한 원리합계가 다음 기간의 원금이 되어 이자를 지급하는 방법이다[5]. 즉, 이자를 I라 하면 이자를 계산하는 방법은 아래와 같다.

$$I = P \times r \times t \text{ (I: 이자, P: 원금, r: 이자율, t: 기간)}$$

---

5) 권오남, 김자봉, 김정한(2016), 금융생활과 수학, 한국금융연구원.

위의 식을 이용하여 실제로 계산하여 보자. 만약 100만원에 대해 1년 동안 5%의 이자를 준다고 할 때 단리이자와 복리이자를 계산하는 방법은 [표9-1]과 같다.

➕ [표 9-1] 단리 및 복리이자 계산방법

단위: 만원	단리이자 계산 방법		복리이자 계산 방법	
	이자	총금액	이자	총금액
1년	100 × 0.05=5	105	100 × 0.05=5	105
2년	100 × 0.05=5	110	105 × 0.05=5.25	110.25
3년	100 × 0.05=5	115	110.25 × 0.05=5.5125	115.5125

따라서 단리이자에 의한 원리합계는 $A = P + Prt = P(1+rt)$로 구할 수 있고, 복리이자에 의한 원리합계는 $A = P(1+r)t$로 구할 수 있다.

예를 들어, 2016년 1월 1일에 연 3%의 단리이자로 200만원을 은행에서 빌렸다고 할 때, 2년 후에 갚아야 할 돈은 $2,000,000(1+2 \times 0.03)=2,120,000$원이고, 복리이자로 빌렸다면 갚아야 할 돈은 $2,000,000(1+0.03)^2= 2,121,800$원이 된다.

사례 연구   서브프라임 모기지(비우량 주택담보대출) 위기

금융제도는 경제성장을 촉진하는 역할을 한다. 그러나 금융제도가 잘못 작동하면 금융시장에 심각한 문제가 발생하여 총산출, 고용 그리고 물가 수준에 극심한 변동이 초래될 수 있다.

2007년~2008년에 미국의 금융위기는 금융제도가 잘못 작동된 전형적인 경우에 속한다. 이 시기에 미국의 금융제도는 1930년대 대공황 이후 가장 큰 위기를 맞았다. 미국의 금융제도는 때때로 잘못 작동되는 경우도 있었으

나 2007년~2008년 미국의 금융위기는 다른 시기와는 다르게 세계적으로 번져나가면서 대부분의 국가에 심각한 경기침체를 유발시켰다. 미국의 금융위기가 어떻게 초래되었고, 또한 미국의 금융구조는 어떻게 바뀌었는지를 살펴보자.

2007년~2008년 미국의 금융위기는 주택모기지대출의 채무불이행에서부터 시작되었다. 즉, 2007년에 주택모기지대출의 채무불이행이 크게 증가하면서 직접 대출을 해준 금융기관뿐 아니라, 주택담보대출을 취급하는 금융기관 등에 직·간접적으로 투자한 많은 금융기관들의 재무건전성에 문제가 생기기 시작했다. 일본과 마찬가지로 주택담보대출에 대한 채무불이행은 대부분 서브프라임 주택담보에서 발생하였다.

서브프라임 모기지(비우량 주택담보대출)란 신용도가 평균보다 낮은 주택구입자에게 이루어지는 대출로 이자율이 비교적 높다. 그런데 은행들이 이러한 서브프라임 주택담보에 대규모 간접투자를 하였다. 다시 말해서 은행에서 대출을 받은 투자회사들이 직접 주택담보대출을 실행한 회사로부터 주택담보대출에 관한 채권을 인수한 것이다. 그런데 주택담보대출이 잘 상환되지 않자 투자회사는 대규모 손실이 발생했고 은행은 이들로부터 대출해준 자금을 회수할 수 없게 되었다. 결국 은행들은 투자회사에 대한 대출금을 부실 처리할 수밖에 없었고 이에 따라 은행의 지급준비금이 줄어들어 대출여력도 많이 감소하였다. 이로 인해 경제는 큰 위험에 처하게 되었다. 소비자나 기업은 소비나 투자에 필요한 자금을 은행대출에 의존하고 있기 때문이다.

모든 위기 발생이 그런 것처럼, 위기가 터지기 직전까지 은행이나 규제당국은 주택담보대출의 채무불이행이 발생하더라도 은행의 손실은 크지 않을 것이라고 생각했다. 왜냐하면 주택담보증권이라는 혁신적인 파생상품이 손실을 줄여줄 것이라고 믿었기 때문이다. 주택담보증권이란 주택담보대출의 상환금을 담보로 발행되는 채권이다[6].

이것이 은행의 입장에서 보면 수익성 높은 안정된 사업으로 보였다. 은행의 입장에서는 만약에 발생할 수도 있는 채무불이행에 대한 미래의 위험을 채권투자자에게 떠넘겼기 때문이다. 그러나 불행하게도 은행은 주택모기지 담보증권을 팔아 회수한 자금의 상당량을 이들 증권에 투자하거나 투자펀드에 다시 빌려주었다. 규제당국이 설정한 은행의 자기 자본비율을 맞추는 데 도움이 되었기 때문이다. 따라서 주택모기지대출의 채무불이행이 발생하면 은행이 직접적인 피해는 피할 수 있어도 간접 피해는 피할 수 없었다. 실제 많은 주택구입자들에게 채무불이행이 발생하자 은행들은 보유하고 있던 모기지대출만이 아니라 모기지 담보증권 투자자에 대한 대출에서도 손실이 발생했다. 그리고 모기지 담보증권에 투자한 것도 손실이 발생했다.

모기지대출의 채무불이행이 갑자기 크게 늘어난 원인은 여러 가지이다. 첫째, 미국 정부의 주택매입에 보조금 지원정책이다. 미국 정부가 세입자의 주택소유를 장려하기 위해 주택매입에 보조금을 지급하는 정책을 시행하면서 모기지대출이 크게 늘어났다. 주택경기가 호황일 때는 문제가 없지만 호황이 끝나고 부동산 가격이 하락하기 시작하면서 채무불이행이 늘기 시작하였다. 둘째, 모기지 담보증권이 금융기관에 잘못된 인센티브를 제공했다는 점이다. 은행 및 모기지대출회사는 대출의 채무불이행이 발생하더라도 손실을 입지 않을 것이라고 생각했다는 것이다. 그래서 이들은 상환능력이 부족한 사람에게도 서브프라임 모기지대출을 해주었다. 셋째, 금융거래의 이익에 대한 비윤리적인 집착이다. 일부 모기지대출기업은 모기지대출을 묶어 채권으로 팔기 위해 주택구입을 부추기거나 심지어 신청자가 속임수로 소득을 높여서 모기지대출을 신청하더라도 이들에게 대출이 이루어졌다. 당연히 많은 사람이 과도한 모기지대출을 받았고, 대출금의 상환도 어렵게 된 것이다.

더군다나 주택대출 담보증권은 일단 발행되면 주식이나 채권처럼 금융시장에서 사고 팔수 있을 뿐만 아니라 세계 각국의 은행, 저축금융기관, 보험회사, 연금기금 등이 이들 증권에 투자할 뿐 아니라 개인도 투자할 수 있었다. 따라서 주택담보대출의 채무불이행이 발생하였을 때 그 손실은 전 세계적으로 크게 나타날 수밖에 없었다.

실제로 주택담보증권의 기초 자산에 일부 편입된 주택담보대출이 무너지자 이를 기초로 층층이 발행된 모든 증권들이 차례로 붕괴되기 시작하였다. 먼저 대형 주택담보 대출기업이 어려움을 겪기 시작하였다. 이들은 상대적으로 부실한 주택담보대출을 많이 보유하고 있었기 때문이다. 먼저 상위

3기업이 거의 파산지경에 이르렀고, 뱅크오브아메리카는 다른 회사에 인수되어 파산을 면했다. 제일 큰 기업인 워싱턴 뮤추얼은행은 자산동결 이후 곧바로 JP모건에 인수되었다. 와코비아은행은 자회사인 골든 웨스트의 주택담보대출 손실이 커지자 파산 지경에 이르렀고 결국 웰스파고에 의해 인수되었다.

부실 대출의 문제가 커지면서 대출을 직접 해준 대출기업뿐 아니라 다른 금융기관도 손실을 입게 되었다. 메릴린치는 2년 만에 많은 손실을 내어 헐값에 뱅크오브아메리카에 매각되었다. 리먼 브라더스는 주택담보증권을 대량 보유하고 있었는데 결국 파산하였다. 골드만삭스, 모건스탠리 등 다른 투자은행은 주택담보증권과 신용부도스왑으로 큰 손실을 보게 되자 서둘러 은행지주회사로 전환하였다. 시티뱅크도 정부의 대출을 받아 간신히 살아남았다. 보험회사인 AIG도 엄청난 손실을 입었다. 주택담보증권 투자자에게 팔았던 보험으로 인해 예상치 못한 큰 손실이 발생하였다.

┌─ **경제용어** ───┐

• 모기지 담보증권: 모기지대출의 상환금을 담보로 발행되는 채권.

└──┘

---

6) 예를 들면 은행이나 주택담보 대출회사가 모기지대출을 하였다고 하자. 일반적인 금융거래로 보면 이들은 대출을 자산으로 보유하면서 매달 원리금을 상환 받을 수 있다. 그러나 그렇게 하지 않고 이들은 수백 수천 개의 주택담보대출을 하나의 펀드로 묶어 이를 채권으로 팔아치울 수 있다. 펀드에 포함된 주택담보대출의 상환금을 받을 수 있는 권리를 파는 셈이다. 은행은 채권을 팔아 주택담보대출을 한꺼번에 회수할 수 있고 채권투자자는 모기지대출의 상환금을 투자수익으로 얻게 된다.

10

물가와
인플레이션

물가와 물가지수

1. 물가란

물가란 여러 가지 상품들의 가격을 한데 묶어 이들의 종합적인 움직임을 알
수 있도록 한 것으로 여러 가지 상품들의 평균적인 가격수준이다. 다시 말해서
한 나라 안의 모든 상품의 거래량을 한 덩어리(자루 속 상품)로 묶어 측정하는
방법이다. 이것을 우리는 집계화(묶음)했다고 말하고 이들을 하나의 크기로 변경
한 것이 집계치이자 바로 물가이다. 즉, 물가는 각각의 개별 가격들에 대한 대표값
이라고 생각하면 된다. 따라서 당연히 개별 상품의 가격이 변할 때 자루 속의
상품의 가치도 전체적으로 변하기 때문에 자루의 크기는 변하지 않아도 자루 속
의 개별 상품의 가격의 크기는 변한다. 따라서 한 자루의 상품가격의 변화 정도
를 나타내는 대표값을 물가라고 한다.

1) 물가지수

물가지수란 비교연도의 물가수준을 어떤 특정 연도의 물가수준에 대한 비율
로서 측정한 것이다. 따라서 물가지수는 기준 시점으로부터 5년마다 수정하고,
한국은 2000년을 기준연도로 설정하고 있다.

(1) 여러 가지 물가지수

■ GDP디플레이터(Deflator)
- 국내에서 생산된 모든 생산물의 가격이 평균적으로 어느 정도 변했는지를 나타내는 물가지수.
- GDP디플레이터(Deflator) = 명목GDP/실질GDP로 나눈 값.
- 가장 포괄적인 물가지수이며, 국가 경제 전체의 물가변동을 나타내는 지표.

■ 생산자 물가지수(Producer's Price index: PPI)
- 국내시장의 1차 거래단계인 기업 간에 거래되는 모든 재화와 서비스 가격이 평균적으로 얼마만큼 변동했는지를 측정하기 위한 물가지수.
- 생산자 간에 거래는 시차를 두고 소비자물가뿐만 아니라 경제활동 전반에 중요한 영향을 준다.

■ 소비자 물가지수(Comsumer's Price index: CPI)
- 소비자의 소비생활 과정에서 나타나는 생계비 변동이 얼마만큼 변동했는지를 측정하기 위한 물가지수.
- 소비자의 구매력 변동에 관한 측정을 가능하게 함.
- 전국 주요 도시 거주 가계만을 대상으로 선별 측정(전국 36개 도시가계 선별 측정).

■ 수출입물가지수(Export-import Price index: EPI)
- 수출품과 수입품의 가격이 전반적으로 얼마만큼 변동했는지를 파악하고, 그 가격변동이 국내물가에 미칠 영향을 측정하기 위한 물가지수.
- 수출채산성 및 수입원가 부담, 그리고 교역조건을 측정하기 위한 물가지표.

(2) 체감물가지수

- 체감물가지수
  - 정부 발표 물가지수가 아니고 개인이 생활 속에서 피부로 느끼는 비공식
    적인 물가지수이다.

- 정부 물가지수와 체감물가지수와의 차이
  - 가) 소비자 물가통계는 도시 소비자가 구입하는 모든 품목(516개 품목)을
    대상/체감물가지수는 소비자가 주로 구입·소비하는 상품의 가격 변동
    에 한정한다.
  - 나) 소비자 물가통계는 36개 도시 13,000개 상점의 평균적인 가격변동을
    말함/체감물가지수는 특정 지역 및 특정 상점의 가격변동을 말하는
    경향이 강하다.
  - 다) 소비자 물가통계는 516개 품목 중에서 주로 가격이 오른 것만을 중심
    으로 인식하는 경향이 강하다.
  - 라) 체감물가지수는 소비의 고급화 및 자녀의 성장에 따른 생활비 증가를
    가격상승으로 인식하는 경향이 강하다.

(3) 생활물가지수

- 소비자물가를 산정하는 516개 대상품목 중에서 소비자들이 자주 구입하는
  기본 생필품 156개(쌀, 두부, 쇠고기...)를 선정하여 작성하는 물가지수이
  다. 1998년 이후 체감물가 척도로 활용하기 위해 매월 발표하고 있다.

(4) 신선식품지수

- 자연적 요인에 의해 가격 변동이 심한 채소류, 과일류, 생선류와 같은 47개 품목을 측정한 물가지수이다.

2. 물가수준과 인플레이션의 측정

30년 전 우리는 현재 1,300원의 콜라를 300원에 구입할 수 있었고, 영화는 3,000원에 관람할 수 있었고, 짜장면은 1,500원이었다. 현재 이 재화들의 가격은 당연히 그때보다 매우 많이 상승하였다. 즉, 개별시장의 변화는 이러한 가격 변화의 아주 작은 부분만을 설명할 수 있다. 이러한 재화들의 가격 상승은 매년 계속해서 증가하는 각 가격의 변화 정도에 따른 것이다.

물가수준(Price level)이란 경제에서 평균적인 가격수준을 말한다. 따라서 물가수준의 거의 모든 측정은 각각 다른 기간을 표현하는 일련의 숫자 형태인 지수로 발표된다. 지수는 단지 비교적 측면에서 의미가 있다. 즉, 한 기간의 지수와 다른 기간의 지수를 비교하여 어느 것이 더 크고 몇 퍼센트 더 큰지 바로 비교해 볼 수 있다. 하지만 어떤 특정 기간에 대한 지수의 실제 가치는 자기 혼자서는 아무 의미가 없다.

일반적으로, 지수의 측정은 다음과 같이 산출한다.

$$\frac{\text{당해 연도 가치 측정}}{\text{기준 연도 가치 측정}} \times 100$$

폭력 사건의 예를 들어 지수가 어떻게 만들어지고 작용하는지 알아보자. 법무부 자료를 통해 매년 폭력 사건이 어떻게 변화하였는지를 측정하고자, 수년에 걸쳐 폭력 사건의 수를 가지고 폭력 사건 지수를 만들 수 있다. 첫 번째로 기준 시점을 결정하는 것이 필요하다. 2000년을 기준 시점으로 선택하고, 그 해에 폭력 사건이 10,545회 있었다고 가정하자. 그렇다면 어떤 해당 연도의 폭력 사건 지수는 다음과 같이 계산될 수 있다.

$$\frac{\text{해당 연도의 폭력 사건의 수}}{10,545} \times 100$$

기준 해인 2000년의 폭력 사건 지수는 $(10,545/10,545) \times 100$의 값을 가진다. 지수의 일반적인 공식에 따라 지수는 기준 기간에 대하여 언제나 100일이다.

경제용어

• 지수(Index): 시간이 흐름에 따라 한 변수의 증가나 감소를 보기 위해 사용되는 일련의 숫자

---

1) 소비자 물가지수(Consumer Price Index, CPI)의 측정

일반적으로 가장 널리 사용되는 물가수준의 측정 방법은 소비자 물가지수(CPI)이다. 일반 소비자가 지불하는 가격을 측정하는 것은 쉬운 일이 아니다. 우리는 소비자 물가지수를 측정할 때에 앞서 두 가지 문제를 해결해야 한다. 첫째 문제는 평균치에 어떤 재화와 서비스를 포함할 것인지 결정하는 것이다. 소비자 물가지수(CPI)는 소비자 물가만을 추적하고 소비자에 의해 구매되지 않는 재화와 서비스는 제외한다. 따라서 소비자 물가지수(CPI)에는 기업에 의해 구매되는 (자본재 시설, 원재료, 혹은 도매 상품과 같은) 재화와 서비스, 정부가 구입한 (전폭기와 경찰관들의 서비스와 같은) 재화와 서비스를 제외한다.

두 번째 문제는 서로 다른 모든 가격을 어떻게 평균적인 물가수준으로 결합하는가이다. 어느 주어진 달에 서로 다른 가격은 서로 다른 정도로 변화할 것이다. 예를 들어 대학교 수업료의 평균 비용이 5% 증가할 수도 있고, 빵 가격이

10% 증가할 수 있고, 우유의 가격이 30% 감소할 수 있다. 즉, 가격이 서로 다른 비율로 변화하고 어떤 것들은 증가할 때 다른 것들은 감소할 수 있다. 이때 우리는 어떻게 평균 가격수준의 변화를 추적할 수 있는가? 모두 더하여 단순히 상품의 수로 나누어 가격 평균을 내는 것은 실수이다.

소비자 물가에 대한 적절한 측정은 일반 소비자가 일정 기간에 구매하는 재화와 서비스 집합에 대한 시장바구니의 비용을 추적하는 것이다. 시장바구니의 비용이 어떤 기간에 10% 증가했다면 소비자 물가지수(CPI)가 나타내는 가격수준은 10% 증가할 것이다. 이러한 방법으로 계산하면 일반 소비자의 예산에서 비교적 중요하지 않은 상품과 서비스는 소비자 물가지수(CPI)에서 보다 적은 부분을 차지하게 된다. 즉, 배추의 가격이 4배로 뛰어도 전체 시장바구니 비용은 크게 영향을 미치지 않을 것이다. 자동차 수리나 대여와 같이 더 큰 비용의 중요한 재화는 더 많은 부분을 차지할 것이다. CPI의 기준 해는[7] 2015년으로 물가지수의 일반 공식을 따라 소비자 물가지수(CPI)는 다음과 같이 계산된다.

$$\frac{\text{해당 연도의 시장바구니 비용}}{\text{2015년 시장바구니 비용}} \times 100$$

경제용어

- 소비자물가지수(Consumer Price Index): 특정 기간 일반 가계에 의해 구매되는 고정된 장바구니(Market basket) 비용지수.

---

7) 보다 정확하게: 일반 소비자의 시장바구니는 (각 재화에 적용될 가중치를 결정하기 위해 사용) 주기적으로 업데이트 된다. 예를 들어 현재 CPI는 2015년의 소비자 소비 행태 조사의 내용을 이용하여 알맞은 가중치를 결정한다.

2) 물가지수와 인플레이션율

소비자 물가지수(CPI)는 경제의 물가수준을 측정한 것이다. 한편 인플레이션율(inflation rate)은 변동률로 물가수준이 얼마나 빠르게 변화하는지를 측정한 것이다. 따라서 물가수준이 상승할 때 인플레이션율은 양(+)이다. 한편 디플레이션(deflation)은 대공황 때처럼 물가수준이 하락할 때를 말하고, 다른 측면에서는 역시 음(−)의 인플레이션이라고 말한다.

[표10−1]은 소비자 물가지수(CPI)로 측정한 1950년 이후의 인플레이션율이다. 각 연도에 인플레이션율은 이전 연도 12월에서 그해 12월 사이의 소비자 물가지수(CPI) 변동률로 계산된다. 예를 들어 2000년 12월의 소비자 불가지수(CPI)는 174.6 그리고 2001년 12월에는 177.3이었다. 2001년의 인플레이션율은 (177.3−174.6)/174.6＝0,015 혹은 1.5%이다. 1950년대와 1960년대에 인플레이션은 낮았고, 1970년대와 1980년대 초에는 높았다.

경제용어

- 인플레이션율(inflation rate): 한 기간에서 다른 기간으로 넘어가면서 나타나는 가격수준의 변동률.
- 디플레이션(deflation): 한 기간에서 다른 기간으로 넘어가면서 일어나는 가격수준의 감소.

⊕ [표 10-1] 소비자 물가지수

연도	소비자 물가지수(12월)
1970	39.8
1975	55.6
1980	86.4
1985	109.5

연도	소비자 물가지수(12월)
1990	134.2
1995	153.9
2000	174.6
2001	177.3
2002	181.6

[그림 10-1] 소비자 물가지수 증감률 (단위: %)

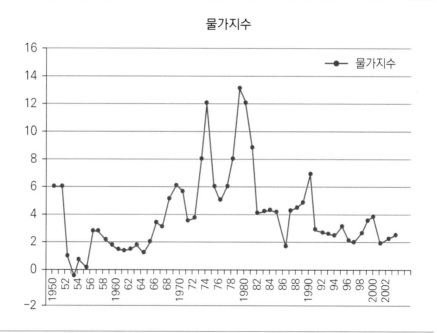

물가지수

자료: 통계청, '한국통계연감' 각 년도 판.

여기서 주의할 점은 사람들은 종종 가격상승과 인플레이션 상승을 동일시한다. 사람들은 종종 '가격이 오른다'라는 말과 '인플레이션이 증가한다'라는 말을 섞어서 쓰지만 엄밀히 그것은 같은 의미는 아니다. 왜냐하면 인플레이션이 가격

수준의 변동율이라는 점에서 가격 상승과 인플레이션 하락이 동시에 가능하다는 사실도 알아야 한다. 예를 들어 2000년에서 2003년까지 소비자 물가는 매년 상승하였다. 이는 '가격이 상승하고 있었다'라는 의미이지만, 예를 들어 2000년에 2.5%에서 2001년에 1.54%, 그리고 2002년에 1.4%일 경우 그 비율은 이전해보다 적게 증가하였기 때문에 '인플레이션은 감소'했다는 반대의 경우도 발생한다.

3) 실질변수와 인플레이션의 조정

이제 인플레이션과 실질임금에 대하여 살펴보자. 가령 매월 받는 우리들의 명목임금이 매월 150만원에서 300만원으로 증가한다고 가정하자. 이때 우리는 소득이 더 나아졌다고 할 수 있다. 그러나 그것은 물가변동이라는 상황에 따라 다르다. 수치적으로 보면 우리는 2배의 더 많은 소득을 얻었지만 그 임금으로 얼마나 많은 재화와 서비스를 구입할 수 있는지에 대해 생각해 본다면 우리는 여기서 실질임금에 대하여 관심을 가져야 한다.

중요한 것은 명목임금(여러분이 벌어들인 달러)에 집중하는 것이 아니라 실질임금(소득의 구매력)에 집중하여야 한다. 구매력을 기준으로 우리들의 실질임금을 알기 위해서 우리는 가격수준과 비교하여 벌어들인 소득을 생각해 보아야 한다. 실질임금을 계산하기 위해 주로 사용되는 지수가 바로 소비자 물가지수(CPI)이다. 실질임금 공식은 다음과 같다.

$$실질임금 = \frac{해당\ 연도의\ 명목임금}{해당\ 연도의\ 소비자\ 물가지수} \times 100$$

이 공식을 기초로 하나의 예를 들어보자. 예를 들어 2010년에서 2011년까지 우리의 개별 명목임금이 150만원에서 300만원으로 2배가 올랐다. 이제 우리가 구입하는 모든 재화와 서비스의 가격이 동시에 2배로 올랐다고 가정하자. 가격이 2배로 뛰면 소비자 물가지수(CPI)도 역시 2배로 오른다. 2010년을 기준 해로 하면 소비자 물가지수(CPI)는 2010년의 100에서 2011년에 200으로 증가할 것이다. 그리고 실질임금은 2010년에 (150/100)×100＝150이고 2011년에는 (300/200)×100＝150일 것이다. 실질임금은 변화하지 않을 것이다.

이제 2010년과 2011년 사이에 가격이 2배로 뛰었지만, 우리들의 명목임금은 여전히 150만원으로 변화하지 않았다고 가정하자. 이 경우 위의 공식에 따라 2010년에 (150/100)×100＝150과 2011년에 (150/200)×100＝75만원의 실질임금을 보여준다. 즉, 우리들의 구매력은 반으로 줄어든 것이다. 우리는 똑같은 소득을 가지고 있지만 물가상승에 따라 그 전보다 반의 양만을 구입할 수 있게 되었다. 다시 말해서 실질임금이 반으로 줄어든 것이다.

소비자 물가지수(CPI)를 이용하여 실제로 실질임금의 예를 비교해 보자. 우리는 1980년 50만원에서 2010년에 150만원으로 명목임금이 증가하였다고 가정하자. 하지만 같은 기간 소비자 물가지수(CPI)가 55.5에서 181.5으로 증가하였다면, 공식에 의하면 임금 변화는 다음과 같다.

$$실질임금(1980) \;=\; \frac{50}{55.5} \;\times\; 100 \;=\; 90.1만원$$

$$실질임금(2010) \;=\; \frac{150}{181.5} \;\times\; 100 \;=\; 82.6만원$$

그러므로 노동자들은 1980년에 비해 2010년에 더 많은 돈을 벌었지만 가격의 측정을 위해 소비자 물가지수(CPI)를 이용하면 사람들의 구매력은 그 세월 동안 오히려 하락하였다.

■ 실질가치의 중요성

거시경제의 변화를 측정할 때 우리의 소득이 아닌 그 소득의 구매력에 대해서 주의해야 한다. 그러므로 다음 공식을 이용하여 명목가치를 실질가치로 바꾼다.

$$실질 가치 = \frac{명목가치}{가격지수} \times 100$$

이 공식은 가격 지수로서 소비자 물가지수(CPI)를 주로 사용하여 경제의 모든 값을 계산하는 방법이다.

4) 인플레이션과 실질 GDP의 측정

우리는 앞에서 명목 GDP와 실질 GDP의 차이점을 공부했다. 여기서 주의할 점은 실질 GDP는 명목 GDP를 소비자 물가지수(CPI)로 나누어 계산하지 않는 다는 점이다. 즉, 소비자 물가지수(CPI)는 실질 GDP를 산출하는 데에는 사용되지 않는다. 대신, GDP 물가지수라고 부르는 특별한 물가지수가 사용된다.

소비자 물가지수(CPI)와 GDP 물가지수 사이의 주요 차이점이 있다. GDP 물가지수는 한 나라의 GDP에 포함된 모든 재화와 서비스의 가격을 측정하는 반면, 소비자 물가지수(CPI)는 한 나라의 가계들에 의해 실제로 구입된 모든 재화와 서비스의 거래 가격을 측정한다[8].

경제용어

• GDP 물가지수: GDP에 포함된 모든 최종 상품과 서비스에 대한 가격수준의 지수

이 문제에 대하여 우리나라의 통계를 기준으로 예를 들어 생각해 보자. 1980년대 초에 한국 대기업 사원들의 평균 임금이 월 30만원이었다고 한다. 한국은행 통계에 의하면 1980년 당시 소비자 물가지수(CPI)는 22.101이고, 2017년의 소비자 물가지수(CPI)는 102.930이다. 1980년대 초에 대기업 사원들의 임금을 현재 금액으로 환산하면 아래와 같다.

---

8) GDP 물가지수의 이름은 chain-type annual weight GDP 가격지수이다. 이것은 포함하고 있는 재화의 종류뿐만 아니라 수학적인 공식 면에서도 CPI와 다르다.

$$1980년\ 연봉 \times \frac{2017년\ 물가수준}{1980년\ 물가수준} =$$

$$300,000(12개월) \times \frac{102.101}{22.101} = 1,385,923(월)$$

즉, 1980년대 초의 대기업 사원들의 임금 300,000원(월)을 2017년 현재 금액
으로 환산하면 1,385,923월(월)이 된다.

실습   2000년의 대기업 평균임금을 2020년의 현재
금액으로 환산해 보자.

인플레이션

1. 인플레이션의 비용 문제

1) 인플레이션의 문제

높은 인플레이션율은 소비자 물가지수(CPI) 또는 GDP 물가지수 중 어느 것으로 측정되는 것과는 상관없이 언제나 환영받는 소식은 아니다. 왜냐하면 인플레이션은 우리 사회와 우리 모두에게 비용을 가져다주기 때문이다.

많은 사람은 인플레이션이 단지 경제에서 상품과 서비스의 값을 올려 평균적인 구매력을 감소시킨다고 생각한다. 즉, 상품 가격이 높은 수준일수록 주어진 명목소득으로 구입할 수 있는 상품과 서비스는 적어진다. 인플레이션이 우리의 구매력을 감소시킨다 말할 수 있는 것이다. 이때 주의할 점은 모든 시장 거래는 소비자와 판매자의 두 그룹으로 이루어져 있다, 따라서 재화의 가격이 상승할 때, 그 재화의 소비자는 더 많은 돈을 지불해야 하지만 판매자들은 그것을 팔면 더 많은 수익을 얻는다. 다시 말해서 개인들의 구매 상황과는 상관없이 인플레이션은 구매력을 한 그룹에서 다른 그룹으로 재분배할 수 있지만, 경제에서 평균 실질소득을 직접 감소시키지는 않는다. 즉, 소비자의 실질소득 손실은 판매자의 실질소득의 증가와 맞아 떨어진다. 여기서 우리가 인식해야 할 점은 인플레이션은 국민 전체의 구매력을 재분배할 수 있지만, 소비자와 판매자를 둘 다 포함하면 평균 구매력은 변화시키지는 않는다는 점이다. 실제로 경제의 많은 사람은 시장의 양쪽에 참여한다.

한 가지 미국의 예를 살펴보자. 1970년의 말 실질임금은 1975년에 $8.76에서 1980년에 $8.24로 감소하였으며 이것은 약 6%의 감소였다. 이 기간에 임금 노동자들뿐 아니라 봉급 노동자들, 중소기업 소유자, 그리고 법인 주주들 모두 실질임금의 감소를 경험했다. 감소의 원인 중 하나는 석유 가격의 폭등이었다. 1973년에 1배럴당 $3에서 1981년에 $34로 1,000%가 넘게 상승하였다. 이 경우 판매인들은 외국인이었고 소비자는 미국인들이었다. 그러므로 외국 석유 가격의 증가는 미국에서의 평균 구매력이 감소하게 하였다.

그렇다면 이러한 감소를 불러일으킨 메커니즘은 무엇이었을까? 실질소득은 (명목소득÷가격지수) × 100과 일치함으로 두 가지 방법 중 한 가지 이유로 감소할 수 있다. 분자의 감소 (명목소득) 혹은 분모의 증가 (가격지수)이다. 1970년대의 실질임금의 감소는 분모의 증가로부터 초래되었다. 우리는 미국에서 실질임금이 감소하는 이 시기가 이례적인 높은 인플레이션의 기간이었다는 것을 볼 수 있다. 결과적으로 거의 모든 노동자의 구매력 손실은 미국과 석유 수출국 사이의 무역거래 변화가 원인이었으며 이 변화의 결과는 보다 높은 석유 가격이었다.

2) 인플레이션의 재분배 비용

인플레이션의 비용 중 하나는 그것이 사회 내에서 구매력을 재분배한다는 것이다. 인플레이션이 어떻게 실질소득을 재분배할까? 물가수준의 상승은 명목가격으로 정해진 모든 구매력을 감소시킨다. 예를 들어, 어떤 노동자들은 미래의 인플레이션과 상관없이 그들의 실질임금을 2~3년 동안 고정하는 계약을 한다. 국가에서 정한 최저임금 역시 여러 해 동안 명목임금으로 정해져 있다. 이러한 상황에서 인플레이션은 이미 정해진 명목임금의 구매력을 감소시키기 때문에 일반 노동자들에게 손해를 입힐 수 있다. 실질소득은 노동자들에게 보다 낮은 임금을 지불하여 그 이익은 고용주(employer)에게로 재분배된다.

하지만 이 같은 영향은 다른 방향으로도 작용할 수 있다. 즉, 일반 가정에는 이익을 주고 기업에는 손해를 입힌다. 예를 들어, 많은 집을 소유한 사람들은 은행과 고정된 화폐(돈)로 주택금융을 계약한다. 이것은 매달 은행에게 동일한 명목 값을 지불하겠다는 약속이다. 이 경우 인플레이션은 이 지불의 실질 값을 감소시킬 수 있으므로 은행으로부터 집의 소유자 쪽으로 구매력을 이동시키는 것이다. 다시 말해서 인플레이션은 미래에 화폐 표시로 지불을 기다리는 사람들로부터 지불의 의무가 있는 사람들 쪽으로 구매력을 이동시킬 수 있다. 그러나 만약 인플레이션이 두 그룹 모두에 의해 예측 가능한 것이라면 소득을 재분배시키지 않을 수 있다.

3) 기대 인플레이션과 구매력의 이동

한 노동조합이 고용주와 3년 계약을 협상하고 있고 노동자들은 매년 실질임금을 3% 인상하기로 하였다고 가정하자. 노동 계약은 다른 대부분의 계약과 같이 명목임금으로 정해져 있다. 기업은 매년 매시간당 추가적인 임금을 더 주겠다고 동의할 것이다. 양측 모두 인플레이션을 예측하지 않고 있다면, 그들은 간단하게 3%의 명목임금 증가를 협상할 것이다. 변하지 않은 물가수준으로 실질임금도 그들이 바라던 3%만큼 증가할 것이다.

하지만 양측이 다음 3년 동안 매년 10%의 인플레이션을 예측한다고 가정하자. 그렇다면 그들은 실질임금을 3% 증가시키기 위해서 명목임금을 3% 이상으로 올리는 데 동의해야 한다. 얼마나 더 인상하여야 할까? 우리는 이 문제에 대해 간단한 수학식으로 답을 얻을 수 있다. 즉, 주어진 기간의 실질가치 변화율(실질가치△%)은 명목가치 변화율(명목가치△%)에서 인플레이션율을 차감한 값과 대체로 일치한다.

실질가치 변화율(실질가치△%) = 명목가치 변화율(명목가치△%) - 인플레이션율

예를 들어 인플레이션율이 10%이고 실질임금이 3% 증가하면 명목임금의 변화는 대략 다음 식을 충족시키게 된다.

3% = 명목가치 변화율(명목가치△%) - 10% ⇒ 명목가치 변화율(명목가치△%) =

13%, 즉 필요한 명목임금 증가는 13%이다.

양측이 인플레이션을 알맞게 예측하고 그들이 13%의 명목임금 증가를 목표로 협상한다면 인플레이션은 실질적으로 양측에 영향을 미치지 않을 것이다.

즉, 인플레이션이 완전하게 예측되고 양측이 이를 고려하면 인플레이션은 구매력을 재분배하지 않을 것이다.

우리는 채권자(lender)와 채무자(borrowers) 사이의 계약에 대해서도 비슷한 결론을 가질 수 있다. 누군가에게 돈을 빌려줄 때 여러분은 자신을 위해 그 돈을 사용하는 것보다 그 사람이 그 돈을 쓸 수 있게 하였기 때문에 보상으로 이자를 받는다. 연간 이자율은 지불이자 나누기 빌려준 금액이다. 예를 들어, 여러분이 누군가에게 1,000만원을 빌려주고 일 년 후 1,040만원을 돌려받는다면, 이자는 40만원이고 대출금의 이자율은 40/1,000 = 0.04 혹은 4%이다.

하지만 사실 모든 대출과 관련하여서는 두 개의 이자율이 있다. 하나는 명목이자율, 즉 대출에 대하여 채권자가 받는 화폐 금액의 증가율이다. 다른 하나는 실질 이자율, 즉 대출에 대하여 채권자가 받는 구매력의 증가율이다. 이것은 채권자와 채무자가 고려해야 할 구매력의 실질적인 변화율이다.

인플레이션이 없을 때 실질 이자율과 명목 이자율은 언제나 일치한다. 채권자의 4% 이자율 증가는 언제나 구매력의 4% 증가를 의미할 것이다. 하지만 인플레이션이 있을 때 지불되는 이자율의 구매력은 감소할 것이다. 그러나 인플레이션이 옳게 예측되거나 대출 계약에 어떤 규정이 없다면 인플레이션에 의한 구매력의 재분배는 일어나지 않을 것이다.

예를 들어 두 그룹 모두 5%의 인플레이션을 예측하고 채권자가 4%의 실질이자율을 지불 받는 계약을 협상하고 싶다고 가정하자. 그들은 어떤 명목 이자율을 선택해야 할까? 이자율은 대출금에 대한 퍼센트 변화이므로, 우리는 다음의 추정식을 이용하여,

실질가치 변화율(실질가치△%) = 명목가치 변화율(명목가치△%) − 인플레이션율을

얻고, 여기서 채권자 구매력의 가치 변화율(△%) = 채권자의 화폐액 가치 변화율(△%)-인플레이션율 혹은 실질 이자율 = 명목 이자율 - 인플레이션율이다.

앞의 예에서처럼 인플레이션율이 5%일 때 4%의 실질 이자율을 원한다면, 다음과 같이

4% = 명목 이자율 - 5%, 명목 이자율 = 9%를 얻을 것이다.

2. 비용인상 인플레이션과 수요견인 인플레이션

지금까지 인플레이션이 실질소득을 어떻게 재분배하는지에 대해 주로 설명하였다. 이제 비용인상 인플레이션과 수요견인 인플레이션의 개념에 대해 알아보자.

비용인상 인플레이션이란 임금·원자재비·금리 등 생산비용의 상승이 원인인 비용상승(cost-push) 인플레이션과 대응되는 개념으로, 총수요의 증가를 통해서 물가가 상승하는 것을 말한다. 특히 원유와 같은 주요 원자재 가격이 예상치 못하게 급등하면 전반적으로 생산비용이 상승하여 비용인상 인플레이션이 발생한다. 가격이 상승하면 재화와 서비스의 수요량은 하락한다. 이에 따라 기업은 생산을 줄이고 실업이 증가한다. 단기적으로 비용인상 인플레이션은 실질총산출을 줄인다. 그리고 이렇게 줄어든 실질소득은 어떤 자산을 보유하고 있느냐에 따라 소유자에게 재분배된다.

한편 수요견인 인플레이션에 대해 고전학파와 통화주의학파는 수요견인 인플레이션을 과도한 통화량의 증가가 그 주된 원인이라고 파악하고 있다. 따라서 통화량 증가율을 경제성장률에 맞추어 매년 일정하게 유지하도록 하는 준칙주의를 주장한다. 반면에 케인스학파는 수요견인 인플레이션이 통화량 증가보다는 정부지출 등의 증가로 인하여 총수요곡선이 우측으로 이동하는 현상으로 파악

하고 있다. 따라서 케인스학파는 극심한 경기침체에서 실업을 감소시키기 위해서는 어느 정도 인플레이션이 불가피하다는 인식을 갖고 있었다. 따라서 여러 경제학자는 3% 미만의 완만한 인플레이션율은 실질 총산출에 영향을 주지 않는다고 여긴다.

이와 다르게 일부 경제학자들은 총지출이 증가하여야 완전고용과 경제성장이 달성된다고 지적하고 있다. 총지출이 늘어야 이윤이 증가하고 노동수요가 늘어나며 기업이 공장설비와 설비를 확장한다는 것이다. 이런 점에서 보면 총지출이 증가하면서 부수적으로 나타나는 완만한 인플레이션은 완전고용과 지속적인 경제성장을 위한 조그마한 희생에 지나지 않는다. 완만한 인플레이션을 옹호하는 사람은 이왕 잘못된 것이라면 총지출의 부족, 실업, 경기침체, 디플레이션을 겪는 것보다 총지출의 과다, 완전고용, 경제성장, 완만한 인플레이션을 택하는 것이 훨씬 경제에 도움이 된다고 말한다.

3. 인플레이션(Inflation)의 원인

인플레이션의 원인 규명이 선행될 때 정부 대책도 수월하다. 따라서 무엇이 인플레이션율을 오르게 하고 내리게 하는지 지금부터 알아보자. 인플레이션의 원인은 대체로 아래와 같이 지적하고 있다.

■ 인플레이션의 원인
   ** 총공급 = 총수요 ⇨ 물가안정

1) 총공급(일정) < 총수요↑ ⇨ 물가 상승(수요견인 Inflation).
   ▶총수요의 증가 요인:
   ① 통화량: 통화량↑ ⇨ 이자율↓ ⇨ 소비지출↑ ⇨ 물가↑
   ② 정부지출: 정부의 공공사업↑ ⇨ 고용↑ ⇨ 소득↑ ⇨ 통화량↑ ⇨ 소비지출↑ ⇨ 물가↑

2) 총공급↓ < 총수요(일정) ⇨ 물가 상승(공급부족 Inflation).

   ▶총공급의 감소 요인:

   ③ 국제시장에서 원자재 값↑(원유) ⇨ 기업의 생산원가↑⇨ 생산량 축소 ⇨ 물가상승.

   ④ 자연재해 발생 ⇨ 기초 식료품 공급(쌀, 과일...)↓⇨ 물가상승.

3) 총공급의 증가 속도 < 총수요의 증가 속도 ⇨ 물가 상승.

   이상이 인플레이션의 원인과 대책에 관한 문제였다.

디플레이션과 스태그플레이션

1. 디플레이션(Deflation)

1) 디플레이션의 개념과 비용

디플레이션은(Deflation)은 인플레이션과 반대로 물가가 지속적으로 하락하는 현상을 말한다. 다시 말해서 전반적으로 개별상품의 가격이 지속적으로 하락하는 현상을 디플레이션이라고 한다. 앞서 설명한 것처럼 인플레이션이 우리 생활에 여러 가지로 좋지 않은 영향을 미친다면 디플레이션도 우리 경제 및 생활에 좋지 않은 영향을 미친다.

디플레이션이 발생하면 어떤 경제 문제가 발생할까? 일본 경제는 이미 장기간에 걸쳐서 물가 하락이라는 디플레이션의 고통에 시달리고 있다. 먼저 디플레이션이 발생하면 인플레이션의 부작용과는 반대의 경제 문제가 발생한다. 즉, 첫째로 디플레이션의 상황에서는 실업률이 높아지는 것이 일반적이다. 사람들은 일하고 싶지만 일자리가 없어서 실업자가 많아지는 상태는 결코 건전한 경제사회가 아닐 뿐만 아니라, 사회 전체의 산출량을 하락시키기 때문에 경제 자원을 낭비하는 것으로 연결된다.

두 번째로는 인플레이션은 강제적으로 소득재분적인 기능을 가지고 있다고 앞서 언급했지만, 디플레이션 상태에서는 그것과 정확히 반대의 소득재분배의 기능이 작동한다. 즉, 은행이나 다른 사람으로부터 돈을 빌린 경제주체는 부채의 실질가치가 점점 상승하기 때문에 돈을 변제할 때 곤란을 겪는다. 즉, 디플레이션으로 인하여 가중되는 채무압박에서 벗어나고자 채무자는 소유한 자산과 재고를 처분하려고 한다. 그 결과, 시장에서 자산과 상품의 가격은 더욱 하락하고 채무자가 미처 갚지 못한 잔여 채무의 실제 가치는 더욱 상승한다. 채무부담을 줄이려는 노력이 역설적으로 채무부담을 더욱 높이는 것이다. 기업은 보통 채무자의 입장에 있는 것이 많기 때문에 디플레이션이 발생하면 경영이 어렵게 된다. 채권자는 반대로 빌려 준 돈의 가치가 오르기 때문에 소득 분배상으로 볼 때 유리하다.

금리가 고정되어 가치가 오를 수 없는 금융자산(정기예금 및 저축예금 등)을 보유하고 있는 사람의 경우 디플레이션은 실질가치의 상승을 초래한다. 이처럼 디플레이션은 채무자에게는 불리하고, 채권자에게는 유리한 소득의 재분배를 개별 경제주체의 의지와는 무관계로 강제적으로 실행한다는 점이다.

세 번째로는 디플레이션은 화폐의 가치를 상승시킨다. 디플레이션이 심각하게 되면, 장래 물가가 더욱 하락할지 모른다는 예상이 지배적이게 되고, 사람들은 물건의 구매를 꺼리게 되면서 더욱더 불황을 심각하게 만들어 간다.

네 번째는 디플레이션이 진행될 때 사람들의 디플레이션에 대한 기대가 높아지면 '실질금리'가 상승하게 되고, 설비투자 등의 투자의욕이 감소하게 된다. 디플레이션 상황에서는 확실히 명목금리도 하락하지만, 명목금리는 중대한 결점이 있다. 그것은 제로 이하의 금리, 즉 마이너스 금리라는 것을 실현할 수 없다는 점이다. 마이너스 금리라면 누구나 은행에 돈을 맡기려 하지 않기 때문에 돈이 순환되지 않게 된다. 결국 경제는 더욱더 악화되게 된다. 예를 들어 명목금리가 제로일 때 물가가 매년 10% 하락한다면 사람들이 예상하고 있는 상태를 생각해 보면(1930년대의 미국의 대공황시대의 상태와 비슷한 상황이 발생함), 실질금리(명목금리 − 기대 인플레이션율)는 놀랍게도 제로 %에서 +10%로 변하게 된다. 이렇게 되면 누구도 돈을 빌려서 투자를 하려고 하지 않기 때문에 불황은 더욱더 심화되고 장기화되게 된다.

2) 디플레이션의 원인

이처럼 물가가 지속적으로 떨어지는 이유 무엇일까? 먼저 지적할 요인은 ① 신기술 개발 및 값싼 원자재의 개발이 있을 때 발생할 수 있다. 즉, 신기술 개발 및 값싼 원자재의 개발이 일어나면 기업의 생산비는 하락하고 생산의 공급은 증가하고 물가는 하락한다. ②수요심리가 위축될 때도 디플레이션이 발생할 수 있다. 즉, 수요심리가 위축되면 시장에서 수요가 줄기 때문에 기업이 생산한 상품이 팔리지 않으면서 재고가 증가하고, 이는 고용 감소 및 실업이 증가하게 된다. 결국 실업자의 증가는 소득 감소를 통해서 소비 감소와 물가 하락으로 나타나고 경기침체로 이어진다. 그러나 여기서 왜 수요심리가 위축되는가에 대한 이유는 여러 가지이고 한마디로 정확하게 말하기는 쉽지 않다.

디플레이션의 해결 방법으로 좋은 예가 바로 1930년대의 미국의 대공황에 경제정책이다. 이 경우 해결책은 총수요 부족(Keynes 이론에 근거)에 관한 대책으로 볼 수 있다. 즉, 당시 미국 정부는 통화정책과 재정정책을 동시에 사용하여 총수요 부족 문제를 해결하였다(2007년의 미국의 금융위기 해결도 동일). 즉, ①미국 통화당국은 통화량을 증가시켜 이자율을 하락시키고, 투자 및 소비지출을 증가시켜 생산 및 고용문제를 해결하고 물가하락을 막았다. 또한 ②미국 정부는 공공사업을 증가시켜 고용 및 소득을 증가시켰다. 이는 소비지출의 증가와 투자 증가로 이어져 지속적인 물가 상승으로 연결시켜 경제 위기를 해결하였다.

2. 스태그플레이션(Stagflation)

1) 스태그플레이션(Stagflation)의 개념

스태그플레이션(Stagflation)이란 경기침체 속의 물가상승이 동시에 나타나는 현상을 말한다. 즉, 경기침체를 의미하는 stagnation과 물가의 지속적인 상승을 의미하는 Inflation의 합성어이다. 일반적으로 경기가 침체될 때 물가가 하락하는 디플레이션 현상이 나타난다. 그리고 인플레이션은 전반적으로 경기가 활성화된 경우에 발생하는 것이 일반적이다. 그런데 이처럼 인플레이션의 경제 상황과 디플레이션의 경제 상황이 동시에 일어난다는 것은 몹시 당혹스러운 경제 상황이라고 말할 수 있다. 따라서 이러한 경제 상황을 해결하는 것은 쉽지 않은 것이 사실이다. 이러한 경제 현상이 나타난 것은 1973과 1979년의 1차 및 2차 석유위기 때 처음으로 경험하게 되었다. 즉, 이 경제 문제를 해결하기 위해서 정리해 보면 아래와 같다.

(불경기)		(호경기)		
경기침체	+	물가상승	=	경기침체와 물가상승
(Stagnation)		(Inflation)		(Stagflation)의 동시발생 현상.
[− 실업률↑]		[− 물가↑]		
[− 소득↓]		[− 실질소득↓]		

결국 이러한 스태그플레이션이 발생하면 경제주체들은 경기침체 속에 물가 상승이라는 이중고에 시달리게 된다. 즉, (호경기 상황)물가↑ ⇨ 생활비 증가 ⇨ 저축 감소 ⇨ 투자 감소 ⇨ 생산/고용 감소 ⇨ 경기침체 지속(임금노동자의 고통 증가)으로 나타난다. 한편 디플레이션 상황에서는 (불경기 상황)재고 증가 ⇨ 고용 및 소득/소비 감소 ⇨ 생산 감소를 통해 경기침체가 지속(임금노동자의 고통 증가)되게 된다. 결국 스태그플레이션(Stagflation) 발생 시 자산가의 소득은 급증하여 빈부의 격차가 심화되는 결과가 초래된다.

2) 스태그플레이션(Stagflation) 발생의 원인

스태그플레이션(Stagflation)의 원인으로 지적되는 것은 대체로 다음과 같은 세 가지의 경우이다.

첫째, 총수요가 일정한 상태에서 원자재 값의 폭등(원유 및 광산물 가격↑)과 같은 요인에 의해 총공급이 감소할 때 나타난다.

① 총공급↓ < 총수요(일정):

▶ 원자재 값의 폭등(원유 및 광산물 가격↑) ⇨ 생산비 증가

즉, 원자재 값의 폭등(원유 및 광산물) ⇨ 초과수요 상태 발생 ⇨ 물가↑⇨ 생활비↑⇨ 저축/투자↓⇨ 생산/고용↓⇨ 소득/소비↓⇨ 경기침체의 지속(임금 노동자의 고통 증가)으로 나타난다.

두 번째는 총수요가 일정한 상태에서 국제금리 인상(국제물가 폭등 상태)과 같은 요인에 의해 총공급이 감소할 때 나타난다.

② 총공급↓ < 총수요(일정):

▶ 국제금리 인상(국제물가 폭등 상태) ⇨ 생산량 감소

즉, 국제금리 인상(국제물가 폭등)⇨통화량↓⇨ 이자율↑(금융비용↑) ⇨ 투자 및 소비↓⇨ 생산량↓/고용/소득↓⇨ 물가의 지속적 하락을 통한 디플레이션의 심화로 나타난다.

[그림 10-2] 원인과 대책 그림

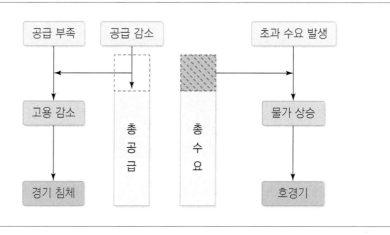

3. 스태그플레이션(Stagflation)의 대책

스태그플레이션(Stagflation)의 원인에 해당하는 요인들, 즉 원자재 값 폭등이나 국제금리 인상과 같은 요인은 한 국가의 통제 요인이 아니기 때문에 한 나라가 쉽게 해결할 수 없는 문제이다. 그러나 이 문제를 완화하기 위해 일반적으로 선택하는 정책이 바로 통화정책과 정부지출을 늘이는 재정정책이다. 즉, 스태그플레이션의 원인에 입각해서 대책을 말해보면 아래와 같다.

■ 물가상승(Inflation 목표) 억제가 목표일 때

① 총공급↓〈 총수요(일정)

통화당국 및 정부 지출 축소를 통한 통화량↓⇨ 이자율↑⇨ 투자 및 소비지출↓⇨ 생산/고용↓⇨ 소득↓⇨ 물가의 지속적 하락이 더욱 심화된다. 그러나 이러한 정책의 결과 물가상승은 해결되었지만 실업률 증가에 따른 임금노동자의 고통은 심화된다.

■ 경기침체(Deflation 목표) 해결이 목표일 때

② 총공급↓〈 총수요(일정)

통화 당국 및 정부 지출을 통한 통화량↑⇨ 이자율↓⇨ 투자 및 소비지출↑⇨ 생산/고용↑⇨ 소득↑⇨ 물가의 지속적 폭등 현상이 심화된다. 그러나 이 정책의 결과 경기침체는 해결되지만 물가상승에 따른 임금노동자의 고통은 역시 심화된다.

결국 장기적으로 총공급을 증가 시키는 방법이 가장 유효하다고 볼 수 있다. 총공급 증가가 여의치 않을 경우 총수요를 줄이는 방법을 차선책으로 선택이 가능하다. 결국 총공급 감소 요인을 장기적으로 해결하려는 정책적 노력이 필수적이다(1차 석유위기 후 에너지 절약형 산업구조 전환 및 핵발전소 설치를 통한 일본의 예).

11

총수요와
총공급

총수요

1. 총수요

총수요(aggregate demand : AD)란 주어진 물가수준에서 전체 구매자가 매입하고자 하는 총산출량(실질 GDP수요량)을 나타낸다. 구매자는 국내의 가계(C), 기업(I), 정부(G)뿐 아니라 해외거래자(수출 − 수입: X − IM)를 포함한다. 실질 GDP수요량은 물가수준(GDP물가지수로 측정)과 역의 관계에 있다. 즉 다른 조건이 동일하다면 물가수준이 상승할 경우 실질 GDP수요량은 감소한다. 반대로 물가수준이 하락할 경우 다른 조건이 동일하다면 실질 GDP수요량은 증가한다. 다시 말해서 총수요곡선(AD)이 우하향한다는 의미는 국내 물가수준이 상승하면 국내 및 해외 구매자가 국내 실질 GDP의 지출을 줄인다는 것을 뜻한다. 그리고 물가수준이 하락하면 실질 총산출의 지출이 증가한다. [그림11 − 1]의 그래프에서 보면 총수요곡선이 우하향하는 기울기를 갖고 있는데 이는 물가수준과 실질 GDP수요량 간에 역의 관계가 성립하고 있음을 나타내고 있다.

[그림 11-1] 총수요곡선과 이동

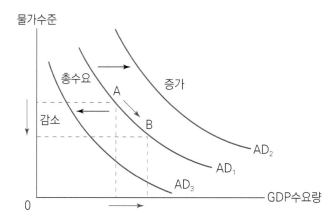

주: 총수요곡선의 이동요인이 하나라도 변하면 총수요곡선은 이동한다. 총수요가 증가하면 총수요곡선은 A
D₁에서 AD₂로 우측으로 이동한다. 총수요곡선이 AD₁에서 AD₃로 좌측으로 이동하는 것은 총수요의
감소를 나타낸다.

총수요곡선이 우하향의 기울기를 가지는 이유는 미시경제학에서 말하는 '다
른 재화의 가격이 일정할 경우'어떤 재화의 가격이 상승할 때 그 재화의 수요량
이 감소하기 때문이지만, 총수요곡선상의 상향 또는 하향 이동은 '모든 최종생산물의
가격이 동시에 변화'함에 따른 것이다. 뿐만 아니라 소비자들이 의류 소비를 줄이
는 대신 그 돈으로 가전제품을 구매한다 해도, 즉 소비지출의 구성이 변한다 해
도 총수요곡선에는 변화가 없다.

총수요이론에서 물가수준이 상승할 때 국내에서 생산되는 실질 GDP수요량
이 감소하는 주된 이유는 물가 변화의 ①자산효과와 ②이자율효과 때문이다.

① 자산효과

일반적으로 다른 조건이 일정하다면 물가수준이 상승할 경우 대다수 자산의
구매력이 감소한다. 즉, 물가 변화의 자산효과란 물가 변화가 소비자가 보유한 자
산의 구매력을 변화시켜 소비지출에 미치는 영향을 말한다. 예를 들어 400만원
을 가지고 LCD TV 10대를 구입할 수 있는데 물가가 20% 상승하면 이제는 500

만원을 주어야 같은 LCD TV 10대를 구입할 수 있기 때문에 자산효과로 인해 물가가 상승할 때 소비지출(C)은 감소하며 그 결과로 총수요곡선은 우하향하는 기울기를 가진다.

② 이자율효과

물가 변화의 이자율효과란 물가 상승은 화폐 구매력에 대한 영향을 통해 투자지출(I)과 소비지출(C)을 감소시키는 경제현상을 말한다. 일반적으로 개인과 기업은 거래의 불편함을 줄이기 위해 화폐(현금과 당좌예금)를 보유한다. 그런데 다른 조건이 동일한 경우 물가가 상승하면 일정한 화폐 보유액이 가지는 구매력은 감소한다. 이 경우 물가가 상승하기 전과 동일한 재화의 양을 구매하기 위해서는 개인과 기업은 더 많은 금액의 화폐를 보유해야 한다. 따라서 물가가 상승하면 각각의 경제주체는 화폐 보유액을 늘리려 할 것이고 이를 위해서는 은행 차입을 하거나 채권 매각을 통해 현금을 확보해야 한다. 그 결과 금융시장에서 다른 차입자들에게 빌려줄 수 있는 자금이 감소하고 반대로 현금 수요는 증가함에 따라 이자율이 상승하게 된다. 이자율이 상승할 경우 자금조달 비용이 상승하기 때문에 기업은 투자지출(I)이 감소하고, 가계는 가처분소득 중에서 보다 많은 부분을 저축으로 전환하려 하기 때문에 소비지출(C)도 감소한다. 따라서 물가 변화의 이자율효과도 역시 총수요곡선이 우하향의 기울기를 갖게 한다.

2. 총수요곡선의 이동

한편 총수요의 변화란 다른 모든 조건이 변하지 않는다면 물가수준의 변화는 총지출을 변화시켜 실질 GDP수요량을 달라지게 한다. 물가수준의 변화에 따른 실질 GDP의 변화는 총수요곡선을 따라 나타난다. 그러나 변하지 않는다고 여긴 총수요곡선의 이동요인들이 변하면 총수요곡선은 이동한다. [그림11-1]에 나타나 있듯이 총수요가 증가하면 총수요곡선은 AD$_1$에서 AD$_2$로 우측으로 이동한다. 총수요곡선이 AD_1에서 AD_3로 좌측으로 이동하는 것은 총수요의 감소를 나타낸다. 총수요곡선은 우하향한다. 이것은 물가수준과 실질 GDP 지출이 역의 관계에 있다는 것을 뜻한다.

3. 총수요의 이동요인

1) 소비지출

주어진 물가수준에서 소비자가 더 많은 생산물을 구입하게 되면 총수요곡선 (AD)은 [그림11-1]의 AD_1에서 AD_2로 오른쪽으로 이동한다. 그리고 더 적은 생산물을 구입하면 총수요곡선은 AD_1에서 AD_3로 왼쪽으로 이동한다. 소비자의 지출을 변화시켜 총수요곡선을 이동시키는 요인은 여러 가지이다. 이러한 요인은 소비자의 자산, 가계부채, 소비자의 기대, 개인소득세 등이다.

① 자산의 변화

소비지출은 부분적으로는 가계가 보유한 자산의 가치에 의해 결정된다. 즉, 자산의 실질가치가 상승하면 이들 자산의 구매력이 증가하며 이에 따라 총수요가 증가한다. 예를 들어 1986년 이후 일본에서 주가가 폭등하였는데 이 같은 주가상승은 자산가치의 상승을 초래하여 총수요곡선을 오른쪽으로 이동시키는 결과를 낳았다. 이후 자산가치의 변화는 부동산의 수요 증가와 가치의 상승으로 이어지면서 1980년대 후반의 호황을 만들어 냈다. 다시 말해서, 자산이 증가하면 이를 예상치 못한 소비자들은 즐거운 마음으로 이전에 계획했던 것보다 저축을 줄이고 소비를 늘리게 된다. 이로 인해 소비자의 지출이 증가하는데 이를 자산효과라고 한다. 자산효과로 인해 총수요곡선은 오른쪽으로 이동한다. 반면에 예상치 못하게 자산 가격이 하락하면 소비자는 허리띠를 졸라매게 되고 그래서 '음(-)의 자산효과'가 나타난다.

② 실물자본의 변화

기업들은 실물자본을 늘리기 위해 투자지출을 한다. 기업들이 투자지출을 얼마나 할 것인지는 현재 그들이 보유하고 있는 실물자본의 양에 달려 있다. 기업이 보유하고 있는 실물자본의 양이 많을수록 자본을 추가할 유인은 적을 것이다. 수년 동안 활발한 투자지출이 이루어졌다면 그로 인해 향후 투자지출이 감소할 것이다. 이처럼 기업의 설비투자를 위한 자본재의 구입은 총수요에서 2번째로 큰 비중을 차지하고 있다. 주어진 물가수준에서 투자지출이 감소하면 총수요곡선이 왼쪽으로 이동하고 투자지출이 증가하면 총수요곡선이 오른쪽으로 이동한다.

한편 투자지출의 결정은 한계 편익과 한계비용을 비교하여 이루어진다. 투자의 한계 편익이란 투자를 통해 얻어질 것으로 기대되는 이윤의 증가분이다. 경제학자들은 이러한 이윤증가분(수입의 증가분에서 경상비의 증가를 뺀 순수입의 증가분)을 백분율(%)로 나타내어 투자의 기대수익률(r)이라고 한다. 여기에서 유의할 점은 기대수익률이란 예상되는 값이지 보장되거나 실현된 값은 아니라는 것이다. 투자에는 위험이 따르므로 기대수익이 얻어지지 않을 수 있다. 게다가 투자수익은 체감한다. 수익을 많이 내는 사업기회부터 투자가 먼저 행해지기 때문에 다음 투자기회의 기대수익률은 낮아진다. 그래서 투자가 점차 증가할수록 기대수익률(r)은 점차 하락한다.

③ 기대의 변화

소비지출과 투자지출은 모두 미래에 대한 사람들의 기대에 의해 영향을 받는다. 소비자들의 소비지출은 자신의 현재 소득뿐만 아니라 미래에 수령할 것으로 예상되는 소득에 의해서도 영향을 받는다. 또한 기업들은 현재의 기업환경은 물론이고 미래에 벌어들일 것으로 예상되는 매출액에 의해서도 투자지출을 결정한다. 다음은 기대의 변화에 따라 소비지출과 투자지출이 늘거나 줄어드는 이유이다. 미래에 대해 보다 낙관적인 기대를 가지게 될 때 투자계획의 기대수익이 커지면서 자본재 수요가 증가하여 총수요곡선이 오른쪽으로 이동한다. 반면에 미래에 대한 기대수익이 낮아지면 투자가 감소하여 총수요곡선이 왼쪽으로 이동한다. 기대수익은 다음과 같은 요인에 의해 영향을 받는다.

- 미래의 사업전망: 기업이 미래의 사업전망을 낙관하게 되면 투자의 기대수익이 커질 것을 예상하여 투자를 늘리게 된다. 반면에 경제가 나빠질 것으로 예상하면 투자의 기대수익이 낮아질 것으로 여겨 투자를 줄인다.
- 기술: 새로운 기술을 개발하거나 이를 개선하게 되면 투자의 기대수익이 커져 총수요가 증가한다.
- 생산설비의 과잉 정도: 미사용 자본재, 즉 과잉설비가 늘어나면 신규투자의 기대수익이 낮아져 총수요가 감소한다. 그러나 과잉설비가 줄어들거나 완전히 해소되면 새로운 공장건설이나 새로운 자본재 투자의 기대수익은 커진다. 그래서 투자지출이 증가하여 총수요곡선은 오른쪽으로 이동한다.

2) 정부정책

정부정책도 총수요에 강력한 영향을 줄 수 있다. 정부가 총수요곡선에 영향을 미칠 수 있는 방법에는 ①재정정책과 ②통화정책이 있다. 재정정책과 통화정책에 관한 구체적인 내용을 보면, 재정정책의 경우 정부지출이나 조세를 사용하는 정책이다.

① 정부지출

실제로 여러 나라들은 경기후퇴에 대응하여 정부지출 증가나 조세 감면을 사용하거나 혹은 두 가지 모두를 사용하고 있다. 한편 인플레이션에 대응하기 위해서는 정부지출을 줄이거나 세금을 늘이는 정책을 취하기도 한다. 정부지출은 총수요의 세 번째 구성요소(G)로 광역 도시철도의 건설 및 항만건설 등과 같은 정부지출이 증가하면 이로 인해 총수요곡선이 오른쪽으로 이동한다. 정부지출이 늘어나면 조세가 늘어나거나 이자율이 상승할 수 있지만 여기에서는 그러한 일이 일어나지 않는다고 가정한다. 반면에 정부주도의 사업지출이 감소하여 장비의 구입축소 등으로 정부지출이 감소하면 총수요곡선이 왼쪽으로 이동한다.

② 세율변화

세율변화 역시 정부의 이전지출과 마찬가지로 가처분소득의 변화를 통해 간접적으로 경제에 영향을 미친다. 예를 들어 개인 소득세율이 하락하면 가처분소득이 증가하여 주어진 물가수준에서 소비자의 상품구입이 증가한다. 세율의 인하는 소지지출이 증가하고 그 결과 총수요곡선을 오른쪽으로 이동시킨다. 반대로 세율이 인상되면 소비자들의 가처분소득이 감소하고, 그 결과 소비지출이 감소하여 총수요곡선이 왼쪽으로 이동한다.

3) 통화정책

통화정책은 기본적으로 경제를 안정시키기 위하여 통화량 또는 이자율을 변화시키는 정책이다. 물가수준이 지나치게 상승하거나 혹은 지나치게 하락할 경우 중앙은행은 이자율의 변화를 통해 물가수준을 안정화시키는 정책을 취한다.

① 이자율

중앙은행이 유통 중인 현금의 양을 증가시키면 시중에 화폐의 양이 증가함으로 이를 다른 사람에게 빌려주려 할 것이다. 각 물가수준에서의 이자율이 하락하고 투자지출과 소비지출이 증가하고 총수요곡선은 오른쪽으로 이동한다. 반대로 화폐의 양이 줄어들면 사람들은 차입을 늘리고 대출은 줄이면서 이자율이 상승하고 투자지출과 소비지출이 감소하고 총수요곡선은 왼쪽으로 이동한다. 한편 물가수준의 상승은 가계와 기업의 보유하고 있는 화폐의 구매력이 감소하면서 이자율이 상승하고 투자지출과 소비지출이 감소하여 총수요곡선은 왼쪽으로 이동한다.

② 가계부채

이자율의 변화는 소비자들의 가계부채의 변화를 초래하여 소비지출에 영향을 주기도 한다. 예를 들어 이자율이 하락하면 소비자들은 부채차입을 통해 지출을 늘리기도 한다. 그러면 총수요곡선은 오른쪽으로 이동한다. 반면에 소비를 위한 부채차입이 감소하면 총수요곡선이 왼쪽으로 이동한다. 소비자가 부채상환을 위해 저축을 늘리면 총수요곡선은 왼쪽으로 이동한다. 소비자가 저축을 늘리면 소비지출이 감소하여 총수요곡선이 왼쪽으로 이동하는 것이다.

4) 순수출

다른 조건이 변하지 않는다면 수출의 증가는 국내 상품에 대한 해외수요의 증가를 의미한다. 그래서 순수출(수출 – 수입)이 증가하면 총수요곡선이 오른쪽으로 이동한다. 반면에 순수출이 감소하면 총수요곡선이 왼쪽으로 이동한다.

① 해외 국민소득

해외 국민소득이 증가하면 외국인의 국내 상품에 대한 수요가 증가한다. 그래서 순수출이 증가하여 총수요곡선이 오른쪽으로 이동한다. 해외 국민소득이 감소하면 반대의 효과가 발생한다. 순수출이 감소하고 총수요곡선이 왼쪽으로 이동한다.

② 환율

국내 통화로 표시한 외국 통화의 가치가 변하면 순수출이 영향을 받아 총수요가 달라진다. 즉 환율이 변하면 총수요가 달라진다. 예를 들어 원화가치가 하락하면, 즉 원화가치가 평가절하되면 수입상품의 가격이 상승하여 수입상품의 구매가 줄어든다. 한편 국내통화 가치의 하락은 외국통화 가치의 상승을 뜻한다. 외국통화 가치의 상승은 외국통화로 표시한 수출상품의 가격하락을 의미하므로 수출이 증가한다.

총공급

1. 총공급

총공급(aggregate supply: AS)이란 공급되는 재화 및 서비스의 양과 물가수준과의 관계를 나타낸다. 즉 주어진 물가수준에서 기업이 생산하고자 하는 총산출량(실질 GDP생산량)을 나타낸다. 물가수준과 총산출의 공급량 간의 관계는 생산물이나 요소의 가격이 얼마나 신속히 변하느냐에 따라 달라진다. 이 문제에 대하여 케인즈 경제학자들과 고전파 경제학자들 사이에서 상반된 견해를 보이고 있다.

1) 단기: 케인즈 경제학파

먼저 케인즈 경제학자들은 물가와 임금이 고정됨에 따라 총공급곡선은 수평선이라는 가정에서 출발한다. [그림11-2]에서 보면 A범위가 케인즈학파가 주장하는 범위로 여기서는 기본적으로 실질 GDP생산량이 Y_0까지 늘어난다 해도 물가수준은 변하지 않는다는 것이다.

그렇다면 케인즈주의자들은 왜 물가와 임금이 단기적으로 고정되어 있다고 생각하는가? 실질 GDP생산량이 증가해도 물가수준이 변하지 않는 이유에 대하여 케인즈학파에서는 다음과 같이 말한다. 단기적으로 "임금이 고정되어 있다"고 생각하기 때문이다. 임금이 상승경직적인 이유로 ①극심한 경기불황 기간에는 많은 유휴 자원이 있다. 결과적으로 생산자들은 가격에 상승 압력을 가할 수 있는 요인들이 없기 때문에 현재 가격으로 기꺼이 팔려고 한다. ②현재의 임금률을 위해 기꺼이 일할 수 있는 미취업 노동자의 공급은 임금 상승의 힘을 감소시킨다. 한편 임금이 하방경직성을 갖는 이유로 ①노조의 계약은 기업이 임금률을 낮추는 것을 막는다. ②최저임금법은 임금 인하를 막는다. ③고용주들은 임금 삭감이 노동자의 사기 및 생산성을 떨어뜨린다고 믿는다. 따라서 경기침체 기간에 고용주들은 임금을 동결하고, 경제가 회복될 때까지 일부 근로자들을 위해 휴직시키거나 시간을 줄이는 것을 선호한다. 물가수준이 단기적으로 고정적이거나 경직된 제품의 가격과 임금을 케인즈식 가정으로 볼 때 총수요곡선(AD)의 변화는 수평적인 총공급곡선을 따라 실질 GDP의 변화를 초래한다. 요컨대 케인즈이론은 총수요의 변화만이 침체된 경제에 활력을 불어넣을 수 있다고 주장한다[9].

[그림 11-2] 총공급곡선

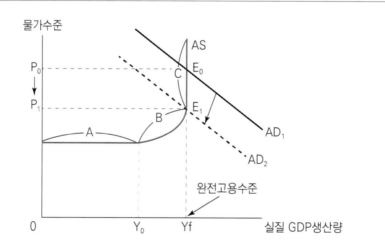

9) Macroeconomics for Today, pp. 263~264.

2) 장기: 고전파 경제학

한편 고전파 경제학의 경우를 보면 단기에는 생산요소 가격이 고정되어 있다는 가정에서 시작하지만 장기는 생산물 가격 및 생산요소의 가격도 신축적이라는 가정부터 다르게 시작한다. 따라서 고전파 경제모형에서는 경제가 장기적으로 어떻게 운영되는지를 설명하기 때문에 생산량은 물가수준에 의존하지 않는다. 따라서 생산량은 모든 물가수준에서 동일하다. 또한 경제의 생산량은 자본(Y)과 노동(L)의 고정된 양과 기술에 의존한다고 하면 [그림11-2]의 C범위처럼 장기 총공급곡선은 수직선의 상태로 도출된다. 총공급곡선이 수직선인 경우 총수요의 변화는 물가수준에는 영향을 미치나 생산량에는 영향을 미치지 못한다.

따라서 장기 총공급곡선(AS)은 [그림11-2]에서 처럼, Yf라는 완전고용 생산량에서 수직선(C의 범위)이다. 이는 고전파 경제학자들이 생각하는 총공급곡선은 실질 GDP생산량에 대하여 수직선의 형태를 갖는다고 생각하는 것과 동일하다. 결국 고전파적인 분류 관점(C의 범위)에서 총공급곡선(AS)은 Yf라는 완전고용 생산량에서 수직선이다. 총공급곡선이 수직선이라는 것은 물가수준에 상관없이 실질 GDP생산량(총산출)이 완전고용 생산량 수준에서 이루어진다는 것을 의미한다. 예를 들어 중앙은행의 통화정책에 의하여 통화공급이 감소하면 [그림11-2]의 총수요곡선은 왼쪽으로 이동하면서 경제는 총공급과 총수요의 교차점 E_0에서 E_1로 이동하여 장기적으로 물가가 하락한다. 총수요의 변화는 결국, 생산량은 Yf에서 변함이 없는 상태에서 오직 물가에만 영향을 미친다.

한편 고전학파적인 관점에서 총공급곡선(AS)이 수직선 형태를 갖는 이유는 두 가지 가정을 기반으로 한다. ①경제는 일반적으로 완전고용 생산수준에서 작동한다. ②완전고용 수준을 유지하기 위해 생산물의 가격 수준과 생산비용이 동일한 비율, 즉 비례적으로 변한다는 것이다. 유동적인 생산물 가격과 임금에 대한 고전파적인 이론은 유연하지 않은, 즉 고정된 생산물 가격과 임금에 대한 케인즈주의 개념과는 상충된다.

거시경제학에서 말하는 장기란 생산물의 가격뿐만 아니라 생산요소의 가격도 신축적으로 변할 수 있는 기간을 의미한다. 결국 여기서 장기란 모든 기업이나 산업에서 생산물의 가격뿐만 아니라 임금을 포함한 모든 생산요소의 가격이 완전히 신축적인 기간을 말한다. 따라서 총공급곡선(AS)은 Yf라는 완전고용 생산량에서 수직선이다. 고전파 경제학자들이 말하는 총공급곡선(AS)이 완전고용 생산량(Yf)에서 수직선이라는 것은 장기에서 가격 및 임금이 신축적이라는 것이고 이 상태에서 기업의 이윤 조정이 이루어진다는 것을 의미한다. 즉 생산이 정확히 완전고용 생산량 수준(Yf)에서 이루어질 정도로만 이윤이 나타난다.

예를 들어 [그림11-2]에서 보면, 장기적으로 생산은 완전고용 생산량(Yf)이루어지고 있으며 물가수준이 $100(P_1=100)$이라고 하자. 이제 생산물의 가격 수준이 2배가 되면 물가지수는 $200(P_0=200)$이 된다. 물가수준이 2배로 폭증하게 되면 기업의 실질 이윤은 증가하고 기업은 생산량을 늘릴 것이다. 이때 우리는 두 가지 생산 방법을 생각해야 한다. 먼저 생산요소의 가격이 신축적인 장기의 경우 기업은 완전고용 산출량(Yf) 이상으로 생산하려면 공장설비나 기업의 가동률을 높여야 한다. 생산요소는 장기적으로 완전고용된 상태에서 생산요소에 대한 수요가 그 이상(Yf)으로 증가하게 되면 노동자의 노동시간을 늘려야 하는데 이때 완전고용 수준(Yf) 이상의 노동 수요는 생산요소의 가격 상승을 초래한다(C의 범위). 노동에 대한 수요가 완전고용 생산량 수준(Yf)를 크게 넘어서면 노동력 부족으로 인해 이 과정에서 초과근무를 하는 근로자들은 기업에 임금 인상을 요구하게 되어 결국 임금 인상이 실현된다. 이는 장기에서 생산요소의 가격이 신축적으로 작용하기 때문이다.

장기적으로 생산요소의 가격이 상승하면 기업의 이윤은 하락하게 된다. 기업의 이윤이 하락하기 시작하면 기업은 완전고용 생산량 이상으로 생산하려는 동기도 줄어들게 된다. 생산요소의 가격 상승은 생산요소의 가격상승률이 생산물의 가격상승률과 정확히 같아질 때까지 지속될 것이다. 따라서 앞서 말한 것처럼 생산요소의 가격이 2배$(P_0=200)$가 될 때까지 생산요소의 가격은 계속 상승할 것이다. 그 결과 기업의 실질 이윤은 예전과 같아지고 기업은 완전고용 생산량(Yf)에서 다시 생산하게 된다. 이러한 조정과정을 거쳐서 물가수준이

100(P_1=100)이든 200(P_0=200)이든 상관없이 총생산량은 완전고용 생산량 수준(Yf)에서 이루어진다. 결국 고전파 경제학자들이 말하는 장기 총공급곡선(AS)은 완전고용 생산량(Yf)에서 수직선이 된다. 다시 말해서 장기적으로 어떤 물가수준에서도 실질 GDP생산량(총생산량)은 완전고용 생산량 수준(Yf)에서 이루어진다. 이것은 생산요소의 가격상승률이 생산물의 가격상승률과 항상 같아지기 때문이다.

[그림 11-3] 총공급곡선과 물가수준

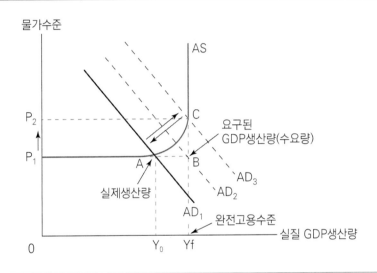

한편 [그림11−3]의 B 범위(A∼C), 즉 Y_0에서 Yf까지의 중간 범위를 보자. 실질 GDP생산량 Y_0에서 Yf(완전고용 생산량 수준)까지의 범위에서는 실질 GDP생산량이 증가함에 따라 물가수준이 상승하는 범위이다. 먼저 총공급곡선(AS)의 생산수준이 P_1 미만이고 총수요곡선(AD_1)이 고정되어있다고 가정하자. 그리고 물가수준이 P_1에서 요구되는 실질 GDP생산량이 공급된 실제 GDP생산량을 초과한다고 가정하자. 물가수준이 P_1에서 고정되어 있는 한 Y_0∼Yf만큼의 초과수요(실질 GDP갭)가 발생한다. 이러한 상황에서 기업은 시장 수요(주문)에

빨리 대응할 수 없고, 따라서 예기치 않게 재고는 빠르게 감소한다. 이제 기업은 더 많은 노동자를 고용하고 더 많은 생산량을 생산하여 시장수요에 대응한다. 이 상황이 지속됨에 따라 실질 GDP생산량 증가와 함께 임금이 상승하고 물가가 상승한다. 결국 실질 GDP생산량 $Y_0 \sim Yf$(A점~B점까지)만큼의 초과수요로 인해 물가는 P_1에서 P_2로 상승한다.

만약 실질 GDP생산량이 $Y_0 \sim Yf$(A점~B점까지)의 범위를 넘어서면, 즉 Yf를 초과하는 총수요(AD_3)가 발생하면 정반대의 경제상황이 발생한다. 즉, 실질 GDP생산량이 Y_0에서 완전고용수준인 Yf까지 증가함에 따라 물가수준은 P_1에서 P_2로 상승하게 된다. 이때 가용 생산요소를 전부 투입한 상태(완전고용상태)에서 추가적인 실질 GDP생산량의 증가는 총생산량의 변화 없이 단지 물가수준만 상승하는 결과가 초래되어 이 경우 의도하지 않은 미판매 재고가 증가하고 기업은 노동자의 해고를 통해 생산을 줄이고 가격을 낮춘다. 이 조정과정은 균형가격 수준과 생산물 수준이 A점에 도달할 때까지 상승과 하락의 과정을 통해 계속된다.

[그림11-3]에서 볼 수 있듯이 단기 총공급곡선(AS)은 우상향하는데 그 이유를 예를 들어 살펴보자. 만약 한 기업에 의해 완전고용 산출수준은 100단위(Yf)이고, 이를 생산하려면 기업은 30,000원의 실질이윤을 얻어야 한다고 가정한다. 기업의 생산요소는 노동뿐이며 이를 위해 근로자 10명을 고용하는데 1사람당 임금은 5,000원이라고 하면 총임금은 50,000원이다. 이때 100단위의 상품을 개당 1,000원에 판매한다고 하면 총수입은 100,000원이며 이 기업의 명목이윤은 30,000원이다. 상품을 개당 1,000원에 판매할 때 물가지수가 100이라고 하면 실질이윤은 30,000원(=30,000원/1.00)으로 명목이윤과 같다. 그러면 기업은 완전고용 산출수준인 100단위에 대한 실질이윤 30,000원을 생산할 수 있게 된다.

이제 경제가 물가 상승압력을 받아 기업의 상품가격이 2배로 인상되었다고 하자. 모든 상품가격이 2배로 상승하면 총수입은 100,000원에서 200,000원(100단위×2,000원)으로 증가한다. 단기에 생산요소 가격은 고정되어 있기 때문에 임금은 5,000원으로 변하지 않는 상태에서 총비용은 여전히 50,000원(100단위

×5,000원)이다. 이때 명목이윤은 30,000원에서 150,000원(200,000원−50,000원)으로 증가한다. 상품가격이 2배 상승함에 따라 물가지수는 200으로 증가하였고 그에 따라 기업의 실질이윤은 75,000원(150,000/2.0)이 된다. 실질이윤이 30,000원에서 75,000원으로 3배 이상 증가함에 따라 기업은 생산을 늘리게 된다.

결국 물가수준이 상승할 때 실질 GDP생산량은 증가하고 물가수준이 하락하면 실질 GDP생산량은 감소한다. 그 결과 단기에 해당하는 중간 범위(B범위)의 총공급곡선(AS)은 우상향하게 된다. 단기 총공급곡선(B범위: A~C까지)이 우상향한다는 것은 물가수준과 기업이 공급하고자 하는 실질 GDP생산량은 양(+)의 관계에 있다는 것을 뜻한다. 그리고 실질 GDP생산량이 완전고용수준에 미치지 못할 때 총공급곡선(AS)의 기울기는 완만하다. 이 같은 현상은 가격이 약간 상승하더라도 실업 상태의 자원을 사용하여 산출을 크게 증가시킬 수 있기 때문이다. 그러나 실질 GDP생산량이 완전고용 수준(Yf)에 근접할수록 총공급곡선의 기울기는 가파르게 된다. 가격이 오르더라도 자원 부족과 생산설비의 한계로 산출을 크게 증가시킬 수 없기 때문이다.

결국 재화와 서비스를 공급하는 기업은 장기적으로 가격을 신축적으로 유지할 수 있지만 단기적으로는 비신축적으로 유지하므로 총공급곡선(AS)은 고려하는 기간에 따라 다른 형태를 가지게 된다. 여기에서는 가격의 경직성(비신축성)에 따라 단기와 장기로 구분한다.

- 단기: 단기에는 생산물의 가격은 변할 수 있어도 생산요소의 가격은 고정되어 있다.
- 장기: 장기에는 생산물의 가격뿐 아니라 생산요소의 가격도 변할 수 있다.

그리고 기간에 따라 물가수준과 총산출의 공급량과의 관계가 다르게 나타나게 된다. 그것은 생산요소 가격이 생산물의 가격보다 경직적이기 때문이다. 또한 시간이 경과함에 따라 생산요소 가격도 신축적으로 변하지만 생산물의 가격이 생산요소 가격보다 빨리 조정되는 것이 일반적이다. 특히 단기적으로 볼 때

임금은 투입비용의 가장 중요한 부분으로 비중도 크기 때문에 임금이라는 생산 요소의 가격은 계약기간 동안 경직적이다. 이 같은 가정을 전제로 단기 총공급 곡선이 적용되는 단기는 단순한 기간을 의미하는 게 아니라 여기서 말하는 '단 기'생산물의 가격은 신축적이지만 생산요소의 가격이 고정되어 있거나 거의 고 정된 기간을 말한다는 점이다.

2. 총공급의 이동요인

1) 생산요소의 가격

생산물의 가격은 물가수준을 구성하지만 생산요소의 가격은 단위 생산비용 의 주요 구성요소이다. 따라서 생산요소의 가격이 총공급곡선의 이동요인 중에 서 가장 중요하다. 이러한 생산요소는 국내에서 공급되거나 해외에서 수입될 수 있다.

① 국내 생산요소의 가격

임금을 비롯한 생산요소 비용이 모든 기업비용의 약 70%를 차지한다. 다른 조건이 변하지 않았을 때 임금이 하락하면 단위 생산비용이 감소한다. 그래서 임금이 하락하면 총공급곡선이 오른쪽으로 이동한다. 반면에 임금이 상승하면 총공급곡선이 왼쪽으로 이동한다.

- 외국인 노동자의 유입이 크게 늘어나면 노동공급이 증가한다. 그 결과 임 금과 단위 생산비용이 하락하여 총공급곡선이 오른쪽으로 이동한다.
- 노령 연금 등이 크게 증가하여 노령 근로자의 조기퇴직이 증가하면 노동공 급이 감소한다. 그러면 임금과 단위 생산비용이 증가하여 총공급곡선이 왼 쪽으로 이동한다. 마찬가지로 토지나 자본재의 가격이 변하면 총공급곡선 이 이동한다.

• 철강이나 전자부품의 가격이 하락하면 기계설비나 장비의 가격이 하락한다. 그러면 단위 생산비용이 하락하게 되고 이에 따라 총공급곡선은 오른쪽으로 이동한다.

② 수입 생산요소의 가격

국내 상품에 대한 해외수요가 총수요에 영향을 주듯이 원유, 철광석, 구리 등과 같은 수입 생산요소의 가격도 총공급에 영향을 준다. 일반적으로 수입 생산요소의 공급이 증가하면 수입 생산요소의 가격이 하락하여 단위 생산비용이 감소한다. 이에 따라 가격이 하락하면 국내 총산출이 증가하여 총공급곡선이 오른쪽으로 이동하고, 이와 반대로 수입 생산요소의 가격이 상승하면 국내 총산출이 감소하여 총공급곡선은 왼쪽으로 이동한다.

수입 생산요소의 가격변화로 총공급이 크게 달라진 대표적인 사례가 1970년대의 유가급등이다. 1970년대의 유가는 OPEC에 의해 10배나 폭등하였고 단위 생산비용이 급등하여 총공급곡선이 크게 왼쪽으로 이동하였다. 반면에 1980년대 중반 유가의 폭락은 총공급곡선이 오른쪽으로 이동시켰다.

③ 한편 수입 생산요소의 가격을 변화시키는 다른 요인은 환율변동이다. 국내 통화가치가 상승하면 국내 기업은 같은 비용으로 예전보다 많은 해외 생산요소를 수입할 수 있다. 이것은 수입 생산요소의 국내가격이 하락하였다는 것을 의미한다. 이에 따라 해외 생산요소의 수입이 증가하고 각 총산출 수준에서 단위 생산비용이 감소한다. 단위 생산비용이 감소하면 총공급곡선이 오른쪽으로 이동한다. 국내 통화가치의 하락은 이와 반대되는 효과를 초래하여 총공급곡선이 왼쪽으로 이동한다.

2) 생산성

총공급곡선의 이동요인에 다른 하나는 생산성이다. 생산성은 실질 총산출과 투입된 생산요소와의 관계를 나타낸다. 생산성은 실질총산출을 생산에 투입된 생산요소의 총량으로 나눈 값이다. 즉 생산요소의 평균생산성으로 측정한다.

$$\text{생산성} \ = \ \text{총산출량}/\text{생산요소의 총투입량}$$

생산요소의 가격이 변하지 않은 상태에서 생산성이 증가하면 단위 생산비용이 하락하여 총산출이 증가한다. 단위 생산비용은 총비용을 총산출의 가치로 나눈 값이다. 이를 일반화하면 생산성이 증가하여 단위 생산비용이 하락하면 총공급곡선이 오른쪽으로 이동한다는 것이다. 생산성 증가의 요인은 생산기술뿐만 아니라 다른 요인도 생산성을 증가시킨다. 예를 들어 근로자의 교육·훈련이 개선되고 기업의 사업방식이 혁신되며 노동력이 생산성이 높은 분야로 재배치되면 생산성이 증가한다.

3) 법·제도적 환경

총공급곡선을 이동시키는 다른 요인은 법·제도적 환경의 변화이다. 이러한 변화가 발생하면 단위 생산비용이 달라져 총공급곡선이 이동한다. 구체적인 예로 기업 관련 조세나 정부규제 등을 들 수 있다.

① 기업 관련 조세

각종 세금 및 사회복지 부담금 등 기업 관련 조세가 증가하면 임금상승과 마찬가지로 기업의 단위 생산비용이 증가한다. 이러한 조세의 일부를 기업이 부담하기 때문에 기업의 단기 총산출이 감소하게 되어 총공급곡선이 왼쪽으로 이동한다.

② 정부규제

일반적으로 기업이 정부규제를 따르는 데는 비용이 든다. 따라서 규제가 많아지면 단위 생산비용이 증가하고 총공급곡선이 왼쪽으로 이동한다. 규제 완화를 '공급측면'에서 찬성하는 학자들은 규제 완화로 효율성이 증가할 뿐 아니라

복잡한 규제 업무가 줄어들어 단위 생산비용이 감소하기 때문에 총공급곡선이
오른쪽으로 이동한다고 주장한다.

균형 물가수준과 균형 GDP

1. 균형물가와 GDP

물가수준과 실질 GDP생산량의 조합은 여러 가지로 가능하다. 이 중에서 경제의 단기 균형은 어떤지 살펴보자. 거시경제 균형에 대한 한 가지 설명은 총수요곡선(AD)이 고정된 총공급곡선(AS)을 따라 움직인다는 것이다. 따라서 분석의 다음 단계는 다음과 같다. 주어진 총공급곡선(AS)상에서 총수요곡선(AD)을 세 가지 범위에 따라 전환할 때 실질 GDP생산량(총산출)과 가격수준에 미치는 영향을 관찰하는 것이다. 총공급곡선(AS)의 변화에 따라 경제는 인플레이션과 실업에 더 많은 혹은 더 적은 문제를 경험한다.

먼저 [그림11−4]에서 실질 GDP생산량에 대해 수요와 공급을 일치시키는 물가수준에서의 균형을 구할 수 있다. 즉, 총수요곡선(AD)과 총공급곡선(AS)이 교차하는 점에서 균형 물가수준과 균형 GDP가 결정된다. 총수요곡선과 총공급곡선이 동시에 교차하는 점에서 균형 물가수준과 균형 실질 GDP를 정하게 되는 것이다.

[그림 11-4] 균형 물가수준과 균형 GDP

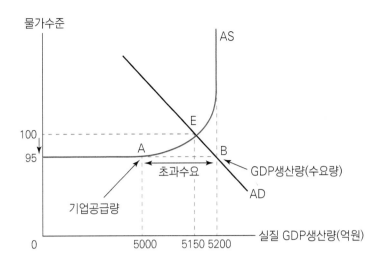

주: 즉, 총수요곡선과 총공급곡선이 교차하는 점에서 균형 물가수준과 균형 GDP가 결정된다. 물가수준이
100이면 실질 총산출에 대한 수요는 5,150억원이고 실질 총산출에 대한 공급은 5,150억원으로 일치한
다. 따라서 균형 물가수준은 100이고, 균형 실질 GDP생산량은 5,150억원(E점)이다.

[그림11−4]에서 현재의 균형 물가수준은 100이고, 이때 균형 실질 GDP생
산량은 5,150억원이라고 가정하자. 이제 여러 가지 물가하락 요인에 의해서 물
가수준이 100에서 95로 하락했다면 균형은 달성되지 않는다. [그림11−4]에서
보면 물가수준이 95라면 기업의 입장에서는 5,000억원의 실질 GDP생산량(총산
출)을 '공급'하려 할 것이다([그림11−4]의 A점). 그런데 현재 물가수준이 95라
고 하면 구매자의 입장에서는 5,200억원의 실질 GDP생산량(총산출)을 '수요'하
려고 한다([그림11−4]의 B점). 총산출에 대한 '공급'이 총산출에 대한 '수요'보
다 적기 때문에(즉 공급<수요=수요초과) 구매자들 간에 경쟁이 나타나 물가
수준이 상승하기 시작한다. 다시 물가수준이 100까지 상승하면 200억원
(=5,000억원-5,200억원)의 물자부족 문제가 해소된다.

[그림 11-5] 케인즈의 균형 물가수준과 균형 GDP생산량

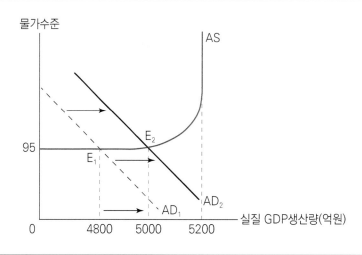

또한 [그림11-4]의 그래프에서 물가수준이 95에서 100으로 다시 상승하면 기업은 실질 GDP생산량을 5,000억원에서 5,150억 원으로 증가시키고, 구매자는 5,200억원에서 5,150억원으로 50억원만큼 소비지출을 줄이게 된다. 물가수준이 100이 되면 실질 GDP생산량(총산출)에 대한 수요와 공급이 일치하여 다시금 균형이 이루어진다. 여기에서 균형 물가수준이 100이라고 한 것은 하나의 예에 불과하다. 균형 물가수준은 여건에 따라 달라질 수 있다.

한편 [그림11-5]의 그래프는 총공급곡선(AS)이 수평인 범위의 경우는 케인 즈의 대공황에 부합하는 이론이다. 즉, 케인즈의 거시경제 이론은 대공황에 강력한 해결책을 제시했다. 케인즈는 경제가 총수요에 의해 움직이는 것으로 인식했고, [그림11-5]는 당시 가상의 데이터를 가지고 대공황의 상황을 이론을 보여준다. 실질 GDP생산량이 5,000억원 이하인 범위는 케인즈식 가격과 임금경직성과 일치한다. 즉, 경제가 E_1(실질 GDP생산량: 4,800억원)에서 수평인 상태라고 가정하고, 물가수준은 95이고 실질소득은 95이다.

이때 4,800억원의 실질 GDP생산량의 경우에 발생하는 경기침체는 완전고용 국내총생산(GDP) 수준인 5,200억원에 크게 못 미친다. 경기침체에 대한 케인즈

식 처방은 경제가 완전고용을 달성할 때까지 총수요를 늘리는 것이다. 따라서 총공급곡선(AS)은 케인즈 이론의 범위에서 수평이기 때문에 "수요는 그 자체의 공급을 창출한다"는 이론에 근거하여 수요가 AD_1에서 AD_2로 오른쪽으로 이동한다고 가정하자. 그러면 AD_1에서 AD_2로 이동함에 따라서 새로운 균형은 수평선의 E_2에서 확립된다. 실질 GDP생산량(국내총생산)이 5,000억원으로 늘어나도 물가수준은 95선에 머물고 있다. 다르게 말하면 총생산량은 가격을 올리지 않고도 이 범위(A범위) 전체(0~5,000억원까지)에 걸쳐 확대될 수 있다. 케인즈 범위(A범위)에서는 상당한 유휴 생산능력(재산 포함)을 보유하고 있기 때문에 기존의 노동자들은 일자리를 얻기 위해 실업자 간에 경쟁을 하게 되고 결국 기존의 임금 수준으로 일할 수밖에 없다. 따라서 케인즈 수평 총공급곡선 내에서는(예컨대 5,000억원까지) 총산출량을 아무리 늘려도 물가수준은 변하지 않는다. 바꾸어 말하면 케인즈 범위에서는 총수요가 증가함에 따라 물가수준이 안정적인 상태에서 총산출량을 늘릴 수 있다는 것이다.

사례 연구 2007~2008년 미국 발 대공황(금융위기) AD-AS 모델

[그림11−6]은 실제 데이터를 사용하여 AD−AS 모델을 설명하고 있다. E_1의 2008년 3분기 경제는 CPI 219, 실질 GDP생산량이 133조 달러로 완전고용 실질 GDP생산량인 134조 달러보다 낮았다. 2008년에 주택 가격이 급격히 하락하고 주식 가격이 급락하면서 가계의 부가 파괴되었다. 동시에 새로운 주택건설이 급격히 감소하여 투자지출도 감소했다. 국내총생산에서 새로운 주거용 주택이 투자지출에 포함된다는 점에서 불황의 상태로 총수요곡선은 AD_1에서 AD_2로 감소하고, 새로운 균형점은 E_1에서 E_2의 이동으로 나타난다. 총공급곡선(AS)은 2008년 4분기 E_2로 이동했고 물가수준(CPI)은 219에서 212로 떨어졌고 실질 GDP생산량은 133조 달러에서 131조 달러로 감소했다. 다음에는 총수요곡선(AD)이 2009년 2분기에 다시 AD_2에서 AD_3로 다시 감소했다. 따라서 새로운 균형점은 E_3로 확정되고 가격 수준은 212

로 거의 일정하게 유지되었지만 실질 GDP생산량은 131조 달러에서 129조
달러로 감소했다. 그래프에서 명시되지는 않았지만 실업률은 이 기간 동안
4.7%에서 9.5%로 상승했다((2014)Macroeconomics for today, p.273).

[그림 11-6] 2008년 대공황 이론

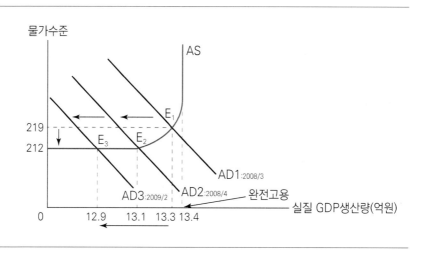

2. 총공급의 비가격 수준의 결정요인

지금까지는 고정적인 총수요곡선(AD)의 변화에 따른 실질 GDP생산량의 변
화를 설명하였다. 이제 다른 논의 중의 하나인 총수요곡선(AD)이 정지된 상태
에서 비가격 수준의 결정요인 중 하나 혹은 그 이상이 변함에 따라 총공급곡선
(AS)이 변화하는 상황을 고려해 보자. 총공급에 영향을 미치는 비가격 수준의
결정요인으로는 자원가격(국내산 및 수입), 기술변화, 세금, 보조금, 규제 등이
있다. 이러한 각 요인은 생산비용에 영향을 미친다. 가격 수준이 주어진 경우,
기업이 어떤 가격 수준에서 벌어들인 이익은 실질 GDP생산량의 생산 원가에
의존한다. 다시 말해서 비용이 변하면 기업은 생산량을 변경하여 대응한다. 생

산비용이 낮아지면 총공급곡선(AS)이 오른쪽으로 이동하게 되는데, 이는 실질 GDP생산량이 어느 가격 수준에서나 더 많이 공급하게 된다는 것을 의미한다. 반대로 높은 생산비는 총공급곡선(AS)을 왼쪽으로 이동시켜, 어떤 가격 수준에서도 실질 GDP생산량이 덜 공급된다는 것을 의미한다.

1) 비용인상 인플레이션

어떤 종류의 사건이 생산비용을 상승시키고 총공급곡선(AS)을 왼쪽으로 이동시킬 수 있는가? 과거의 사례를 보면 중동지역에서 전쟁이 일어나 석유공급을 방해하고, 에너지 가격의 상승이 경제 전반에 퍼졌을 때 이런 '공급 쇼크'에 기업들은 발목이 잡혔다. 단위당 생산비 상승에 대응하여 어떤 가격 수준에서도 생산량을 감소시켰다. 이와 유사하게 예상보다 큰 임금 인상, 환경 보호를 위한 세금 인상, 정부의 규제 강화, 또는 건강보험료를 더 많이 지불해야 하는 기업 등이 생산을 감소시킬 것이다. 따라서 총공급곡선(AS)을 왼쪽으로 이동시킨다.

1970년대 후반과 1980년대 초반 미국 경제는 스태그플레이션(stagflation)을 경험했다. 스태그플레이션은 높은 실업률과 급격한 인플레이션이라는 두 가지 병폐를 동시에 경험할 때 발생하는 조건이다. 어떻게 이런 일이 일어날 수 있을까? 1973~1974년 수입석유가격의 급격한 인상은 원가상승형 인플레이션 시나리오에 의해 설명되는 주요한 소재들이다. 예를 들어 산유국에서 전쟁이 발생하여 원유공급이 크게 감소하면서 유가가 300% 급등하였다고 하자. 에너지 가격의 상승은 경제 전체에 파급되어 경제의 생산비용과 유통비용이 증가한다. 그러면 [그림11-7]에서 총공급곡선은 AS_{73}에서 AS_{74}로 왼쪽으로 이동한다. 그 결과 물가수준은 상승하는데 이것이 비용인상 인플레이션이다.

[그림11-7]는 총공급곡선의 좌측 이동으로 스태그플레이션을 유발할 수 있는 방법을 보여주기 위해 실제 데이터를 사용한다. 이 그래프에서 총수요곡선 AD와 총공급곡선 AS73은 1973년 미국 경제를 대표한다. 균형은 a 지점이었고, 물가수준(CPI)은 44.4, 실질 GDP는 4,341억 달러였다. 그 후 1974년, 주요 공급 충격의 영향으로 총공급곡선이 AS_{73}에서 AS_{74}로 좌회전하였다. 이 충격에 대한

설명은 OPEC이 아랍인과 이스라엘의 전쟁에서 미국의 이스라엘 지원에 대한 보복으로 제기한 석유금수 조치였다. 1973년에서 1974년 사이에 안정적인 총수요곡선을 가정했을 때, 에너지 충격으로 인해 1974년 CPI가 49.3으로 b 지점에서 새로운 평형을 이루었다. 1973년의 물가상승률은 6.2%, 1974년의 물가상승률은 11%[(49.3 − 44.4)/44.41 x 100]이었다. 실질 국내총생산(GDP)은 1973년 4,341억 달러에서 1974년 4,319억 달러로 감소했고, 실업률(그래프에 직접 나타나지 않음)은 이 두 해 사이에 4.9%에서 5.6%로 상승했다.

[그림 11-7] 비용인상 인플레이션

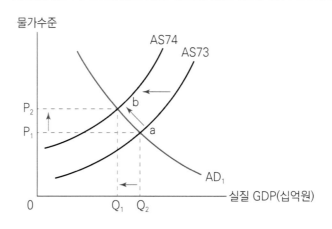

이와는 대조적으로, 총수요곡선의 외향적인 변화는 수요견인 인플레이션을 초래할 수 있다. 거시적 모델에 따르면 수요견인 인플레이션은 총수요곡선의 증가에 따른 가격 수준의 상승이며, 총공급곡선은 고정되어 있다. 수요와 공급에 관한 실제 데이터를 사용하여 수요견인 인플레이션을 설명할 수 있다. 실업률 4.5%가 자연 실업률 4%에 육박하던 1965년 실질 정부 지출이 급증하면서 세금 인상 없이 베트남 전쟁에 맞서 싸웠다(소득세 추가 부과가 제정됐다). 물가상승률은 1965년 1.6%에서 1966년 2.9%로 크게 뛰었다.

2) 수요견인 인플레이션

경제가 완전고용 산출수준을 유지하고 있는데 정부지출이나 기업투자가 증가하였다고 하자. 그러면 총수요곡선이 오른쪽으로 이동한다. 그 이유는 총수요의 이동요인에서 찾을 수 있다. 투자의 기대수익이 상승하여 기업이 투자지출을 증가시킨 것일 수 있다. 신기술이 구현된 생산설비나 장비가 개발되면 투자의 기대수익은 상승한다. 혹은 정부가 국방비 지출을 늘린 것일 수 있다.

수요견인 인플레이션의 대표적인 사례로 1960년대 후반에 미국에서 발생한 인플레이션을 들 수 있다. 그 당시 베트남 전쟁이 확전으로 치달으면서 미국의 국방비 지출은 1965년~1967년에 40%나 증가하였고 1968년에는 다시 15% 증가하였다. 경제가 확장기를 맞고 있는 상태에서 정부지출이 늘어나자 총수요곡선은 오른쪽으로 크게 이동하였고 그 결과 최악의 인플레이션이 발생하였다. 실제 GDP가 잠재 GDP를 초과하여 인플레이션갭이 만들어진 것이다.

[그림 11-8] 수요견인 인플레이션

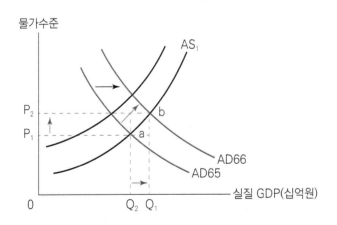

주: 총수요곡선이 AD65에서 AD66로 이동하면 경제는 a점에서 b점으로 이동하고 물가수준은 P_1에서 P_2로 상승하여 수요견인 인플레이션이 발생한다. Q_2에서 Q_1의 거리가 양(+)의 GDP갭, 즉 인플레이션갭이다.

[그림11−8]은 1965년과 1966년 사이에 경제에 어떤 일이 일어났는지를 보여준다. 경제가 1965년에 중간 생산 범위에 있는 a에서 운영되고 있었다고 가정하자. 군사비 지출 증가의 영향으로 총수요곡선이 AD65에서 AD66으로 이동했고, 경제는 b에 도달할 때까지 총수요곡선을 따라 상승세로 전환했다. AD−AS 모델은 총공급곡선을 일정하게 유지하며, 거의 완전고용에서 총수요의 증가는 수요견인 인플레이션을 유발한다고 예측한다. [그림11−8]에서 보듯이 실질 GDP는 1963년 31억 9100만 달러에서 1966년 33억 990만 달러로, CPI는 31.5에서 32.4로 증가했다. 따라서 1966년의 물가상승률은 2.9%로 나타났다. 게다가 인플레이션율은 1965년 1.6%에서 1970년에 5.7%로 크게 높아졌다. [(32.4 − 31.5)/31.5]x100. 실질 생산량 증가에 상응해 1965년 실업률 4.5%는 1966년 3.8%로 떨어졌다.

비교적 최근인 1980년대 후반에도 미국에서 수요견인 인플레이션이 발생하였다. 1986년~1990년에 총수요가 완전고용 총산출 수준보다 많았다. 그래서 물가수준은 가파르게 상승하였다. 구체적으로 1986년 인플레이션율은 1.9%였으며 1987년에 3.6% 1988년에 4.1% 그리고 1989년에는 4.8%로 점차 높아졌다. [그림11−8]으로 설명하자면 총수요곡선이 매년 오른쪽으로 이동하면서 물가수준이 상승하고 양(+)의 GDP 갭도 커진 것이다. 갭이 사라지고 인플레이션율이 하락한 것은 미국에서 경기침체가 시작된 1990~1991년이다.

사례 연구   2020년 코로나 바이러스의 경제공황은 어떻게 전개될까? -경제 충격과 경기적 실업-

물가수준이 하방 경직적이면 총수요가 감소할 때 경기침체가 심해진다. 예를 들어 최근 코로나 19 바이러스에 의해 기업의 투자지출이 급락하였다. 그러면 [그림11−9]이 보여주듯 총수요가 감소하여 총수요곡선이 AD1에서 AD2로 왼쪽으로 이동한다. 물가수준이 P1에서 하방경직적이기 때문에 총수요의 하락으로 경제는 점 a에서 점 b로 이동하고 실질 총산출은 Y_f에서 Y_1

으로 감소한다. Y_1과 Y_f의 차이는 음(−)의 GDP갭을 나타내는 것으로 실질 GDP생산량이 잠재적 GDP생산량(Y_f)에 미달하고 있다. 생산이 감소하여 생산에 필요한 근로자도 줄어들게 되므로 경기침체에 의한 실업이 나타난다.

[그림11−9]에서 보여준 '디플레이션이 없는 GDP갭'은 최근 코로나 19의 팬데믹 상황하에서 발생한 경기침체를 설명해준다. 특히나 한국 경제는 2020년 2월부터 경기침체가 시작됐다. 2020년에 하반기부터 항공사 및 여행사, 그리고 음식료와 같은 자영업자들의 파산이 급증하였고 이에 따라 신용이 급속히 위축되었다. 게다가 신규 주택건설 및 부동산 규제 강화에 따라 투자지출은 얼어붙었다. 이 결과 총수요가 크게 감소하였고 GDP(Y_1)는 잠재 GDP(Y_f)보다 낮아졌다. 총수요의 감소로 물가수준이 몇 달간 하락하여 2020년은 인플레이션율은 −0.4%을 기록하였지만 디플레이션은 발생하지 않았다. 인플레이션율이 줄어드는 디스인플레이션이 발생하였다. 이에 비해 실업률은 2020년 2월 30만명(4.7%)에서 2020년 10월에는 50만명(10.1%)로 상승하였다. 이처럼 수요가 크게 줄어들었지만 물가지수는 하락하지 않고 실업이 크게 늘어난 것이다.

[그림 11-9] 경기침체와 경기적 실업

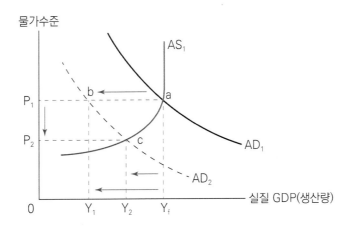

주: 물가수준이 하방경직적일 때 총수요가 AD$_1$에서 AD$_2$로 감소하면 경제는 a점에서 b점으로 이동하고 실질 GDP는 Y$_f$에서 Y$_1$으로 감소한다. 이에 따라 생산설비의 가동률이 감소하고 실업이 증가하며 Y$_1$과 Y$_f$만큼의 음(−)의 GDP 갭이 발생한다.

그러나 만약 임금 수준과 같은 물가수준이 P$_1$에서 P$_2$로 신축적으로 하락한다면 실질 GDP생산량은 Y$_2$로 감소함에 따라 실업은 Y$_2$~Y$_f$까지만 존재하게 되어 물가수준이 비신축적일 때보다 실업 문제는 일정 정도 완화(Y$_1$~Y$_2$)될 수 있다. 이처럼 가격과 임금이 신축적으로 되면 경기침체는 상대적으로 심해지지 않을 수 있다. 또한 수요가 감소하면 자동차업계는 흔히 무이자 할부행사를 시행한다. 할부이자를 받지 않는다는 것은 사실상 가격을 인하한 것과 같다. 가격을 인하하면 수요가 크게 감소하지 않아 생산수준을 어느 정도 유지할 수 있다.

이론적으로 보았을 때 물가와 임금이 완전히 신축적이면 경기침체는 스스로 '자기 교정'의 과정을 거친다. 총수요가 줄어들어 음(−)의 GDP 갭이 발생하였을 때 물가와 임금이 신축적이면 물가수준이나 임금수준(명목)이 하락하게 된다. 임금수준이 낮아지면 단위 생산비용이 감소하여 총공급곡선이 오른쪽으로 이동한다. 결국 경제는 이전의 물가수준보다 낮은 상태에서 완전고용 총산출 수준으로 되돌아가는 것이다. 이 때문에 장기공급곡선은 수직선이 되었던 것이다. 현실에서는 이러한 '교정 과정'이 느리고 확실치 않아서 정부나 통화당국은 이를 잘 기다리지 못한다. 이들은 총수요를 경기침체 이전 상태로 되돌려 놓으려 애쓴다. 예를 들어 경기침체가 닥치면 중앙은행은 이자율을 내려 경기침체를 막고 경기회복을 꾀한다. 이자율 인하 뿐 아니라 대규모 조세 인하, 정부의 대규모 재정지출 확대, 주택경기 부양 등이 이루어지면 총수요가 증가하여 경기회복이 이루어진다. 그러나 이러한 코로나 19에 따른 팬데믹으로 인해 장기적으로 공급 능력을 좌우하는 국제적인 생산시스템의 빠른 회복이 안 된 상황에서 급격한 총수요의 증가는 단일국가는 물론이거니와 일정 수준 자급자족 경제시스템으로의 전환을 꾀하려는 지역 및 국가에 대해 더 큰 인플레이션을 유발할 수도 있다.

12

경제성장과
그 요인

경제성장

1. 경제성장이란

경제학자들은 국내총생산 자료를 이용하여 경제성장률을 계산하고 이를 분석한다. 경제학자들은 경제성장을 실질 GDP의 증가 또는 1인당 실질 GDP의 증가로 정의한다. 1인당 실질 GDP란 실질 GDP를 인구로 나눈 값이다. 또한, 경제성장은 분기별(3개월) 성장률이나 연간 성장률로 계산한다.

실질 GDP의 성장 추세는 한 국가의 군사력이나 국제정치에서의 영향력을 파악하는 데 유용하게 쓰일 수 있다. 뉴스나 국제기구에서 발표하는 성장률은 대부분 이 정의에 따른 것이다. 그러나 국력은 실질 GDP로 표시되지만 생활수준은 1인당 실질 GDP로 나타낸다. 2019년 중국의 GDP는 14조 4000억 달러인데 비해 한국의 GDP는 같은 기간 1조 6,400억 달러에 지나지 않는다. 하지만 한국의 1인당 실질GDP는 41,000달러로 중국의 10,260달러보다 많아 한국의 생활수준이 훨씬 높다고 할 수 있다.

또한, 경제성장은 경제활동의 목표로 널리 받아들여지고 있다. 총산출이 인구보다 빨리 증가하면 실질임금과 실질소득이 증가하고 따라서 생활수준이 향상된다. 경제성장을 실현하는 국가는 국민의 경제적 욕구를 잘 충족시켜 줄 수 있고, 사회경제적인 문제들을 잘 해결할 수 있다. 실질임금과 실질소득이 증가하면 개인 및 가족이 누릴 수 있는 경제적 기회가 많아진다. 즉, 다른 사회·경제적 기회를 희생시키지 않고서도 휴가, 스마트 폰, 고등 교육 등을 더 많이 누릴 수 있다. 간단히 말해, 경제가 성장하면 현재 누리고 있는 소비, 투자 및 공공재 생산 등을 줄이지 않고서도 빈곤 퇴치나 환경 보호에 필요한 재원을 마련할 수 있다. 즉, 한정된 소득을 다양한 목적에 사용해야 하는 사회적 제약을 줄일 수 있다는 것이다. 경제가 정체되지 않고 계속 성장하게 되면 미래의 생산 능력을 증가시키면서 동시에 현재의 소비도 증가시킬 수 있다. 따라서 경제성장은 희소성에 대한 부담을 줄여줌으로써 한 국가가 추구하는 여러 경제 목표들을 쉽게 달성할 수 있게 한다.

2. 한국의 경제성장

70의 법칙이라 불리는 계산식을 통하여 경제성장률의 복리효과를 가늠할 수 있다. 이것은 국민소득이 2배가 되는 데 걸리는 연수를 보여주는 법칙으로 70을 연평균 성장률로 나누는 것을 말한다.

실질 GDP가 2배가 되는 데 걸리는 연수 = 70/연평균 성장률

예를 들어 연평균 성장률이 3%이면 실질 GDP가 2배가 되는 데 걸리는 시간은 약 23년(=70/3)이 걸린다. 만약 연평균 성장률이 8%라면 약 9년(=70/8)이 걸린다.

한편 한국경제는 1970년대 연평균 10.3%로 성장하였다. 그리고 1980년대에도 1980년을 제외하면 연평균 9.8%로 성장하였다. 70의 법칙으로 한국경제의 실질 GDP는 거의 7년마다 2배가 된 셈이다. 이러한 경제성장률은 1997년의 외환위기를 계기로 하락하여 1990년대 연평균 6.7%의 성장을 보였다. 그리고 2000년~2007년에는 세계적인 금융위기로 인해 연평균 4.7%로 더욱 낮아졌다. 미국발 국제금융위기 이후에는 성장률이 4%에도 미치지 못하는 때가 많아졌다.

한국 경제의 실질 GDP가 증가함에 따라 1인당 국민소득도 크게 늘어났다. 1인당 국민소득은 1970년 355달러였는데, 1977년에는 1천 달러를 넘어섰고, 1989년에는 5천 달러를, 그리고 1995년에는 1만 달러를 달성하였다. 2012년에는 22,708달러에 이르고 있다. 2021년의 1인당 국민소득은 1970년에 비해 거의 97배 정도 증가했다. 1인당 국민소득은 환율의 변화에 따라 달라질 수 있다. 따라서 달러 가치의 변동을 고려해 각국 화폐의 구매력으로 평가하여 1인당 국민소득을 나타내기도 한다.

경제성장의 결정요인

경제성장을 결정하는 주요 요인은 3가지인데 이는 공급요인, 수요요인 그리고 효율성요인으로 구분할 수 있다.

1. 공급요인

다음의 4가지 요인은 공급요인에는 해당하는 경제의 생산능력 확대와 관련된 것이다.

- 자연자원의 양적·질적 증가
- 인적자원의 양적·질적 증가
- 자본재 공급(즉 자본총량)의 증가
- 기술진보

생산의 물적·기술적 동인이라고 할 수 있는 공급요인이 개선되면 경제의 생산능력, 즉 잠재적 GDP가 커진다. 여기에서 잠재적 GDP란 모든 자원을 최대한 효율적으로 활용하였을 때 달성할 수 있는 GDP 수준을 말한다.

2. 수요요인

다음은 경제성장을 결정하는 2번째 요인인 수요요인이다.

• 공급요인에 의해 생산능력이 커지더라도 증가된 산출물을 가계, 기업 및
  정부가 구매할 수 있어야 생산능력의 확대가 유지된다. 수요요인이 작용하
  여야 비자발적 재고가 증가하지 않으며 완전고용이 달성된다. 경제성장이
  이루어지려면 생산능력의 확대로 인한 산출의 증가만큼 지출이 늘어나야
  한다. 그래야 산출의 증가라는 이득이 실현될 수 있다.

3. 효율성요인

경제성장의 3번째 결정요인은 효율성요인이다.

• 경제의 잠재적 생산능력이 모두 실현되려면, 즉 잠재적 GDP가 달성되려면
  완전고용뿐 아니라 경제적 효율성이 달성되어야 한다.

모든 자원은 비용을 최소화할 수 있도록 효율적으로 사용(생산의 효율성)되
어야 한다. 그리고 재화와 서비스의 조합은 사회후생을 극대화할 수 있도록 배
분(배분의 효율성)되어야 한다. 생산능력이 확대되고 완전고용이 달성되었다고
해서 성장이 극대화되는 것은 아니다. 이들 자원이 효율적으로 사용되어야 성장

이 극대화될 수 있다.

공급요인, 수요요인 및 효율성요인은 서로 연관되어 있다. 총지출의 부족(수요요인)으로 실업이 발생하면 새로운 자본재의 축적(공급요인)이 줄어들고 연구개발비의 지출(공급요인)이 지연될 수 있다. 반대로 투자지출(공급요인)이 적으면 총지출(수요요인)이 부족해지고 실업이 발생할 수 있다. 자원 사용의 비효율성(효율성요인)이 심화되면 재화와 서비스의 생산비용이 높아지고 이윤이 줄어든다. 그 결과 기술혁신이나 자본축적의 둔화(공급요인)가 나타날 수 있다. 경제성장이란 공급요인, 수요요인 및 효율성요인이 서로 상호작용하는 동태적인 과정이라고 할 수 있다.

성장 회계

공급요인들이 실질 GDP의 증가에 얼마나 기여하는지 어떻게 평가할 수 있을까? 생산요소가 성장에 기여하는 정도는 흔히 성장 회계(growth accounting)라는 방법을 이용하여 측정한다. 이 방법은 공급요인을 방금 논의하였던 총 근로시간의 증가와 노동생산성의 증가라는 2가지 범주로 구분한다. 여기에서는 미국의 대통령 경제자문회의에 보고된 성장회계 자료를 중심으로 살펴보자.

경제용어

• 성장 회계: 생산요소가 성장에 기여하는 정도.

---

1. 노동투입과 노동생산성

대부분의 국가에서 근로시간의 증가와 노동생산성의 증가가 모두 경제성장에 크게 기여하고 있다. 특히 선진국의 경우 노동생산성의 증가가 경제성장에 크게 기여하였다. 생산성의 증가가 크게 둔화되었던 1973~1995년을 제외하면, 선진국의 경우 근로시간의 증가보다 노동생산성의 증가가 경제성장에 더 기여하였다고 한다.

노동생산성의 증가가 경제성장에 기여하는 바가 크기 때문에 경제학자들은 어떤 요인이 생산성 증가에 기여하는지 분석하고자 노력한다. 경제학자들은 생산성 증가에 영향을 준 요인들로 기술진보, 자본, 교육·훈련, 배분의 효율성, 규모의 경제 등을 말하고 있다. 이들 요인들에 대해 차례로 살펴보자.

사례 연구　한국의 노동생산성

　　한국생산성 본부(2012년)가 추정한 바에 따르면 한국의 시간당 노동생산성은 비교적 낮은 편이다. 한국의 시간당 노동생산성은 OECD 평균의 65.8%로 34개국 중 28위를 차지하였다. 주요국인 미국의 46.8%, 일본의 75.4%에 지나지 않는다. 특히 제조업의 시간당 노동생산성은 독일의 70.7%, 프랑스의 94.1% 수준이지만 서비스 부분은 독일의 46.4%, 프랑스의 41.8%로 제조업에 비해 서비스 산업의 생산성이 크게 낮다.

　　여기에 더하여 최근 5년간(2016~2020년) 한국의 최저임금 연평균 인상률이 아시아 18개 국가[10] 중 가장 높다는 조사 결과가 나왔다. 전국경제인연합회가 국제노동기구(ILO) 등의 통계를 바탕으로 최저임금 변화를 분석한 결과이다. 이 기간에 실시한 한국의 소득주도형 경제성장 정책에 따른 최저임금 상승의 결과로 보여진다. 전경련에 따르면 2016년~2020년 한국의 연평균 최저임금 상승률은 9.2%로 가장 높았다고 한다. 제조업 중심의 경쟁 상대국인 일본, 대만과 비교하면 2배 이상 높고, 중국과 베트남보다도 3~6%포인트 높았다.

　　연평균 최저임금 상승률은 과거에도 꾸준히 상승하고 있었지만 이번 기간이 특히 높았다. 과거 2011년~2015년 기간과 비교해 보면, 한국은 6.6%의 상승률로 아시아의 중간 수준을 나타냈다. 이에 비해 라오스와 캄보디아, 베트남 등 18개국의 연평균 최저임금 상승률은 8.3%를 기록했다. 이 기간에 한국의 최저임금 상승률보다 아시아 18개국의 연평균 최저임금 상승률이 더 급격히 상승했기 때문에 한국의 제조업 경쟁률은 나름대로 가격 경쟁력을 가지고 있었다. 그런데 이 같은 노동 여건이 최근 들어 역전된 것이다.

전경련은 2017년 이후 소득주도 성장전략을 전개하면서 2018년~2019년 2년 연속 최저임금이 10% 이상 인상된 결과라고 설명했다. 코로나19 사태가 발생한 2020년에 중국과 일본, 베트남 등 아시아 경쟁 국가들은 최저임금을 동결했지만 우리나라는 1.5% 인상을 했다. 따라서 최근 최저임금이 급격히 오른 반면에 노동생산성 상승 속도는 상대적으로 더디었다. 2010년~2019년 아시아 18개국의 국가별 물가상승률을 고려한 실질 최저임금 증가율과 노동생산성 증가율 간 격차는 베트남(6.2%포인트), 라오스(4.5%포인트), 캄보디아(4.2%포인트), 태국(3.5%포인트), 한국(3.3%포인트) 순으로 높았다. 이 수치가 높을수록 노동생산성 개선보다 최저임금 상승폭이 더 컸다는 것을 의미한다. 한국의 경우 일본(0.5%포인트), 대만(1.6%포인트)과 비교해도 2배 이상 컸다.

2. 기술진보

노동생산성 상승에 가장 크게 기여하는 것은 기술진보로서 노동생산성 증가의 약 40%가 기술진보에 의한 것으로 여겨진다. 기술진보에는 생산기술의 혁신뿐만 아니라 생산과정 및 구조를 개선하는 경영기법이나 사업형태도 포함된다. 기술진보는 보통 새로운 지식을 발견하여 이를 통해 자원을 새로운 방식으로 결합하여 기업의 생산 증가로 나타난다. 새로운 지식이 생산 부분에서 보편화되면 다른 기업가나 기업들도 신기술을 비교적 낮은 비용으로 이용할 수 있게 된다. 결국 기술진보는 경제 전체로 확산되면서 경제의 생산성이 높아지고 경제성장이 이루어진다.

또한 기술진보가 일어나면, 새로운 기계나 장비에 대한 투자가 발생하여 자본형성(투자)으로 연결된다. 20세기 말에 들어 기술진보는 빠르게 진행되어 왔고 여러 분야에 막대한 영향을 미쳐왔다.

---

10) 대상국에는 한국·일본·중국 등 동북아 5개국과 베트남·인도네시아 등 아세안 8개국, 인도·파키스탄 등 서남아 3개국, 호주·뉴질랜드 등 오세아니아 2개국이 포함됐다.

3. 자본

노동생산성 증가에 있어 중요한 요인은 자본재의 증가인데 노동생산성 증가에 약 30%정도 기여한다. 자본재의 증가는 소득의 일부가 저축으로 전환되어 생산설비나 장비의 구입에 사용될 때 이루어진다. 자본재는 노동을 대체하기도 하지만 대부분의 자본재는 노동의 보완재로써 노동생산성을 향상시킨다. 따라서 생산설비나 장비가 증가하고 성능이 개선되면 근로자의 생산성이 증가하고 실질GDP성장률이 증가한다.

한편 정부는 사회간접자본(고속도로, 대중교통시설, 식수 및 하수시설, 공항, 산업단지 등)에 대한 투자를 끊임없이 지속한다. 이러한 공공의 자본재는 민간투자를 대체하기도 하지만 정부투자에 의해 생산성 증가에 기여한다. 즉, 자본은 정부투자에 의해서도 증가한다. 민간주도의 사회간접자본을 보완하여 정부투자는 경제성장에 기여한다.

경제용어

- 사회간접자본: 보통 공공부문이 제공하는 자본재들로 고속도로, 교량, 대중교통시설, 식수 및 하수시설, 공항, 산업단지, 교육시설 등.

---

4. 교육 · 훈련

인적자원은 물적자원에 비해서 무한한 발전 가능성을 가지고 있다. 이것은 경제성장에서 인적자본이 중요하다는 것을 지적한 것이다. 인적자본이란 근로자의 생산성을 높이는 지식과 기술을 말한다. 인적자본 투자는 정부주도의 의무교육과 대학교육과 같은 전문 및 정규교육뿐만 아니라 직장 내 직무교육도 포함한다. 인적자본 투자는 자본재 투자와 마찬가지로 노동생산성과 소득을 증가시키는 중요한 요소이다. 연구에 의하면 생산성 증가의 약 15%가 교육과 기술에 대한 투자에서 비롯된 것으로 추정한다.

노동력의 질은 흔히 교육수준으로 측정한다. 지난 수십 년 동안 한국의 교육수준이 크게 상승하였다. 1970년에 20세 이상 인구 중 6.6%만이 대졸 이상의 학력이었다. 1990년 이들 수치는 10%로 증가하였다. 그런데 2019년 한국의 고등교육 이수율은 50%로 증가했다. 이전에 비해 5배 이상 교육수준이 크게 증가했다.

그러나 한국의 교육수준은 낙관적이지만은 않다. 가장 많은 지적을 받고 있는 것은 교육평준화로 인한 질 낮은 교육도 문제지만, 문제 풀이식의 학교 교육이 더욱 큰 문제라고 지적되고 있다. 주어진 문제에 대해 얼마나 빠른 시간 안에 능숙하게 문제를 풀 수 있느냐에 대한 교육은 미래 산업이 요구하는 창의적인 인재양성을 할 수 없다. 이러한 인재양성은 결국 미래 산업에 필요한 인적자원을 양성하지 못하고 필요한 핵심기술을 외국에서 수입·생산하는 국제생산 시스템의 하부구조를 형성하는 문제점을 만들어 낸다는 것이다. 게다가 최근에는 중상위권 학생들은 공무원 지망생으로, 더욱 우수한 학생들은 치의학계로 몰리면서 이공계로의 진학을 피하는 경향이 두드러지고 있다.

이는 미래 먹거리 산업을 만들어 낼 수 있는 인재의 유출을 의미하며, 그만큼 미래 산업 경쟁에서 다른 선진국에 비해 뒤지게 되어 미래가 밝지만은 않다는 것이다. 설사 고학력자들이 많다 해도 이들이 바라는 직장이 대부분 대기업에 치우쳐 일부 핵심 강소기업에서조차 인력난을 겪고 있다.

경제용어

- 인적자본: 근로자의 생산성을 높이는 지식과 기술.

5. 규모의 경제와 자원배분

규모의 경제와 자원배분의 개선은 생산성 증가에 있어 중요한 요소로 여겨진다. 규모의 경제(economies of scale)란 생산량의 증가에 따라 단위 생산비용이 감소하는 것을 말한다. 즉, 시장의 규모가 커짐에 따라 기업의 생산규모가 증가하게 되고, 생산 규모의 확대에 따라 단위당 비용이 감소하면서 기업의 생산성이 증가한다. 생산규모와 생산량이 확대되면 생산성이 향상된 대규모 설비 및 새로운 제조방식이나 배송방법을 통해 비용절감이 이루어져 생산성을 높일 수 있다. 그리고 새로운 제품 개발에 투입된 막대한 생산 공정의 비용은 다른 소규모 생산 시설에 비해 쉽게 회수할 수 있게 된다. 예를 들어 대기업은 로봇을 이용한 조립라인을 사용할 수 있지만, 중소기업은 노동자를 많이 이용하는 생산기술을 사용할 수밖에 없다. 이처럼 규모의 경제는 생산성의 증가를 가져다주어 경제성장에 기여한다.

자원배분의 개선이란 근로자들이 생산성이 낮은 일자리에서 높은 일자리로 이동하게 하는 것을 뜻한다. 역사적으로 보면 많은 근로자들이 생산성이 낮은 농업에서 생산성이 높은 제조업으로 이동하였다. 최근 선진국을 보면 근로자들이 농업에서 생산성이 높은 제조업으로, 그리고 다시 금융서비스 산업으로 자원배분이 일어나고 있다. 이러한 금융서비스 산업으로 이동이 이루어지면 근로자들의 평균 생산성이 상승한다.

그런데 보호무역의 주요 수단으로 주로 사용되어 온 관세나 수입쿼터 등 무역에 대한 장벽 등이 존재하면 자급자족 경제의 성격을 가지게 되어 자원은 상대적으로 생산성이 낮은 분야에 머물게 된다. 자원의 이동이 부족해지기 때문에 자원의 효율적 배분과 생산효율성을 높일 수 있는 가능성이 떨어지기 때문이다. 여하튼 자유무역으로 자원배분의 효율성이 개선되면 교역국의 노동생산성이 증가하고 이에 따라 실질 소득도 늘어난다.

마지막으로 한편 과거에는 특별한 능력과 전문 지식이 있음에도 불구하고 교육이나 고용의 차별로 인해 생산성이 높은 직장을 구하는 데 어려움을 겪기도

하였다. 이러한 차별은 전체 노동생산성의 저하를 유발하고 근로의욕을 감소시켜 실질 GDP의 저하를 초래한다. 이러한 성별이나 학력차별이 점차 줄어들고 있지만 선진국에 비교하면 여전히 차별은 존재하고 있다.

경제용어

• 규모의 경제: 생산량이 증가함에 따라 단위당 생산비용이 감소하는 것.

---

6. 경제성장을 촉진하는 제도

경제사학자들은 경제성장을 유지 · 발전시키는 데에는 여러 가지 제도적 요인도 중요하다고 언급하고 있다. 어떤 제도는 저축과 투자를 촉진하여 경제성장에 필요한 사회간접자본의 건설 · 유지에 막대한 자금을 공급하게 한다. 어떤 제도는 신기술 개발을 촉진하게 하고 생산적 분야로의 자원 이동을 원활하게 한다. 경제성장을 촉진하는 제도들로 알려진 것들은 다음과 같다.

- 재산권의 보호: 급속한 경제성장이 달성 · 유지되려면 재산권의 보호는 절대적으로 필요하다. 도둑이나 강도를 비롯하여 탐욕스럽고 압제적인 정부가 투자수익을 강탈해 간다면 누구도 투자하지 않을 것이다.
- 특허권과 저작권: 혁신적인 새로운 기술과 세련된 새로운 아이디어가 끊임없이 창출되려면 특허권과 저작권이 필요하다. 특허권과 저작권이 도입되면서 발명가와 저작가들이 자신들의 창작물을 독점적으로 판매할 수 있게 되었다. 이에 따라 발명과 창작을 위한 금전적 유인이 크게 늘어나게 되었다.
- 금융기관: 금융기관이 있어야 가계의 저축이 투자와 발명을 수행하는 기업, 기업가 및 발명가에게 흘러간다. 은행뿐만 아니라 주식이나 증권시장도 현대의 경제성장에 필요한 중요한 제도이다.

- 자유무역: 자유무역은 전문화 및 효율적인 자원배분을 가능하게 하여 경제 성장을 촉진한다. 상품을 가장 효율적으로 생산할 수 있는 국가가 이를 생산하도록 만들기 때문이다. 게다가 자유무역이 이루어지면 새로운 아이디어의 확산 속도가 빨라져 한 국가의 혁신이 다른 국가로 쉽게 전파된다.
- 시장경제: 시장경제는 전체적으로 생산과 소비의 균형추 역할을 하고, 기업에 대해서는 무엇을 얼마나 생산할지를 알려주어 가격과 이윤을 결정짓게 하는 역할을 한다. 때에 따라서는 정부가 시장을 규제하고 있기는 하지만 제한적으로 이루어지며 기업은 대부분 시장에서 자율적으로 가격이나 투자를 결정한다. 그래서 기업은 현재의 생산뿐만 아니라 미래 투자에 대해서 시장 선호에 따라 자율적으로 의사결정을 하고 있다.

7. 기타요인

여러 요인들이 경제의 성장잠재력에 영향을 주지만 이를 측정하는 것은 쉽지 않다. 예를 들어 전체적인 정치·사회 및 문화 환경도 경제성장에 영향을 준다. 그리고 각 나라마다의 국민성 및 기후적 요소들도 경제성장에 영향을 준다. 아주 추운 지역의 경제성장률과 아주 더운 나라의 성장률이 다른 온대 지역의 성장률과 차이가 나는 것도 이러한 요소들 중 하나이다. 대부분의 선진국은 시장경제를 채택하고 있을 뿐만 아니라 민주주의 원리가 지배하는 안정적 정치 체제를 유지하고 있다. 이러한 경제적 자유와 정치적 자유는 '성장 친화적' 환경을 조성하여 성장을 촉진시킨다.

또한 생산이나 물질에 대해 종교적인, 그리고 물질을 바라보는 긍정적인 사회 분위기나 도덕도 경제성장에 도움이 된다. 즉, 부의 형성을 죄악시하지 않는 사회가 경제성장에 긍정적으로 작용한다. 역사적으로 보더라도 물질적 풍요가 전제되어야 철학이나 도덕이 발전하였던 것이다. 그리고 발명가나 혁신적 기업가가 선망의 대상으로 존경을 받을 수 있는 사회가 되어야 성장이 지속될 수 있다. 마지막으로 노동자 및 기술자에 대한 긍정적인 사회적 인식과 모험에 대해 긍정적 사고가 존중받아야 한다.

색 / 인

한문색인

참/고/문/헌

(한국문헌은 가나다순, 외국문헌은 ABC순)

- 강호삼(2002) 『국제경제』 박영사.
- 권오남, 김자봉, 김정한(2016) 『금융생활과 수학』 한국금융연구원.
- 김기영 외(207) 『경제와 생활』 두남출판사.
- 김성태 외(1993) 『경제학 원론』 형설출판사.
- 김인철 외(2006) 『경제학 원론』 생능출판사.
- 백웅기 외(2007) 『경제성장』 시그마프레스.
- 손정식 외(1998) 『경제학 원론』 법문사.
- 신태곤 외(2006) 『거시경제학』 법문사.
- 이병락 옮김(2016) 『맥코넬의 알기쉬운 경제학』 생능출판사.
- 이준구(2015) 『경제학원론』 문우사.
- 이준구(2001) 『미시경제학』 법문사.
- 안홍식(2015) 『경제학 원론』 삼영사.
- 홍승기(2003) 『경제학 원리』 법문사.
- 정기화 옮김(2006), Economics, Wroth.
- 조정조 외(2012) 『경제학과 친구하기』 형설출판사.
- 최진기(2015) 『지금당장 경제학』 스마트 북스.
- Fogel, M.,(2002), Problem Solvers Economics, REA.
- krugman, P./Robin Wells(2006), Economics, Wroth.
- Mankiw, N. Gregory(2007), Macroeconomics, Wroth.
- Tucker, Irvin B.,(2014), Macroeconomics for Today, South－western.
- 秋山太郎他5人訳著(2013) 『ミクロ経済学』 東洋経済新報社.
- 中村達也訳著´ 下(1990) 『ＴＢＳブリタニカ』.
- 中谷巌(2016) 『入門マクロ経済学』 日本評論社.
- 中本博 皓(1997) 『数値例によるマクロ経済学基礎練習』 税務経理協会.
- 田中隆之(2002) 『現代日本経済』 日本評論社.
- 祭藤誠(2012) 『マクロ経済学』 有斐閣.
- 嶋村紘輝(1992) 『ミクロ経済学』 成文堂.
- 矢野誠(2011) 『ミクロ経済学の基礎』 岩波書店.

저자 약력

김일식(金日植)

일본 神奈川大學校(Kanagawa University)대학원 경제학 연구과(경제학박사 [일본])

현) 광운대학교 인제니움학부대학 부교수

저서

伊藤修 外4人(2005) 『通貨·金融危機と東アジア経済(통화·금융위기와 동아시아 경제)』日本 評論社[일본 저서]

金日植(2009) 『アジア経済発展の限界と危機構造の検証-アジア経済発展と中小企 業の役割- (아시아 경제발전의 한계와 위기구조의 검증-아시아 경제발전과 중소기업의 역할)』LEDERS NOTE사 [일본저서])

김일식(2019) 『세계경제의 성장과 위기구조-세계경제 이해를 위하여-』박영사, [한국저서] 외 다수

경제생활의 이론과 실제 — 생활 속의 경제

초판발행   2021년 9월 9일

지은이   김일식
펴낸이   안종만·안상준

편 집   김민조
기획/마케팅   이영조
표지디자인   Benstory
제 작   고철민·조영환

펴낸곳   (주) **박영사**
              서울특별시 금천구 가산디지털2로 53, 210호(가산동, 한라시그마밸리)
              등록 1959. 3. 11. 제300-1959-1호(倫)

전 화   02)733-6771
f a x   02)736-4818
e-mail   pys@pybook.co.kr
homepage   www.pybook.co.kr
ISBN   979-11-303-1349-8 93320

정 가   23,000원